21世纪经济管理类精品教材

山东省高等学校精品课程教材

（第3版）

会计学

桂良军　俞　宏／主　编

贺旭玲　毛剑芬／副主编

陈　智　张海君／参　编

清华大学出版社

北　京

内 容 简 介

本教材是针对非会计学专业读者的需要编写的，全书共分六章，第一、第二、第三章主要介绍了会计基本理论、基本方法以及财务会计相关知识，结合最新会计准则的变化，以制造企业为例介绍了企业对外财务信息的生成过程；第四章主要介绍了企业筹资与对外投资的基本理论和决策方法；第五章以《管理会计应用指引》为指导，重点讲述了管理会计领域最重要的企业内部经营决策及全面预算管理；第六章是对财务信息的具体使用，介绍决策分析时使用的主要财务指标及财务分析方法。

本教材全面介绍了经济管理工作中常用到的会计学原理、财务会计、管理会计和财务管理相关知识，结构清晰、内容简练，反映最新会计准则的变化；每章后有一定数量的练习及案例思考题，并可通过扫描章后所附相应的二维码获取参考答案，能够满足非会计学专业读者对会计相关知识的学习要求。

图书在版编目（CIP）数据

会计学/桂良军，俞宏主编. —3版. — 北京：清华大学出版社，2018（2021.8重印）
（21世纪经济管理类精品教材）
ISBN 978-7-302-50982-0

Ⅰ. ①会… Ⅱ. ①桂… ②俞… Ⅲ. ①会计学-高等学校-教材 Ⅳ. ①F230

中国版本图书馆CIP数据核字（2018）第185357号

责任编辑： 邓 婷
封面设计： 康飞龙
版式设计： 魏 远
责任校对： 赵丽杰
责任印制： 丛怀宇

出版发行： 清华大学出版社
网 址： http://www.tup.com.cn，http://www.wqbook.com
地 址： 北京清华大学学研大厦A座 **邮 编：** 100084
社 总 机： 010-62770175 **邮 购：** 010-62786544
投稿与读者服务： 010-62776969，c-service@tup.tsinghua.edu.cn
质量反馈： 010-62772015，zhiliang@tup.tsinghua.edu.cn
印 装 者： 北京嘉实印刷有限公司
经 销： 全国新华书店
开 本： 185mm×230mm **印 张：** 18 **插 页：** 4 **字 数：** 384千字
版 次： 2009年1月第1版 2018年8月第3版 **印 次：** 2021年8月第6次印刷
定 价： 49.80元

产品编号：079880-01

第3版前言

《会计学》教材已先后出版了第1版和第2版，内容循序渐进、深入浅出、更新及时，得到了读者的欢迎和称赞，我们倍感欣慰，非常感谢大家的鼓励。财政部 2014 年对《企业会计准则》进行了第一次大规模修订和增补；2017 年又进行了第二次大规模修订和增补，对《企业会计准则第 22 号——金融工具确认和计量》《企业会计准则第 23 号——金融资产转移》《企业会计准则第 24 号——套期会计》《企业会计准则第 37 号——金融工具列报》《企业会计准则第 14 号——收入》《企业会计准则第 16 号——政府补助》6 项准则进行了修订，新增了《企业会计准则第 42 号——持有待售的非流动资产、处置组和终止经营》1 项准则，并对一般企业财务报表格式进行了修订。同时，随着财税体制改革力度的加大，营业税退出历史舞台，增值税更加规范，特别是 2018 年 5 月 1 日起调整增值税税率，统一了增值税小规模纳税人标准。这些改变对企业会计核算产生了重要影响，因此会计学教材的内容也必须及时进行更新，才能满足非会计学专业经济管理类相关学科和专业的学生和会计工作者的需要。本次修订是在《会计学（第 2 版）》的基础上进行的，第 3 版教材简化了会计信息的生成过程，更加强调会计信息的使用，更加注重提高读者利用会计信息进行预算管理、投融资决策和财务分析的能力。本次改版对原教材在内容和逻辑顺序上均进行了较大幅度的调整。

新版教材有如下特点：

第一，内容上的变化具体表现为：（1）增加了 IT 环境下会计信息生成过程的相关内容。随着大数据、智能化、移动互联、云计算等 IT 技术的不断发展，会计信息化和智能化是大势所趋，传统的会计信息生成过程必将发生改变，了解并掌握 IT 环境下会计信息的生成过程是现代会计学习的必然选择。（2）修改了一般企业会计报表格式和编制内容。（3）调整了第三章会计业务核算的叙述顺序，使得初学者更易理解和掌握。（4）精简了第四章筹资与对外投资管理的内容。

第二，结构上，仍然延续第2版的结构与风格，注重基本知识、理论和技能的阐述，文字表述力求“易于理解”，内容上“便于掌握”，有助于非会计学专业的经济管理类专业学生学习和掌握，从而能正确地获取和使用会计信息。

第三，本书每章后案例分析题和业务计算题的参考答案可通过扫描章后相应的二维码获得。

参与本书编写和修订的人员共 6 人，分工如下：桂良军编写第一章和第二章的第五节，张海君编写第二章（第五节除外），俞宏编写第三章，陈智编写第四章，贺旭玲编写第五章，毛剑芬编写第六章。各章的练习题和参考答案由相应的人员选编。全书由桂良军、俞宏负责拟定编写提纲、总纂和审稿。

本书是“山东省高等学校精品课程”的配套教材。多年来，清华大学出版社对本书的修订和发行给予了大力支持，在此表示感谢。

由于编者水平和编写时间所限，教材难免有不当甚至错误之处，恳请读者批评指正。

编　者

2018年5月

第2版前言

《会计学》教材自2009年第1次出版印刷以来，已先后印刷了9次，得到了读者的肯定和赞誉，作为教材编写者，我们深受鼓舞，也非常感谢大家的鼓励。在2009—2014年使用教材的过程中，我们愈来愈深切地感受到来自多方面的变革：一是会计准则的变革。自2011年以来，国际会计准则理事会先后发布、修订了公允价值计量、合并财务报表等一系列会计准则，发起了国际财务报告准则的新一轮变革。为保持我国会计准则与国际财务报告准则的持续趋同，财政部在2012年发布了一系列准则征求意见稿后，于2014年正式修订了5项、新增了3项企业会计准则，发布了1项准则解释，并修改了《企业会计准则——基本准则》中关于公允价值计量的表述。会计准则的一系列变化对于企业会计核算产生了影响。二是会计学教学理念的更新。"会计学"课程是教育部确定的高等院校经济学类、管理学类的核心课程，其授课对象是非会计学专业经济管理类相关学科和专业的本科生。在《会计学》第1版中，侧重讲授企业财务会计信息的生成原理及过程，从制造企业的不同业务环节入手，按照经济业务过程组织会计核算，具有较好的连贯性和完整性。经过多年的教学实践，我们感受到：非会计学专业学生不仅需要掌握财务会计信息的生成过程及结果，更需要了解企业整体的运营及管理，了解全面预算管理和如何使用财务信息进行财务分析，进而更好地进行风险管理，做出正确的投资、融资决策，为企业持续经营发展和获利服务。

基于以上考虑，我们组织人员对《会计学》的内容做出以下修订：进一步简化会计信息的生成过程，更加强调会计信息的使用，着重利用会计信息进行预算管理、投融资决策和财务分析。教材在整体框架上进行了较大的调整，目的是使读者看懂会计报表，理解会计信息，运用会计思维，辅助管理决策。

新版教材在内容和结构上有如下特点：

第一，扩充了运用会计信息的内容，使得教材知识体系更加适合非会计学专业学生学习。我们将第1版教材的五章内容压缩为新版教材的前三章，从会计信息使用者的信息需求与质量要求出发，引出会计报表，分析报表组成要素及要素间的内在关系，提出会计核算的基本前提与基础；在介绍会计信息生成过程后，简要、系统地介绍制造企业的经济业务环节，并提供了企业典型经济业务核算示例，直至最终形成会计报表信息。本书后三章作为第1版教材的补充和完善部分，主要讲述企业筹资与投资管理的基本知识，企业进行经营决策和全面预算的方法和程序，使读者了解如何使用会计报表信息进行各种财务分析，为各类决策提供依据。新版教材增加了部分财务管理、财务分析及管理会计内容，教材知识体系更加适合非会计学专业学生学习，强化了学生对"如何用会计"理念的理解。

第二，延续了第1版教材风格，注重基本知识、理论和技能，文字表述力求"易于理解"，内容上不追求“深”和“难”，有助于非会计学专业的学生学习和掌握，使其对会计学有更基本的了解，从而能正确地获取和使用会计信息。

第三，课后增加了案例分析题，不强调答案的唯一性。教材每章后面提供了复习思考题、案例分析题和业务计算题，同时附有参考答案，以帮助同学们复习、巩固所学的知识，以培养学生的实际操作技能和分析判断能力。

参与本书编写和修订的人员共6人，分工如下：第一章桂良军，第二章张海君，第三章俞宏，第四章陈智，第五章贺旭玲，第六章毛剑芬。各章的练习题和参考答案由相应的人员选编。全书由桂良军负责拟定编写提纲，桂良军、俞宏负责总纂和审稿。

本书是“山东省高等学校精品课程”的配套教材。清华大学出版社对本书的修订和发行给予了大力支持，在此表示感谢。

由于编者水平和编写时间所限，教材难免有不当甚至错误之处，恳请读者批评指正。

编　者

2015年4月

第1版前言

“会计学”课程是教育部确定的高等院校经济学类、管理学类的核心课程，其授课对象是非会计学专业经济管理类相关学科和专业的本科生。开设这门课程的目的是使经济管理类学生掌握必要的会计知识和技能，了解会计信息在企业管理和决策中的重要作用，能在市场经济环境中充分利用会计信息，以帮助他们在今后的经营管理中做出正确的决策。

从掌握会计知识的角度来说，对非会计学专业的学生与会计学专业的学生的要求是不同的。非会计学专业的学生主要是从会计信息使用者的角度而非会计工作人员的角度来理解会计，需要能够阅读会计报告并能正确地获取、利用、分析会计信息以帮助其做出管理决策；需要掌握会计信息生成的程序和方法，正确地理解会计信息的内涵。如何利用会计信息分析市场信息和企业内部的财务、成本信息，做好企业管理和经济工作，是时代的迫切要求，也是学生成才的基础。基于以上认识，结合我们多年的教学经验和科研成果，并以财政部2006年最新颁布的《企业会计准则》为依据，组织人员编写了这部《会计学》教材。本教材不仅可作为非会计学专业学生教学之用，而且可以作为从事经济管理工作人员的培训教材。

本书在内容和结构上有如下特点：

第一，注重基础，创新安排教材内容。本书在内容安排上，注重基本知识、理论和技能，在文字表述上，力求“易于理解”，内容上不追求“深”和“难”，将重点放在会计基本理论、基本知识、会计信息的生成程序和方法的介绍上，使非会计学专业的学生对会计信息有更全面和基本的认识与了解，从而能正确地获取和使用会计信息。

第二，从信息使用者的角度，创新安排教材结构。本书从会计的目标出发，阐明需要向信息使用者提供会计报告，再讲到会计报表及其构成要件，进一步引出会计要素。本书改变了目前国内多数《会计学》教材按会计要素介绍会计核算的编写模式，取而代之的是按照企业经济业务过程来组织企业会计核算，使得非会计学专业的学生更容易学习和理解。

第三，强调实用，重视学生的实际操作技能的培养。本书涉及的经济业务的核算，提供了企业实际发生的各业务过程的一个完整的例子，使得学生更好地了解企业会计信息生成的过程和结果。同时，每章提供了思考题、自测题、业务计算题和参考答案，以帮助同学们复习、巩固所学的知识，培养和提高学生的实际操作技能。

参与本书编写的人员共8人，分工如下：桂良军、陈智编写第一章，王风华编写第二章，张海君编写第三章，俞宏、韩存编写第四章，贺旭玲、李雪芳编写第五章，各章的练习题和参考答案由相应的编写人员选编。全书由桂良军负责拟定编写提纲，桂良军、俞宏负责总纂和审稿。

本书是山东省“高等学校基础学科建设专项资金项目”阶段性成果之一。清华大学出版社对本书的出版和发行给予了大力支持，在此表示感谢。

由于受编者水平和编写时间的限制，在编写过程中难免有不当甚至错误之处，恳请读者批评指正。

编　者

2008年12月

目　　录

第一章　会计学概论

本章导读

本章介绍了会计的概念和职能，阐述了会计是一个经济信息系统的观点；简要介绍了企业的组织形式及其经济活动以及与会计的关系；说明了会计信息的需求与会计信息的质量要求；为了让初学者认识财务报表，简单地介绍了基本财务报表的含义及其格式；接着，介绍构成资产负债表和利润表编制基础的会计要素以及会计等式；阐述了会计核算的基本前提与基础，最后介绍了我国会计法规体系。

学习目标

1. 了解会计的产生过程，掌握会计的本质和会计的职能。
2. 了解企业组织形式、经济活动与会计的关系。
3. 了解会计信息的需求者和会计信息质量要求。
4. 初步了解基本会计报表，掌握会计报表的构成要素和会计等式。
5. 掌握会计核算的基本前提和基础。
6. 了解我国会计法规体系、会计职业以及会计职业道德规范。

问题导引

小王是来自农村的小伙子，家乡的贫穷使得他立志创业。在大学期间，小王阅读了大量书籍，并创建了多个商铺对外服务。大学毕业后，随着家乡旅游业的发展，小王看到了商机，于是拿出多年的积蓄 80 万元建造了富有家乡特色的“小王乡村旅馆”，并负责打理日常业务。随着旅游业的不断发展和小王 10 年的努力，以前的小旅馆已经变成了“乡村旅游有限责任公司”，小王担任总经理，多家企业和客户有意向与其合作，想了解该公司的经营情况，但小王以会计人员人力不足，核算资料不够详细，自己不是很清楚每月的盈利情况为由，仅提供了几个简单的数据给他们。

请思考以下 4 个问题:

（1）“小王乡村旅馆”和“乡村旅游有限责任公司”分别是何种组织形式的企业？

（2）作为总经理的小王，如何才能更好地了解公司每月的盈利情况？

（3）如果小王想以会计报告的形式让其他客户或企业了解该公司的经营情况，那么他需要提供哪些会计报表？其格式和项目应如何设置？又如何保证所提供的会计信息的质量呢？

（4）公司的会计工作需要遵循哪些会计法规？

第一节　会计的概念和职能

一、会计的概念

（一）会计的雏形：生产过程的附带职能

会计起源于生产活动。在社会发展过程中，生产活动是人类最基本的实践活动，它不仅保证了人类生活的物质需求，同时也为社会发展奠定了基础。生产活动包括生产、交换、分配和消费四个环节，这一过程既是人力、物力和财力的耗费过程，同时又是产品的提供过程。如果社会的生产效率低下，生产的产品在人们消费之后没有剩余，社会再生产就只能维持原来的生产规模而难以扩大和发展；如果社会的生产效率不断提高，生产的产品除满足人们的生产、生活消费之外还有剩余，社会再生产就能够以扩大的规模进行；生产效率越高，剩余产品越多，社会的发展也就越快。早在原始社会人们就认识到，有必要在生产的同时把生产活动过程的内容记录下来，以帮助人们了解劳动成果和剩余产品的数量。

这种记录主要是从数量上表达了人们经济生活中的财产变化，并提供与此相关的经济信息。例如，在原始社会，人类出于掌握生产成果的需要，逐渐产生了“结绳记事”等简单的计量行为，由此产生了会计的雏形。文字出现以后，人类开始对物质资料的生产与耗费进行专门的记载，如我国古代的“书契”就是用文字来刻记有关经济事项的记录，这可以说是最初形态的会计。但是，由于当时的生产力低下，生产规模不大，与之相适应用来计算生产和耗费的会计也极为简单，它只能作为生产职能的附带部分，由生产者在生产时间之外附带地把收入、支出等记载下来。

（二）会计的产生：财产的保管和记录

人类进入奴隶社会以后，随着财产私有制的确立，阶级的产生和国家的建立，有关财富计算、分配等各个环节的经济关系日趋复杂。这种复杂的经济关系促进了会计核算技术的发展和会计工作职责的变革，原先作为附带工作就可以完成的核算任务发展到必须建立一个专门的会计职能部门才能完成的程度。在资本主义产生以前的奴隶社会和封建社会，占主导地位的经济是自给自足的自然经济，民间的生产规模相对较小，对会计工作的要求仅限于积累经济数据并将这些数据定期报告给财产的所有者，即所谓“月计岁会”（零星算之为计，总合算之为会）。用于记录和报告财产收支结存情况的“官厅会计”是古代会计的主要形式。据史料记载，我国早在西周时代就有了为朝廷服务的官厅会计。会计在当时的含义既有日常的零星核算，又有岁终的总核算，通过日积、月累到岁会的核算以达到正确考核王朝财政经济收支的目的。

官厅会计在国外的历史也很悠久，如马克思在《资本论》中指出：“原始的印度公社里，就有一个记账员，登记农业账目，登记和记录与此有关的一切事项。”

古代会计的另一种重要形式是庄园会计。庄园会计出现在封建社会后的欧洲庄园。当时，各个庄园主逐渐把各自的封地变为世袭领地，从而不同程度地出现了马克思所说的“硬化了的私有财产”。私有财产的硬化，使得国家主权削弱，各封建庄园相对独立。西欧各国的封建庄园有两个基本特征：一是经济自给自足，每个庄园都包括一个农场和几个小手工作坊，几乎可以满足庄园内全部人员一切生活需要；二是出现委托代理关系，多数作为庄园主的封建贵族，不可能自己管理庄园的一切事务，对拥有多个庄园的庄园主来说更是如此，于是庄园主将庄园委托给他所信任的管家进行管理，这样，在庄园主和管家之间就形成了典型的委托代理关系，管家因此承担了相应的代理责任。管家为了能够更好地履行自己所承担的这一责任，需要定期地向庄园主报告庄园的财产管理情况，这就导致了庄园会计的产生。尽管庄园会计阶段的会计方法十分简单，但是这一时期出现的会计思想，如受托责任思想、定期报告制度，均对以后会计实务和会计理论的发展产生了深刻的影响。

无论是官厅会计还是庄园会计，其主要任务都是对财产的保管和记录。簿记是该阶段会计的重要特征。我国这一阶段的单式簿记方法曾处于世界领先水平，如秦汉时期，经济生活中钱物的进出使用固定的一对行为动词——“入”和“出”或“收”和“付”作为记账符号，这是会计记录规范化的一个重大进步。又如宋朝时期创造的“四柱清册”结算法，在当时是官吏报告钱粮或办理财产移交时必不可少的一道手续。四柱，即“旧管”“新收”“开除”和“实在”四个要素，相当于现在会计术语的期初结存、本期收入、本期支出和期末结存。每到期末，人们按“旧管+新收-开除=实在”的公式进行试算平衡，以报告财产物资的增减和结存情况。

13 世纪以后，世界商业中心由东方转到以意大利为中心的欧洲。意大利的威尼斯、热那亚等城市成为商业贸易的集散地，经济十分发达。在这些地方，资本借贷业务悄然兴起，标志着资本主义生产关系的萌发。相应地，传统的簿记方法已不能满足核算资本借贷这类经济业务的需要。1494 年，意大利数学家、会计学家卢卡·帕乔利（Luca Pacioli）在他的著作《算术、几何、比及比例概要》（*Summade Arithmetica Geometria，Proportioniet Proportionalita*）中正式详细介绍了复式簿记理论，这标志着近代会计的诞生，也是会计发展史上第一个里程碑。

（三）会计的演进：一门艺术

15 世纪至 19 世纪，会计理论与方法的发展比较缓慢。直到 19 世纪，英国、美国等国家相继完成工业革命，这一局面才得以改变。社会化大生产以及新的企业组织形式——股份有限公司的广泛出现对会计工作提出了新的要求，从而引起了会计核算方法和内容的深刻变化，主要体现在以下三个方面：

（1）会计服务对象范围的扩大。过去会计只服务单个企业，通过职业会计师的活动逐渐发展到为所有企业服务，使会计成为一种社会活动。

（2）会计工作内容的扩大。过去会计主要是记账和算账，在这一时期逐渐增加了编制和审查报表等工作任务；与此同时，为了满足编制财务报表的需要，对资产计价理论和方法的研究逐渐受到重视。

（3）企业会计报告的信息必须接受外界的监督。企业的账目只有通过外界，特别是独立执业会计师的监督，才能取信于企业外部的投资人和其他利益相关方。1854年，世界上第一个会计师职业团体——英国爱丁堡会计师公会的成立，被认为是近代会计发展史上第二个里程碑。

20世纪初，法律制度的建设进程相对落后于生产力和生产关系的发展速度。在许多资本主义国家，特别是在美国，尚未建立与股份有限公司这一企业组织相适应的法律规范体系，也没有发布与股份有限公司相匹配的会计准则和制度。因此，各企业按照各自利益需求编制财务报表的行为司空见惯。这种情况下盛行的观点是：会计是一门艺术，而不是一门科学。所谓"艺术"，一般是指通过经验、学习或观察而获得的完成一定行为的能力。如果把会计理解为艺术，则强调的不是规范化的行为准则，或会计必须遵循的客观规律；相反，强调的是经验、技巧和独立判断与解决具体问题的本领。

"艺术论"的形成有一定的社会实践背景，那就是会计交易或会计事项包含很大的"不确定性"。为了将会计业务数据按照人们的要求加工成有用信息，需要进行判断，这种判断在一定程度上只有靠会计人员的经验和技巧才能完成。但是，过分强调会计的"艺术性"容易使会计成为企业操纵利润的工具。特别是20世纪二三十年代，多种资产计价方法并存，实务中对收益的性质认识和界定存在很大差异。有些企业管理者为了吸引更多的外部投资，利用会计工作中的判断和分析操控会计数据，提供虚假的财务报告，欺骗投资者。这些混乱的会计处理对20世纪二三十年代的世界经济大危机起到了推波助澜的作用。

（四）会计的本质：经济信息系统

自20世纪60年代起，科学技术的进步和经济形势的变化促使人们开始重新探索和认识会计的本质和作用，并力图使其成为一门科学。在中外会计界，人们对会计的认识主要有三种观点：会计管理活动论、会计信息系统论和会计控制系统论。

1. 会计管理活动论

会计管理活动论大约形成于20世纪80年代，代表人物是我国著名的会计学家杨纪琬、阎达五教授。会计管理活动论认为，会计是"人们管理生产过程中的一种社会活动"，这一观点否定了此前认为会计是一种方法或工具的看法，强调会计具有反映和监督等管理职能。

会计的产生固然与生产活动有关，是一种社会现象，但这一社会现象属于管理范畴，是人的一种管理活动，如果离开作为管理者之一的会计人员，离开对经济活动行使诸如反映（核算）、监督（控制）以至预测、决策等这些管理职能，会计也难以为继。

会计管理活动论还强调会计工作是一种管理工作。会计工作中属于信息处理的内容，也是伴随着对会计信息反映的经济业务进行不同程度的管理活动而进行的，从严格意义上来说，处理会计数据和加工会计信息本身也是一种管理工作。从这个角度出发，可以认为，会计是人们利用特定的方法和程序，以统一的计量尺度对经济活动进行连续、全面、综合的反映和控制，以实现最佳经济效果的一种管理活动。

2．会计信息系统论

会计信息系统论认为，不能将会计等同于会计工作。虽然会计工作是一项管理工作，但不能因此认为会计的本质是一种管理活动。会计活动不生产产品或劳务，只生产信息，特别是财务信息。会计生产并提供信息，需要一系列相互联系的加工步骤，形成一个数据输入和信息输出系统。从历史上来看，现代会计自产生以来就始终以提供信息为主，为经济管理服务，即会计作为一个信息系统，它通过提供客观的科学信息为管理服务，本身并不参与管理。

概而言之，会计信息系统论首先将会计定义为一个系统，因为它是由会计核算、会计分析和会计检查等相互关联的部分所组成的集合；其次，将其定义为一个人工系统，因为它是人们为了加强经济管理、提高经济效益而建立的系统；再次，可以把会计定义为一个信息系统，因为它旨在向信息使用者提供各种有用的经济信息，如各种财务报告等。为了区别于提供其他类型信息的信息系统，称之为会计信息系统。从信息系统角度考虑，会计是旨在提高微观经济效益、加强经济管理而在企业范围内建立的一个以提供财务信息为主的经济信息系统。

3．会计控制系统论

会计控制系统论是由我国会计学家杨时展教授和郭道扬教授所倡导的，它是会计管理活动论和会计信息系统论之后出现在我国的一个新观点。杨时展教授认为："现代会计是一种以受托责任为目的，以决策为手段，对一个实体的经济事项按货币计量及公认原则与标准，进行分类、记录、汇总、传达的控制系统。"郭道扬教授认为："会计是管理者通过对会计信息系统与会计控制系统的协同动作，实现对市场经济中的产权关系、价值运动过程及其结果系统控制的一种具有社会意义的控制活动。"

随着人们认识的不断深化，会计管理活动论和会计信息系统论这两种观点日趋接近。会计管理活动论也承认信息系统的存在，只是强调这个系统的主要职能是控制和监督，而不是反映；会计信息系统论同样承认会计系统是管理系统的一个部分，只是强调其主要职能是提供信息，为决策提供咨询服务，对决策起到支持的作用。其实，这两种观点虽然在表达上有一定的差异，但并无本质上的矛盾。会计信息系统论侧重于会计的目标，按照现代会计理论的基本观点，会计的目标就是向信息使用者提供对决策有用的信息；会计管理活动论侧重于会计的内容和过程，会计在形成会计信息的过程中，要采用适当的手段对企业的经济活动过程进行控制和反映，这种控制和反映本质上就是一种管理活动。

综上所述，可以把会计定义为旨在提高企业和各单位经营活动的经济效益，为加强经济管理而建立的一个以提供财务信息为主的经济信息系统。这个信息系统将会计主体已经发生和预期发生的经济活动所产生的数据，通过科学的程序和方法，加工成以财务信息为主的经济信息，供信息使用者用于经济决策，并据以实行必要的控制。

二、会计职能

会计职能是指会计在经济管理过程中所具有的功能，具体的讲就是会计能够做什么。作为一个会计信息系统，会计的基本职能是核算和监督，随着环境的变化，会计还具有评价、预测和决策等扩展职能。

（一）基本职能

1．会计核算

会计核算职能是以货币为主要计量单位，通过价值量对经济活动进行确认、计量、记录，并进行完整报告的职能，也称会计的反映职能。会计核算是会计的基本职能，也是全部会计管理工作的基础。

2．会计监督

会计监督职能是以会计法规为依据，利用价值指标，按照一定的目的和要求对经济活动进行控制、考核和指导。会计监督伴随会计核算进行，包括合法性监督和效益性监督两大方面。

（二）扩展职能

1．评价

财务会计可以通过定期编制财务报表，揭示一个企业的财务状况及其变动情况和最终经营业绩，人们还可以通过对财务报告的分析，肯定业绩，找出差距，提出解决措施，因此会计具有分析、评价企业经营业绩的职能。

2．预测

预测经济前景主要是在对会计提供的核算资料分析评价的基础上，利用科学的预测方法，对企业的经济活动前景进行描述和规划。面对日益激烈的竞争和瞬息万变的市场情况，企业需要建立高度科学的管理体制，并利用会计所提供的信息预测企业活动的前景。

3．决策

决策是在预测结果的基础上，拟定几种可以达到的目标和方案，通过评价各方案的经济效果，从中选出最优方案的过程。决策过程要利用大量的会计信息作为决策的依据，会计实质上起到了提供有助于决策的信息、支持和参与决策的作用，会计人员则是决策的参与者和支持者。

第二节 企业组织及其经济活动

一、企业组织的形式和目标

（一）企业组织的形式

企业组织是指为实现企业的目标和企业战略，通过适当的手段或方式获取并运用一定的经济资源所建立起来的社会机构。任何企业组织都需要通过解决“生产什么与生产多少”“如何生产”和“为谁生产”等问题来进行资源的合理配置，形成企业的各项经济活动。企业组织形式不同，其经济活动也有所不同。

通常认为，企业组织形式主要包括个人独资企业、合伙企业和公司制企业三种形式。

1．个人独资企业

个人独资企业是由一个自然人投资，财产为投资人个人所有，投资人以其个人财产对企业债务承担无限责任的经营实体。我国的个体户和私营企业很多属于此类企业。

多数个人独资企业的规模较小，抵御经济衰退和承担经营失误损失的能力不强，其平均存续年限较短。有一部分个人独资企业能够发展壮大，规模扩大之后会发现其固有局限日益被放大，于是转变为合伙企业或公司制企业。

个人独资企业具有以下几个特点。

（1）只有一个投资者，即独资企业主。

（2）出资人拥有企业全部财产，并对企业债务承担无限责任。从法律角度而言，由于出资人拥有企业全部财产，个人财产和企业财产是融为一体的，而且出资人要抽回资金不受法律限制，因此个人独资企业要承担无限责任。

（3）个人独资企业不必缴纳企业所得税。由于个人独资企业的收入就是业主的收入，因此要向政府缴纳个人所得税，不必缴纳企业所得税。

（4）个人独资企业不具有法人资格。个人独资企业无独立承担民事责任的能力，但其作为独立的民事主体，投资人可以以自己的名义从事各项生产经营活动。

需要注意的是，人们常说的“国有独资公司”，如果只是从字面上理解，它应该是独资企业，但是，国有独资公司的出资人不是自然人，而是代表全国人民的国家，因此，国有独资公司不是独资企业，应按有限责任公司对待。同样，外商独资企业也不是独资企业。实际上，外商独资企业出现在中国，只能说是“没有中方参与股权的外资企业”，至于组织形式如何，完全视其母公司的性质或在中国的注册情况而定。

2．合伙企业

合伙企业，是指自然人、法人和其他组织依照《中华人民共和国合伙企业法》在中国境内设立的普通合伙企业和有限合伙企业。普通合伙企业由普通合伙人组成，合伙人对合伙企业债务承担无限连带责任。有限合伙企业由普通合伙人和有限合伙人组成，普通合伙人对合伙企业债务承担无限连带责任，有限合伙人以其认缴的出资额为限对合伙企业债务承担责任。

一般认为，合伙企业具有如下几个基本特征。

（1）有两个以上的合伙人。

（2）合伙企业不是独立的法律主体。尽管在会计上合伙企业是一个会计主体，但是，法律没有赋予合伙企业法人的资格。合伙企业的对外事务都应该以合伙人个人的名义进行，合伙企业依附于合伙人而存在。

（3）各合伙人互为代理。除非契约另有规定，在合伙业务范围内，对任何合伙人所执行的业务，其他合伙人都应负责。每个合伙人都是其他合伙人的代理人，各合伙人互为代理关系。互为代理在合伙企业意味着任何一个合伙人都有权在企业常规经营范围内代表企业签订合同。因此，所有与合伙之事有关的任何合伙人的行动，都对该合伙企业存在约束力。

（4）合伙人负无限责任。作为普通合伙人，不管其投资金额为多少，每个人都对合伙企业的债务负全部清偿责任，即无限连带责任。当合伙企业不能以企业资产清偿全部债务时，合伙人必须用其个人财产还清负债。当然，合伙人可以通过建立有限合伙企业来避免对企业债务承担无限个人责任。这时，普通合伙人对企业的债务承担无限责任，而有限合伙人只以其投资额为限承担债务。有限合伙人拥有类似于公司股东的有限责任。一个合伙企业至少要有一个普通合伙人，以清偿无法由合伙企业资产来偿还的那些债务。目前，国际上（包括中国）一些规模较大的会计师事务所就是采用有限合伙企业的形式。

（5）合伙企业生命的有限性。合伙企业是建立在契约基础上的组合。合伙人变动，不论是新合伙人的入伙，还是原合伙人退伙或死亡，都使原来的契约终止。这时，无论形式上合伙企业存在与否，实质上，原来的合伙企业已经不复存在，现存的合伙企业已经是一个新的合伙企业。合伙企业的存续期以全部合伙人持续拥有合伙企业的时间长度为限。

（6）合伙人共有财产。各合伙人可以用现金或其他财产向合伙企业投资入伙。但是，一旦入伙，各合伙人投入合伙企业的任何财产都成为全体合伙人的共同财产，合伙人不能对特定的财产项目提出要求权，这些财产变卖的损益也属于合伙企业损益。因此，合伙企业的资产是各合伙人共同拥有的资产，负债也是各合伙人共同的负债。

（7）合伙企业不是纳税主体。一般来说，合伙企业不是纳税主体，合伙企业的经营净收益按一定方法分配之后，成为各合伙人的所得，与其他来源所得合并申报个人所得税。

（8）合伙企业损益的分配具有伸缩性。合伙企业的损益可以按合伙人一致同意的方法在合伙人之间进行分配，具有一定程度的伸缩性。

3．公司制企业

根据《中华人民共和国公司法》的规定，我国的“公司是指依照本法在中国境内设立的有限责任公司和股份有限公司”。

（1）有限责任公司，简称有限公司，股东以其出资额为限对公司承担责任，公司以其全部资产对公司的债务承担责任。

（2）股份有限公司，简称股份公司，其全部资本分为等额股份，股东以其所持股份为限对公司承担责任，公司以其全部资产对公司的债务承担责任。

无论有限责任公司还是股份有限公司，其最大的特点都是股东对公司承担的责任以其出资额为限。也就是说，当公司资产不足以偿还其所欠债务时，股东无须承担连带清偿责任，即不需要股东替公司还债。

公司与个人独资企业或合伙企业完全不同，它是取得国家相关行政部门许可的法人组织，具有所有权与经营权分离的重要特性。企业的所有者不需要参加经营管理，他们通过企业提供的财务报告了解和掌握自己所投资公司的经营状况和发展前景，从而判断投资的价值和收益。正是由于这个特性，公司具有以下三个基本特征：

（1）公司具有无限的生命力。公司的股份可以转让，公司不会因为所有者或经营者的死亡而宣告结束，除非破产清算。

（2）公司股份的转让相当方便。公司的注册资本划分为若干等额的股份，谁持有股份谁就是公司的所有者。在发达的金融市场上，股份的转让相当方便。

（3）公司的所有者（即股东）只负有限的偿债责任。公司的股东只以其出资额对公司的债务负责。

正是因为上述三个基本特征，所有权的可转让性和股东对公司债务承担责任的有限性，增强了公司对社会公众投资的吸引力，提高了公司筹集资金的能力，公司制企业最具规模、体制、运营和监管优势，是现代企业组织的典型形态。在 19 世纪 60 年代以后，经济发达国家的多数企业都采用股份公司的组织形式。

（二）企业的目标

从管理学来看，任何组织都是为了实现一个或多个特定目标而存在的。企业作为一个契约性组织，也必然具有其特定的目标。企业的目标既是其存在的基本条件，也是企业不断发展的动力源泉。

从本质上讲，企业是以营利为目的的经济组织。无论在任何社会形态下，企业进行生产经营活动时，总是力求以尽可能少的耗费，取得尽可能多的成果，即收入大于支出。因此，企业生产经营活动的出发点与归宿都是为了赚取利润，创造社会财富。随着市场经济的发展，特别是在现代企业制度下，企业的目标已日益呈现出多元化特征，不仅在学术界存在着利润最大化、企业价值最大化、股东权益最大化、相关者利益最大化等多种主张和诸多争议，而且不同企业通常也确立有不同导向的个性化目标。

1．利润最大化

利润最大化目标是基于对企业本质的认识提出的。企业经济活动的目的是为了创造更多的财富，财富的多少可以用利润指标直接衡量，只有每个企业都最大限度地获取利润，整个社会的财富才可能实现最大化，进而促进社会的发展与进步。将利润最大化作为企业的目标，不仅具有直接、明了的特点，易被企业接受，而且可以强化企业的成本观念，促进资源的合理配置，有利于社会经济效益的提高。

但从管理学理论和企业发展的实践看，这一主张只是对企业目标浅层次的认识，它未能将所获得利润与投入资本相联系，也没有考虑资金时间价值和预期利润的风险因素。特别是在利润最大化目标导向下，往往会使企业忽视所承担的社会责任，导致企业的短期行为，如轻视安全生产和人力资源开发，忽视对环境的损害和污染控制，对自然资源过度采掘等。

2．企业价值最大化

企业价值最大化目标是依据风险管理理论提出的。企业经济活动所创造的财富首先表现为企业的价值。企业价值不是会计上账面财产的总价值，而是企业全部资产的市场价值。与利润最大化目标相比，企业价值最大化目标强调风险与报酬的均衡，充分考虑了资金的时间价值和投资的不确定性因素，有利于克服企业的短期行为，实现社会资源的合理配置。但在管理实践中，对如何科学地计量企业价值尚存在一些争议。对于上市公司，虽然可通过股票价格的变动反映企业价值，但股价的变动受诸多因素的影响，即期市场上的股价不一定能确切反映企业的获利能力。对于众多的非上市公司，则需要通过专门的评估才能确定其价值，而评估的科学性和准确性方面也可能存在一些问题。

3．股东权益最大化

企业生存和发展的直接目标是为企业的股东创造尽可能多的财富，在上市公司中具体表现为股东所持股票价格的最大化。企业经理人员的报酬也往往与股票的价格相关，股东权益和企业经理人员的报酬通过股票市值得以充分体现。由于影响股价变动的因素较多，不仅包括企业的经营业绩，也包括投资者的心理预期以及政治、经济、社会等环境的变化，受这些因素的影响，易使股东权益最大化目标的计量缺乏客观标准和统一的尺度。此外，股东权益最大化在规范企业行为、经理人参与收益分配等方面也存在一定的障碍。

4．相关者利益最大化

相关者利益最大化目标是20世纪60年代在美国、英国等国家公司治理实践中发展起来的一种企业目标理论。企业是一个多元利益的共同体，其发展仅仅依靠股东是不够的，必然要有众多的利益相关者参与，如政府、债权人、雇员、消费者、供应商，甚至社区居民等。不同利益相关者对企业的要求不同，如投资者要求股东权益最大化，经营者要求加薪，雇员要求工作稳定和薪酬较高，等等。企业不仅要为股东利益服务，同时也要保护其他相关者的利益，实现相关者利益的最大化，这样才能促进企业的长远发展。

二、企业组织的经济活动

不管何种形式的企业组织，企业的经营管理者为了企业更好地发展，首先必须根据企业所面临的内外部环境制定企业发展战略，然后，在企业发展战略的指引下，考虑应该做什么（投资决策）？从哪种渠道和以什么方式解决资金问题（筹资决策）？如何运用这些资金开展经营活动（经营决策）？由此，任何企业组织的经济活动都可以大致分为筹资活动、投资活动和经营活动。

1．筹资活动

筹资活动可以看成企业财务管理中首要的、基本的环节。事实上，无论公司的创立，还是成长壮大，包括公司日常经营活动，都可能遇到资金的筹集问题。筹资活动对公司经营者而言，就是要分析研究如何以较低的代价筹集到足够的资金，以满足公司生产经营的需要。由于筹资方式的多样性，不同筹资渠道的资金来源，其资金成本、使用期限、风险程度、筹资灵活性等都大不相同，对公司未来产生的影响也是不同的。公司筹资决策所要解决的问题是如何取得企业经营发展所需要的资金，包括什么时候筹资、筹集多少、怎样筹资、向谁筹资等问题。筹资决策的关键在于决定各种资金来源在总资金中所占的比重，即注重资本结构的合理安排，以使筹资风险、筹资成本与期望资金收益相匹配。

2．投资活动

投资活动是指公司投放资金，以期在未来获取收益的经济行为。公司的投资范围比较广泛，既可以通过购买厂房、设备等进行内部投资，也可以进行对外投资。投资活动的关键就是进行科学的投资决策，即在若干待选方案中，选择投资成本小、收益大的方案。在具体投资决策分析中，要充分考虑投资的现金流动情况以及投资的风险。任何一个重大投资决策的失误往往会使一个公司陷入困境，甚至破产。投资形成之后，还要注意加强投资跟踪管理和控制，以确保投资预期效果的实现。

3．经营活动

经营活动是指企业投资活动和筹资活动以外的所有交易和事项，如购买材料、支付工资等。

企业组织的筹资活动、投资活动和经营活动之间不是孤立存在，而是相互联系的。筹资活动是投资活动和经营活动的基础，公司如果筹集不到资金，就无法进行投资和生产经营，也就无法获得用来向投资者分配的净利润。

三、会计与企业组织的经济活动

（一）任何企业组织的经济活动都离不开会计

在现代社会经济生活中，几乎每个经济组织，如公司、企业等营利性组织以及政府机构、学校、社会团体等非营利性组织都承担着各种各样的使命，为社会大众提供相应的产品或服务，这些组织要完成使命就必定要使用各种人力、物资、服务、设备、信息等资源，这些资源的取得必定需要花费金钱；各组织的管理者必须能够回答以下问题才能保证组织的运作效率：取得各种资源的资金从哪里来？钱花在什么地方？会产生怎样的效果？如果没有科学系统的方法来处理这些事情，这个组织的管理必定是混乱的。承担该重任的就是这个组织的会计人员，他们从事会计核算，或是利用会计核算资料及其他资料进行预测、决策、规划、控制及分析评价等更复杂的经济管理工作。因此，经济组织的任何经济活动都需要会计信息的支持，而经济组织的任何经济活动也会影响会计信息。

（二）金融市场和现代公司制度推动了会计学科的发展

金融市场，通俗地说，就是资金融通的场所。一个完善而发达的金融市场，应该是由金融市场的主体（金融机构）、客体（金融工具）和参与者（资本需求者和资本供应者）三个部分组成的金融体系。在金融市场所有参与者中，公司是主力军，公司最能体现现代市场的本质特征。现代公司制度的产生和发展与如何筹集公司所需要的资金以及如何使用这些资金密切相关，可以说，没有完善的金融市场，就没有现代公司制度。金融市场和现代公司制度推动了会计学科的发展，也对会计理论与方法产生了极为重大而深远的影响。

1．会计学与有关学科的关系

会计学从属于管理学科，是建立在经济学和管理学基础上的应用学科。一方面，会计学来源于会计实践，即会计实务，是对会计实务的理论抽象和概括；另一方面，会计学又指导着会计实务。现代会计学经历了会计学与其他学科（如统计学等）的分化，也经历了会计学与其他学科（如信息学、系统控制学等）的整合。会计学科的发展过程，实际上是会计学科分化与整合的过程。

2．会计学的分支学科

从历史的观点看，会计学科是不断发展变化的。目前主流观点认为现代会计学有两大主要分支，即财务会计和管理会计。

财务会计主要是立足企业组织，面向金融市场，通过定期提供财务报表和其他财务报告，为企业组织的利益相关者服务，从而履行所有者与经营者的“受托责任”。现代金融市场与现代公司制度的产生和发展，使得会计信息使用者多元化。财务会计正是从这些不同信息使用者的利益和要求出发，集中研究有关的会计问题，并着重通过定期提供各种财务报表和其他财务报告满足各利益相关者的不同需要，由此产生了以财务报表为中心的“财务会计”。财务会计从日常的账务处理到提供财务报表，都要严格遵循企业组织各利益相关者的公认会计原则（在我国，体现为企业会计准则和相关会计制度）。

管理会计主要是通过内部管理报表或绩效报告为企业组织的经理人服务，即为企业组织经理人的经营管理决策提供相关信息，从而履行企业组织内部各层次的受托责任。由此产生了以经营管理为中心的“管理会计”。管理会计只为特定的信息使用者提供相关信息，即所谓“相关信息适时地提供给相关的人”。

财务会计与管理会计之间存在密切的联系，主要表现在以下两方面。

（1）财务会计与管理会计都是会计。在会计核算部分，财务会计与管理会计依据的原始资料相同。以此为基础，财务会计与管理会计基于不同信息使用者的不同需求，各自对原始资料进行加工、整理和扩展。同时，财务会计与管理会计的服务对象也有交叉，尽管财务会计侧重于为企业组织的外部利益相关者服务，但是，它也为企业组织的内部经营管理服务。同样地，管理会计虽然侧重于为企业组织的内部经营管理者服务，但也同时为企业组织的外部利益相关者服务。

（2）财务会计与管理会计都依存于受托责任。财务会计侧重于企业组织的外部受托责任，管理会计侧重于企业组织的内部受托责任。从本质上说，财务会计与管理会计都是一种受托责任会计。

但是，财务会计与管理会计之间，因为提供信息的侧重点不同而又有区别，主要表现在以下七个方面：

（1）财务会计侧重于为企业组织的外部利益相关者提供有助于决策的信息，而管理会计则侧重于为企业组织的内部经营管理者提供相关信息。

（2）财务会计强调过去，管理会计则强调现在与未来。

（3）财务会计受公认会计原则的制约，管理会计则不受公认会计原则的制约。管理会计主要考虑经营管理决策的成本效益与管理行为问题。

（4）财务会计注重可证实性和财务信息，管理会计则较少强调可证实性，而是强调财务信息与非财务信息并重以及数量计算与经理人的综合判断相结合。

（5）财务会计以会计主体为核心，而管理会计则强调多维的主体观念，它不仅仅把企业组织看成一个整体，还强调企业组织的分部。管理会计根据企业组织的经营管理需要可以将企业组织的一个部门或一条生产线作为一个主体，也可以将一个人作为一个主体，甚至还可以将某项作业作为一个主体。

（6）财务会计是一种强制性会计，任何企业组织都必须按照相关要求定期地提供财务报表，而管理会计则是一种非强制性会计，根据企业组织的经营管理决策需要提供相关信息。

（7）管理会计是一种综合性交叉学科。与财务会计相比，管理会计更多地涉及其他相关学科，如管理学、决策科学、组织行为学、行为科学等。

从会计教育的角度看，会计学的分支学科主要包括：会计学原理、财务会计（中级、高级）、成本会计、管理会计、财务管理、审计学、财务分析等，这些都是会计学专业的核心课程。

（1）会计学原理：也称基础会计和初级会计学，主要阐述会计的基本理论、基本技术和基本方法，是进一步学习其他会计学分支的基础和指南。

（2）财务会计：阐述会计要素处理的基本原理和方法，受企业会计准则的指导。财务会计在教学中往往分为中级财务会计和高级财务会计。

（3）成本会计：阐述成本预测、计划、控制、核算、分析、决策的基本理论和方法，为企业经营管理决策提供所需要的各种成本信息，主要包括实际成本计算、成本预测和决策的方法、成本计划的编制、成本分析和成本控制、目标（定额）成本的确定等。

（4）管理会计：阐述为提高经济效益，利用财务信息和非财务信息，评价过去，控制现在，规划未来的基本理论和方法，主要包括经济预测、经营决策、投资决策、预算与控制、责任会计、经营业绩评价等。

（5）财务管理：阐述对各种资金收支活动进行规划、组织、调节、控制、指导和监督的基本理论和方法，主要包括资金筹集、资金使用和利润分配以及相关的管理决策等。

（6）审计学：阐述审计监督、评价和鉴证的基本理论、方法和程序，包括审计职能、审计证据、审计方法、审计程序、审计报告等。

（7）财务分析：以会计核算和财务报告以及其他相关资料为依据，采用一系列专门的分析技术和方法，对企业过去和现在有关筹资活动、投资活动、经营活动的盈利能力、营运能力、偿债能力和增长能力状况等进行分析与评价，为企业的投资者、债权人、经营者及其他关心企业的组织或个人了解企业过去、评价企业现状、预测企业未来，做出正确决策提供准确的信息或依据。

有鉴于此，根据非会计学专业学生将来的实际工作需要和目前的知识体系要求，本书主要涵盖会计学原理、财务会计、财务管理、管理会计和财务分析五个方面的主要内容。

第三节　会计信息的需求者与质量要求

会计信息一般是通过财务会计报告提供给信息使用者的，因此，我国《企业会计准则——基本准则》第一章第四条将财务会计报告的目标描述为："财务会计报告的目标是向财务会计报告使用者提供与企业财务状况、经营成果和现金流量等有关的会计信息，反映企业管理层受托责任履行情况，有助于财务会计报告使用者做出经济决策。"

一、会计信息的需求者

会计信息的需求者可以分为外部需求者和内部需求者。

（一）会计信息的外部需求者

会计信息的外部需求者主要包括政府及其有关部门、投资者、债权人和社会公众。

1．政府及其有关部门

政府及其有关部门是指为会计主体提供服务并实施管理和监督的监管部门。这些政府部门使用会计信息主要有两个目的，一是借以了解会计主体的经营状况和财务收支情况，评价会计主体的经营业绩，同时，检查会计主体的经营活动是否符合国家的各项方针政策；二是利用会计信息掌握会计主体各项经济指标的完成情况，从而掌握国民经济和社会发展的基本状况，调整和完善各项宏观经济政策，进一步发挥宏观调控的职能。比如，税务机关在征税时一般以会计资料为基础再做适当调整，它们需要决定：企业是否依法纳税，依法应缴纳多少税款，企业未来纳税的前景如何等；上市公司的监管部门需要依赖财务报告判断：企业公开的会计信息是否真实、充分，是否容易被投资者理解，是否会误导投资者，会计核算是否符合有关规定等。

2．投资者、债权人和社会公众

投资者、债权人和社会公众是最重要的会计信息使用者，他们与企业有着直接或间接的经济利益关系。

投资者是企业的出资人，是企业的所有者，他们十分关注企业的经营状况，因为企业经营绩效的好坏会直接影响他们的投资回报。投资前后，投资者都需要了解被投资企业的偿债能力、盈利能力、营运能力的优劣和变化情况，以便在若干个投资方案中进行决策，从而要求企业对外公布财务信息来满足他们的决策需要。企业的投资者可以是国家（或其代理人）、企业法人、事业单位，也可以是自然人。由于企业所有权和经营权的分离，投资者大多不参与企业的经营活动，他们委托经营者去经营和管理企业，在这种情况下，他们就必须通过会计信息来了解企业的经营状况，评价经营者的工作业绩。

债权人是将资金出借给企业的法人或自然人，是企业重要的利害关系人。债权人将资金借给企业以后，就失去了对资金的支配权，所以他们需要在借出资金之前利用会计信息进行与借款相关的一系列决策，如是否应向企业借款，利息率如何确定，企业是否有能力根据合约还本付息，借款给企业是否存在信用风险，是否有必要让企业提供借款担保等。会计信息是债权人了解企业的最主要的依据。

除了投资者和债权人以外，对上市公司来说，社会公众也是重要的会计信息使用者，他们是企业潜在的投资者或债权人，需要了解企业的财务情况以做出相应的决策。

（二）会计信息的内部需求者

会计信息的内部需求者包括企业内部管理者和职工。

企业内部管理者是指企业的经营者，包括企业董事会成员，企业经理，企业计划、财务、人事、供应、市场营销、技术等方面的管理人员等，他们是会计信息主要的使用者。企业内部管理人员需根据会计信息做出一系列与经济活动相关的决策，比如筹资决策，管理者应该考虑企业经营需要多少资金，以什么方式筹集，负债期限多长，融资成本控制在何种水平上等；又如在企业进行投资决策时，企业资源应该如何配置，如何选择投资方案，是否有可能利用闲置资金购买短期证券等。管理者要及时、完整地把握企业的经营状况，就必须利用会计信息。

此外，企业职工也需要使用会计信息，他们需要考虑企业是否有能力按劳付酬，企业的财务状况与获利能力是否足以保障职工就业，是否能在劳动保护上投入足够资金，是否有能力不断提高职工福利待遇等。

应当看到，上述列举的会计信息需求者，其决策重点和所需信息并不完全相同，甚至存在较大的差异。对投资者来说，有关企业经营成果的信息是他们最为关心的，因为企业的经营成果直接关系到投资者的投资效益；对债权人而言，企业的财务状况是他们关注的重点，因为财务状况的好坏直接影响企业的偿债能力，进而影响债权人借出资金的安全性；而政府及其有关部门主要是了解企业重要经济指标的完成情况和企业经济活动的真实性、合法性等方面信息；企业的经营者对会计信息的需求较为广泛，他们需要掌握企业各个方面的情况，包括财务状况、经营成果和现金流量等方面的信息，以及反映企业经济活动的其他经济信息。若按不同需求提供财务报告，其成本较高且无法满足及时性的要求，因此，会计提供的主要是对各类需求者都有用的信息，即通用财务报告，这种财务报告主要服务于股东和债权人等外部信息使用者，当然也可用于企业内部管理。会计部门也根据需要提供产品生产成本、费用开支等方面的报表，用于内部成本控制、预算控制、定价决策等。此外，为了满足企业内部管理的临时性需要，会计部门也提供一些特殊的信息，但是这些信息一般不对外公开。

二、会计信息的质量要求

会计信息质量要求是对企业财务报告中所提供会计信息质量的基本要求，要求提供的会计信息对信息使用者的决策有用。根据《企业会计准则——基本准则》的规定，会计信息质量要求包括可靠性、相关性、可理解性、可比性、实质重于形式、重要性、谨慎性和及时性等。

1. 可靠性

可靠性要求企业应当以实际发生的交易或者事项为依据进行确认、计量和报告，如实反映符合确认和计量要求的各项会计要素及其他相关信息，保证会计信息真实可靠、内容完整。它具体包括以下几方面要求。

（1）企业应当以实际发生的交易或者事项为依据进行会计确认、计量和报告，将符合会计要素定义及其确认条件的资产、负债、所有者权益、收入、费用和利润等如实反映在财务报表中，不得根据虚构的、没有发生的或者尚未发生的交易或者事项进行确认、计量和报告。

（2）企业应当在符合重要性和成本效益原则的前提下，保证会计信息的完整性。企业编报的报表及其附注内容等应当保持完整，不能随意遗漏或者减少应予披露的信息，与使用者决策相关的有用信息都应当充分披露。

例如，某公司于 20×8 年年末发现公司销售萎缩，无法实现年初确定的销售收入目标，但考虑到在 20×9 年春节前后，公司销售可能会出现较大幅度的增长，该公司为此提前预计库存商品销售，在 20×8 年年末制作了若干虚假的存货出库凭证，并确认销售收入实现。该公司的这一会计处理就不是以其实际发生的交易事项为依据的，是公司虚构的交易事项，因此违背了会计信息质量要求中的可靠性原则，也违背了我国会计法的规定。

2．相关性

相关性要求企业提供的会计信息应当与投资者等财务报告使用者的经济决策需要相关，有助于投资者等财务报告使用者对企业过去、现在或者未来的情况做出评价或者预测。

会计信息是否有用，是否具有价值，关键是看其与使用者的决策需要是否相关，是否有助于决策或者提高决策水平。相关的会计信息应当有助于使用者评价企业过去的决策，证实或者修正过去的有关预测，因而具有反馈价值；相关的会计信息还应当具有预测价值，有助于使用者根据财务报告所提供的会计信息预测企业未来的财务状况、经营成果和现金流量。

会计信息质量的相关性要求企业在确认、计量和报告会计信息的过程中，应充分考虑使用者的决策模式和信息需要。但是，相关性是以可靠性为基础的，两者之间并不矛盾，不应将两者对立起来。也就是说，会计信息在可靠性的前提下，尽可能地做到相关性，以满足投资者等财务报告使用者的决策需要。

3．可理解性

可理解性要求企业提供的会计信息应当清晰明了，便于财务报告使用者理解和使用。

企业编制财务报告、提供会计信息的目的在于使用，而要使使用者有效地使用会计信息，应当能让其了解会计信息的内涵，弄懂会计信息的内容，这就要求财务报告所提供的会计信息应当清晰明了，易于理解。只有这样，才能提高会计信息的有用性，实现财务报告的目标，满足向投资者等财务报告使用者提供决策有用信息的要求。

当然，会计信息毕竟是一种专业性较强的信息产品，在强调会计信息的可理解性要求的同时，还应假定使用者具有一定的企业经营活动和会计方面的知识，并且愿意付出努力去研究这些信息。对于某些复杂的信息，如交易本身较为复杂或者会计处理较为复杂，但其是与使用者的经济决策相关的，企业也应当在财务报告中予以充分披露。

4．可比性

可比性要求企业提供的会计信息应当相互可比，主要包括以下两层含义。

（1）同一企业不同时期可比。为了便于投资者等财务报告使用者了解企业财务状况、经营成果和现金流量的变化趋势，比较企业在不同时期的财务报告信息，全面、客观地评价过去、预测未来，从而做出决策，会计信息质量的可比性要求同一企业不同时期发生的相同或者相似的交易或者事项，应当采用一致的会计政策，不得随意变更。

（2）不同企业相同会计期间可比。为了便于投资者等财务报告使用者了解企业财务状况、经营成果和现金流量及其变动情况，会计信息质量的可比性要求不同企业相同会计期间发生的相同或者相似的交易或者事项，应当采用规定的会计政策，确保会计信息口径一致、相互可比，以使不同企业按照一致的确认、计量和报告基础提供有关会计信息。

5．实质重于形式

实质重于形式要求企业应当按照交易或者事项的经济实质进行会计确认、计量和报告，不应仅以交易或者事项的法律形式为依据。企业发生的交易或事项在多数情况下，其经济实质和法律形式是一致的，但在有些情况下也会出现不一致。如果企业仅仅以交易或者事项的法律形式为依据进行会计确认、计量和报告，那么就容易导致会计信息失真，无法如实反映经济业务的实际情况。

在实务中，交易或者事项的法律形式并不能完全真实地反映其实质内容。因此，会计信息要想反映其所应反映的交易或事项，就必须根据交易或事项的实质和经济现实来判断，而不能仅仅根据它们的法律形式。

例如，企业以融资租赁方式租入固定资产，虽然从法律形式来讲，企业并不拥有其所有权，但是由于租赁合同中规定的租赁期都相当长，接近于该资产的使用寿命，租赁期结束时承租企业有优先购买该资产的选择权，在租赁期内承租企业有权支配该资产并从中受益等，因此，从其经济实质来看，企业能够控制融资租入固定资产所创造的未来经济利益。依据实质重于形式原则，在进行会计确认、计量和报告时，企业应当将融资租赁租入的固定资产视为企业的资产，反映在企业的资产负债表上。

6．重要性

重要性要求企业提供的会计信息应当反映与企业财务状况、经营成果和现金流量有关的所有重要交易或者事项。

如果企业财务报告中提供的会计信息省略或者错报会影响投资者等信息使用者据此做出经济决策的，该信息就具有重要性。重要性的应用需要职业判断，企业应当根据其所处环境和实际情况，从项目的性质和金额大小两方面来判断其重要性。

7．谨慎性

谨慎性要求企业对交易或者事项进行会计确认、计量和报告时应当保持应有的谨慎，不应高估资产或者收益、低估负债或者费用。

在市场经济环境下，企业的生产经营活动面临着许多风险和不确定性，例如应收款项的可收回性、固定资产的使用寿命、售出存货可能发生的退货或者返修等。会计信息质量的谨慎性要求企业在面临不确定因素的情况下做出职业判断时，应保持应有的谨慎，充分估计到各种风险和损失，既不高估资产或者收益，也不低估负债或者费用。

但是，谨慎性的应用也不允许企业设置秘密准备，如果企业故意低估资产或者收入，或者故意高估负债或者费用，将不符合会计信息的可靠性和相关性要求，损害会计信息质量，扭曲企业实际的财务状况和经营成果，从而对使用者的决策产生误导，这是会计准则所不允许的。

8．及时性

及时性要求企业对于已经发生的交易或者事项，应当及时进行确认、计量和报告，不得提前或者延后。

会计信息的价值在于帮助使用者做出经济决策，因此具有时效性。即使是可靠、相关的会计信息，如果不及时提供，也就失去了时效性，对于使用者的效用就大大降低，甚至不再具有任何意义。在会计确认、计量和报告过程中贯彻及时性，一是要求及时收集会计信息，即在经济交易或者事项发生后，及时收集整理各种原始单据或者凭证；二是要求及时处理会计信息，即按照企业会计准则的规定，及时对经济交易或者事项进行确认或者计量，并编制出财务报告；三是要求及时传递会计信息，即按照国家规定的有关时限，及时地将编制的财务报告传递给财务报告使用者，便于其及时使用和做出决策。

第四节　认识基本财务报表

会计信息的使用者分外部使用者（如政府及其有关部门、投资者、债权人等）和内部使用者（企业内部管理者和职工），向会计信息的使用者提供会计信息的载体——财务报表和附注也分为对外财务报表及附注和内部财务报表，只是后者没有统一要求的固定格式、项目等，提供的会计信息能满足企业内部管理者做出决策的需要即可。同时，作为商业秘密，企业也没有必要和义务将内部财务报表对外公开。

《企业会计准则第 30 号——财务报表列报》第二条规定，企业财务报表至少应当包括资产负债表、利润表、现金流量表、所有者权益（或股东权益）变动表及其附注。

为了直观地了解基本财务报表，我们先看一个简单的例子。

A 同学是一名大学三年级学生，他发现在每年暑假之前的 6 月份，总有很多当年的毕业生将一些学习和生活用品进行变卖，如电脑、台灯、计算器、书籍等，而一些低年级的学生也会因为价格便宜而购买这些二手物品。A 同学发现这个商机，想从中赚取差价，于是就开始行动。

起初，A 同学自己有 300 元现金，没有借款，他的财务状况列表如表 1-1 所示。

表 1-1　A 同学初始资产负债表

单位：元

资产	金额	负债及所有者权益	金额
现金	300	资本	300

由于资金不够，A 同学向其他同学借款 1 000 元，期限 1 年，年利率 10%，不计复利。此时 A 同学的资产负债表如表 1-2 所示。

表 1-2　A 同学借款后的资产负债表

单位：元

资产	金额	负债及所有者权益	金额
现金	1 300	借款	1 000
		资本	300
资产合计	1 300	负债及所有者权益合计	1 300

此时，表 1-2 的左边表示 A 同学拥有 1 300 元的现金资产；右边表示在 A 同学拥有的 1 300 元现金资产中，只有 300 元是自己的，另外 1 000 元是借来的。现在 A 同学用 1 100 元去收购毕业生处理的二手物品，收购后现金剩下 200 元，另有 1 100 元的商品，此时 A 同学的资产负债表如表 1-3 所示。

表 1-3　A 同学采购后的资产负债表

单位：元

资产	金额	负债及所有者权益	金额
现金	200	借款	1 000
存货	1 100	资本	300
资产合计	1 300	负债及所有者权益合计	1 300

此后，A 同学卖掉了所采购来的 1 100 元商品，取得 2 500 元的收入，获得 1 400 元的毛利，但其中的 400 元暂时没有收到，A 同学同意买主 3 个月后归还。此时 A 同学的财务状况如表 1-4 所示。

表 1-4　　A 同学销售后的资产负债表

单位：元

资产	金额	负债及所有者权益	金额
现金	2 300	借款	1 000
应收账款	400	资本	300
		利润	1 400
资产合计	2 700	负债及所有者权益合计	2 700

表 1-4 右边的 1 400 元利润是 A 同学经营赚来的，也是自有资产的一部分。通过表 1-4 可以看出：A 同学的总资金 2 700 元，其中 300 元是初始投入的，1 000 元是借来的，1 400 元是经营赚来的。表 1-4 的左边说明了 A 同学的资产结构：拥有资产 2 700 元，其中，现金 2 300 元，同学欠款 400 元。

现在 A 同学决定将借款 1 000 元提前半年偿还给同学，同时支付利息 50 元。偿还借款本金和利息后，现金剩下 1 250 元，支付了利息使得经营所得的利润又少了 50 元。此时 A 同学的财务状况如表 1-5 所示。

表 1-5　　A 同学偿还借款本息后的资产负债表

单位：元

资产	金额	负债及所有者权益	金额
现金	1 250	借款	
应收账款	400	资本	300
		利润	1 350
资产合计	1 650	负债及所有者权益合计	1 650

现在 A 同学又决定拿出利润的 20%，即 270 元，请同学们吃饭，其余的资金暂不使用。此时，A 同学的财务状况如表 1-6 所示。

表 1-6　　A 同学利润分配后的资产负债表

单位：元

资产	金额	负债及所有者权益	金额
现金	980	借款	
应收账款	400	资本	300
		利润	1 080
资产合计	1 380	负债及所有者权益合计	1 380

通过上述某一时点的资产负债表中资产、权益的变化，可以了解A同学某时的财务状况。通常信息使用者通过资产负债表只能了解资产、负债、所有者权益的结构情况，并不能了解整个经营过程中利润是如何形成的，取得了多少收入，又花费了多少费用等，这些需要通过另一张报表——利润表才能看得出来，其格式如表1-7所示。

表1-7　　A同学整个经营期间的利润表

单位：元

项目	金额
营业收入	2 500
减：营业成本	1 100
财务费用——利息	50
营业利润	1 350

以上通过一个简单的例子编制了两张简单的财务报表，资产负债表和利润表也是每个企业最基本的对外财务报告。事实上，在实际工作中，企业实际编制的资产负债表和利润表中的项目要复杂得多。

根据财政部《关于修订印发2018年度一般企业财务报表格式的通知》（财会〔2018〕15号）精神，对一般企业财务报表格式进行了修订。对于执行企业会计准则的非金融企业，按是否执行新金融准则和新收入准则，分别采用不同的一般企业财务报表格式。企业对不存在相应业务的报表项目可结合本企业的实际情况进行必要删减，企业根据重要性原则并结合本企业的实际情况可以对确需单独列示的内容增加报表项目。

下面给出一般企业财务报表（适用于尚未执行新金融准则和新收入准则的企业），具体的内容和编制方法将在第三章中详述。一般企业财务报表格式（适用于已执行新金融准则或新收入准则的企业）见书后附录E。

一、资产负债表

任何企业组织要从事经济活动都必须具备一定的资金，这些资金无非来源于所有者（股东）投入的资金和向债权人借入的资金。前者就是“所有者权益”，后者就是“负债”。企业组织的任何资金来源必定有其表现形式，这就是“资产”。也就是说，在会计学上，企业组织的任何资金来源必定有其相应的资产表现形式（俗称资金占用），而任何资产表现形式必定有其相应的来源（俗称资金来源），企业组织的资产与其来源的总量必定相等。因此，企业组织的资金来源与资金占用总是保持平衡，其数量关系可以用公式表述为：资产=负债+

所有者权益，此公式构成了资产负债表的基本结构。一般企业的资产负债表格式如表 1-8 所示。

表 1-8 资产负债表

会企 01 表

编制单位： 20××年××月××日 单位：元

资 产	期末余额	上年年末余额	负债和所有者权益（或股东权益）	期末余额	上年年末余额
流动资产：			流动负债：		
货币资金			短期借款		
交易性金融资产			交易性金融负债		
衍生金融资产			衍生金融负债		
应收票据			应付票据		
应收账款			应付账款		
应收款项融资			预收款项		
预付款项			合同负债		
其他应收款			应付职工薪酬		
存货			应交税费		
合同资产			其他应付款		
持有待售资产			持有待售负债		
一年内到期的非流动资产			一年内到期的非流动负债		
其他流动资产			其他流动负债		
流动资产合计			流动负债合计		
非流动资产：			非流动负债：		
债权投资			长期借款		
其他债权投资			应付债券		
长期应收款			其中：优先股		
长期股权投资			永续债		
其他权益工具投资			租赁负债		
其他非流动性金融资产			长期应付款		
投资性房地产			预计负债		
固定资产			递延收益		

续表

资　　产	期末余额	上年年末余额	负债和所有者权益（或股东权益）	期末余额	上年年末余额
在建工程			递延所得税负债		
生产性生物资产			其他非流动负债		
油气资产			非流动负债合计		
使用权资产			负债合计		
无形资产			所有者权益（或股东权益）：		
开发支出			实收资本（或股本）		
商誉			其他权益工具		
长期待摊费用			其中：优先股		
递延所得税资产			永续债		
其他非流动资产			资本公积		
非流动资产合计			减：库存股		
			其他综合收益		
			专项储备		
			盈余公积		
			未分配利润		
			所有者权益（或股东权益）合计		
资产总计			负债和所有者权益（或股东权益）总计		

二、利润表

利润表是记录一个企业组织在一段时间内经营成果的报表。广义地说，利润表记录在这个时期内企业组织所创造的所有收入减去该时期所发生的费用之后的余额，也就是该时期的利润，即“利润=收入-费用”。如果发生的费用大于收入，企业组织便出现亏损。收入、费用和利润构成利润表的会计要素，利润表的基本结构据此而设计。一般企业的利润表格式如表1-9所示。

表 1-9 利润表

会企 02 表

编制单位： 20××年×月 单位：元

项 目	本期金额	上期金额
一、营业收入		（略）
减：营业成本		
税金及附加		
销售费用		
管理费用		
研发费用		
财务费用		
其中：利息费用		
利息收入		
加：其他收益		
投资收益（损失以“-”号填列）		
其中：对联营企业和合营企业的投资收益		
以摊余成本计量的金融资产终止确认收益（损失以“-”号填列）		
净敞口套期收益（损失以“-”号填列）		
公允价值变动损益（损失以“-”号填列）		
信用减值损失（损失以“-”号填列）		
资产减值损失（损失以“-”号填列）		
资产处置收益（损失以“-”号填列）		
二、营业利润（亏损以“-”号填列）		
加：营业外收入		
减：营业外支出		
三、利润总额（亏损总额以“-”号填列）		
减：所得税费用		
四、净利润（净亏损以“-”号填列）		
（一）持续经营净利润（净亏损以“-”号填列）		
（二）终止经营净利润（净亏损以“-”号填列）		
五、其他综合收益的税后净额		
（一）不能重分类进损益的其他综合收益		
1. 重新计量设定受益计划变动额		
2. 权益法下不能转损益的其他综合收益		
3. 其他权益工具投资公允价值变动		
4. 企业自身信用风险公允价值变动		
……		

续表

项　　目	本期金额	上期金额
（二）将重分类进损益的其他综合收益		
1．权益法下可转损益的其他综合收益		
2．其他债权投资公允价值变动		
3．金融资产重分类计入其他综合收益的金额		
4．其他债权投资信用减值准备		
5．现金流量套期储备		
6．外币财务报表折算差额		
……		
六、综合收益总额		
七、每股收益：		
（一）基本每股收益		
（二）稀释每股收益		

三、现金流量表

现金流量表揭示了企业组织在一定时期内创造的现金数额，它是反映企业在一定会计期间现金和现金等价物流入和流出的报表。同一时期的现金流入量减去现金流出量就得到该时期的现金流量净额。现金流量表揭示了企业组织在满足所有现金支出之后究竟还创造了多少超额的现金。一般企业的现金流量表格式如表 1-10 所示。

表 1-10　　现金流量表

会企 03 表

编制单位：　　20××年×月　　单位：元

项目	本期金额	上期金额
一、经营活动产生的现金流量：		
销售商品、提供劳务收到的现金		
收到的税费返还		
收到其他与经营活动有关的现金		
经营活动现金流入小计		
购买商品、接受劳务支付的现金		
支付给职工以及为职工支付的现金		
支付的各项税费		
支付其他与经营活动有关的现金		
经营活动现金流出小计		

续表

项目	本期金额	上期金额
经营活动产生的现金流量净额		
二、投资活动产生的现金流量：		
收回投资收到的现金		
取得投资收益收到的现金		
处置固定资产、无形资产和其他长期资产收回的现金净额		
处置子公司及其他营业单位收到的现金净额		
收到其他与投资活动有关的现金		
投资活动现金流入小计		
购建固定资产、无形资产和其他长期资产支付的现金		
投资支付的现金		
取得子公司及其他营业单位支付的现金净额		
支付其他与投资活动有关的现金		
投资活动现金流出小计		
投资活动产生的现金流量净额		
三、筹资活动产生的现金流量：		
吸收投资收到的现金		
取得借款收到的现金		
收到其他与筹资活动有关的现金		
筹资活动现金流入小计		
偿还债务支付的现金		
分配股利、利润或偿付利息支付的现金		
支付其他与筹资活动有关的现金		
筹资活动现金流出小计		
筹资活动产生的现金流量净额		
四、汇率变动对现金及现金等价物的影响		
五、现金及现金等价物净增加额		
加：期初现金及现金等价物余额		
六、期末现金及现金等价物余额		

四、所有者权益变动表

所有者权益变动表是反映构成所有者权益的各组成部分当期增减变动情况的报表。一般企业的所有者权益变动表格式如表 1-11 所示。

第五节　会计要素与会计等式

一、会计要素

会计要素是对会计主体（通常理解为一个企业）所发生的交易和事项按照经济业务的性质所做的具体分类，它是财务报告的内容框架和设计基础。交易泛指一个会计主体与外界一切单位之间发生的每一项往来，只要这些往来含有会计信息，能够用货币形式加以计量、记录和反映，都称为交易。事项是指会计主体对内形成的，可以用货币形式加以计量、记录和反映的内部经济业务。我国《企业会计准则——基本准则》规定，会计要素包括资产、负债、所有者权益、收入、费用和利润六个方面。

（一）资产

1．资产的定义

资产是指企业过去的交易或事项形成的、由企业拥有或者控制的、预期会给企业带来经济利益的资源。

根据资产的定义，资产具有以下几个特征。

（1）资产是由企业在过去发生的交易或事项中形成的。企业过去的交易或者事项包括购买、生产、建造行为或其他交易或者事项。预期在未来发生的交易或者事项不形成资产，比如企业购置资产仅仅是一种计划，或者该交易仍在谈判中，会计核算就不能确认为资产。

（2）资产是为企业所拥有或者所控制的。企业拥有的资产是指所有权属于企业的资产；企业控制的资产是指虽然形式上无所有权，但实质上具有控制权的资产，如融资租赁合同规定的租赁期限接近于该资产的使用寿命，租期结束时承租企业有优先购买这些资产的权利，在租期内企业有权支配资产并从中受益，所以融资租入固定资产应当视为企业的资产。

（3）资产预期能够给企业带来经济利益。资产作为一项经济资源，可在以下任何一种情况下提供未来收益：① 它们是现金或可转换为现金；② 它们是预期能够销售出去并从中获得现金的商品；③ 它们是预期能够用于未来产生现金流入的各种资源。但是，因损坏或陈旧过时而卖不出去的产品即使归企业所有也不属于资产，因为它们不能产生现金流入。因此，企业拥有资产的主要目的是为了从该项资源的使用中获得经济利益，不能产生经济利益的不属于资产。

2．资产的确认条件

将一项资源确认为资产，需要符合资产的定义，同时还应满足以下两个条件：

（1）与该资源有关的经济利益很可能流入企业；

（2）该资源的成本或者价值能够可靠地计量。

符合资产定义和资产确认条件的项目，应当列入资产负债表；符合资产定义，但不符合资产确认条件的项目，不应当列入资产负债表。

3．资产的分类

按照不同的标准，资产可以有不同的分类。按资产的流动性，资产可分为流动资产和非流动资产（或称长期资产）两大类。这样的分类有助于掌握企业资产的变现能力，从而进一步分析企业的偿债能力。

（1）流动资产。根据《企业会计准则第 30 号——财务报表列报》的规定，流动资产是指符合下列条件之一的资产：① 预计在一个正常营业周期中变现、出售或耗用；② 主要为交易目的而持有；③ 预计在资产负债表日起一年内（含一年，下同）变现；④ 自资产负债表日起一年内，交换其他资产或清偿负债的能力不受限制的现金或现金等价物。

在资产负债表中的流动资产主要包括货币资金、以公允价值计量且其变动计入当期损益的金融资产、应收票据及应收账款、存货等。

货币资金是指处于货币形态，可以随时用作购买手段和支付手段的资金，包括库存现金、银行存款及其他货币资金。库存现金是存放在企业可以随时动用的货币资金，具有极强的流动性，很容易被挪用或侵吞，必须加强管理和控制，以确保库存现金的安全与完整。银行存款是指企业存放于银行或其他金融机构的随时可以支付的货币资金。凡是独立核算的单位都必须按规定在当地的银行开设账户。企业除按核定的限额保留库存现金外，超过限额的现金必须存入开户银行。除了在规定的范围内可以用库存现金直接支付外，企业在生产经营活动过程中所发生的一切货币资金收支业务，都必须通过银行存款账户进行结算。其他货币资金是指库存现金和银行存款以外的货币资金。

以公允价值计量且其变动计入当期损益的金融资产主要是指企业为了近期内出售而持有的金融资产。

应收票据及应收账款反映资产负债表日以摊余成本计量的、企业因销售商品、提供服务等经营活动应收取的款项，以及收到的商业汇票，包括银行承兑汇票和商业承兑汇票。

存货是指企业在日常活动中持有以备出售的产成品或商品、处在生产过程中的在产品、在生产过程或提供劳务过程中耗用的材料和物料等，包括库存的、加工中的、在途的各种原材料、燃料、周转材料、在产品、产成品、商品等。存货是企业流动资产的重要组成部分，在企业资产中占有较大的比重。

（2）非流动资产。非流动资产是指除流动资产以外的资产。在资产负债表中非流动资产应当按其性质分类列报，主要包括长期股权投资、固定资产、无形资产等。

长期股权投资是指企业持有的期限在一年以上（不含一年）的各种股权性质的投资，包括购入的股票和其他股权投资等。对长期股权投资，企业一般以控制其他企业为目的而准备长期持有。会计核算中的长期股权投资包括两部分：一是企业持有的对子公司、联营企业及合营企业的投资；二是对被投资单位不具有共同控制或重大影响、在活跃市场中没有报价、公允价值不能可靠计量的权益性投资。

固定资产是指企业为生产产品、提供劳务、出租或经营管理持有的使用寿命超过一个会计期间的有形资产。固定资产是用于生产经营活动而不是为了出售，这一特征是区别固定资产与存货等流动资产的重要标志。固定资产是一般制造企业最重要的非流动资产，在企业资产中占有很大的比重。

无形资产是指企业拥有或者控制的没有实物形态可辨认的非货币性资产，包括专利权、商标权、土地使用权、著作权、特许权、非专利技术等。

企业的非流动资产除了前面介绍的长期股权投资、固定资产、无形资产以外，还有可供出售金融资产、持有至到期投资、长期应收款、投资性房地产、生产性生物资产、油气资产、长期待摊费用、递延所得税资产等。这些资产中，投资性房地产、生产性生物资产、油气资产是特殊企业才拥有或控制的；长期应收款反映企业融资租赁产生的应收款项和采用递延方式分期收款、实质上具有融资性质的销售商品和提供劳务等生产性经营活动产生的应收款项；递延所得税资产是采用纳税影响会计法处理可抵扣暂时性差异形成的所得税资产。

（二）负债

1．负债的定义

负债是指企业过去的交易或者事项形成的，预期会导致经济利益流出企业的现时义务。

负债实际上是企业的一种资金来源，负债经营已经成为现代企业的一种重要经营思想。如果把资产理解为企业的权利，那么，负债就可以理解为企业所承担的义务。

根据负债的定义，负债具有以下特征：

（1）负债是由于过去的交易或者事项引起的、企业在现行条件下已承担的义务。未来发生的交易或者事项形成的义务，不属于现时义务，不应当确认为负债。

（2）负债将要由企业在未来某个时日加以清偿。

（3）为了清偿债务，企业往往需要在将来转移资产，比如用现金或实物资产清偿，或者通过提供劳务来偿还，或者同时转移资产和提供劳务偿还，也有可能将债务转为所有者权益。

2．负债的确认条件

将一项现时义务确认为负债，需要符合负债的定义，还应当同时满足以下两个条件：

（1）与该现时义务有关的经济利益很可能流出企业；

（2）未来流出的经济利益的金额能够可靠地计量。

符合负债定义和确认条件的项目，应当列入资产负债表；符合负债定义但不符合确认条件的项目，不应当列入资产负债表。

3．负债的分类

负债可以有不同的分类，按负债的流动性，可将负债分为流动负债和非流动负债两大类。

（1）流动负债。符合下列条件之一的负债，应当归类为流动负债：① 预计在一个正常营业周期中清偿；② 主要为交易目的而持有；③ 自资产负债表日起一年内到期应予以清偿；④ 企业无权自主地将清偿推迟至自资产负债表日后一年以上。

资产负债表中的流动负债一般应包括以下项目：短期借款、以公允价值计量且其变动计入当期损益的金融负债、应付票据及应付账款、应交税费、应付职工薪酬等。

短期借款是指企业向银行或其他金融机构等借入的期限在一年以下（含一年）的各种借款。企业借入的短期借款，无论用于哪一方面，只要借入了就构成一项负债。归还短期借款时，除了归还本金之外，还要支付利息。

以公允价值计量且其变动计入当期损益的金融负债主要是指企业为了近期内回购而承担的金融负债，包括企业承担的以公允价值计量且其变动计入当期损益的金融负债和直接指定为以公允价值计量且其变动计入当期损益的金融负债。

应付票据及应付账款反映资产负债表日企业因购买材料、商品和接受服务等经营活动应支付的款项，以及开出、承兑的商业汇票，包括银行承兑汇票和商业承兑汇票。

应交税费是指企业按照税法规定应缴纳的各种税费，包括增值税、消费税、企业所得税、城市维护建设税及教育费附加等。这些税费在尚未缴纳之前暂时停留在企业，形成一项负债。

应付职工薪酬是企业尚未支付的职工薪酬。职工薪酬是指企业为获得职工提供的服务或解除劳动关系而给予的各种形式的报酬或补偿。职工薪酬包括短期薪酬、离职后福利、辞退福利和其他长期职工福利。企业提供给职工配偶、子女、受赡养人、已故员工遗属及其他受益人等的福利，也属于职工薪酬。

（2）非流动负债。非流动负债是指除流动负债以外的负债。资产负债表中非流动负债应当按其性质分类列报，主要包括长期借款、应付债券、长期应付款等。

长期借款是指企业向银行或其他金融机构等借入的期限在一年以上（不含一年）的各种借款。

应付债券是企业为筹集长期资金而发行的债券。这里企业发行的债券是指一年以上（不含一年）的长期债券，企业发行的一年及一年以内的短期债券不包含在这个项目中。除了长期债券的本金，其按期预提的利息也包含在应付债券项目内。

长期应付款是指企业除长期借款和应付债券以外的其他各种长期应付款项，包括以分期付款方式购入固定资产和无形资产发生的应付账款、应付融资租入固定资产的租赁费等。

需要指出的是，上述判断流动资产、流动负债时所称的一个正常营业周期，是指企业从购买用于加工的资产起至实现现金或现金等价物的期间。一般企业的一个正常营业周期通常短于一年，即在一年内有几个营业周期。因生产周期较长等导致正常营业周期长于一年的，尽管相关资产往往超过一年才变现、出售或耗用，仍应当划分为流动资产。企业正常营业周期中的经营性负债项目即使在资产负债表日后超过一年才予清偿的，仍应当划分为流动负债。

（三）所有者权益

1．所有者权益的定义

所有者权益是指企业资产扣除负债后由所有者享有的剩余权益。根据所有者权益的定义，所有者权益具有以下特征：

（1）所有者权益通常不需要偿还，除非发生减资、清算；

（2）所有者权益只有在清偿所有的负债之后才返还给所有者；

（3）所有者权益能够分享利润，而负债不能参与利润的分配。所有者权益在性质上体现为所有者对企业资产的剩余利益，在数量上也就体现为资产减去负债后的余额。

2．所有者权益的来源构成

所有者权益的来源包括所有者投入的资本、直接计入所有者权益的利得和损失、留存收益等，通常由实收资本（或股本）、其他权益工具、资本公积、其他综合收益、盈余公积和未分配利润构成。

所有者投入的资本是指所有者投入企业的资本部分，它既包括构成企业注册资本或股本部分的金额（即实收资本），也包括投入资本超过注册资本或股本部分的金额（即资本公积）。实收资本是指投资者作为资本投入到企业中的权益份额，资本公积包括资本溢价、股本溢价和其他资本公积。

直接计入所有者权益的利得和损失是指不应计入当期损益、会导致所有者权益发生增减变动的、与所有者投入资本或者向所有者分配利润无关的利得或者损失。其中，利得是指由企业非日常活动所形成的、会导致所有者权益增加的、与所有者投入资本无关的经济利益的流入，包括直接计入所有者权益的利得和直接计入当期利润的利得。损失是指由企业非日常活动所发生的、会导致所有者权益减少的、与向所有者分配利润无关的经济利益的流出，包括直接计入所有者权益的损失和直接计入当期利润的损失。

留存收益是企业历年实现的净利润留存于企业的部分，包括累计计提的盈余公积和未分配利润。盈余公积是企业按规定从净利润中提取的积累资金，可以分为两种：一是法定盈余公积，按照《公司法》等有关法规的规定，企业应当提取税后利润的10%列入公司法定公积金，公司法定公积金累计额超过公司注册资本50%的，可以不再提取；二是任意盈余公积，任意盈余公积金按照股东大会决议提取。未分配利润是企业留待以后年度进行分配的结存利润，从数量上来看，未分配利润是期初未分配利润加上本期实现的净利润，减去提取的各种盈余公积和分配利润后的余额。

（四）收入

1．收入的定义

收入是指企业在日常活动中形成的、会导致所有者权益增加的、与所有者投入资本无关的经济利益的总流入。收入是企业持续经营的基本条件，也是企业利润的主要来源。

根据收入的定义，收入具有以下几个特征。

（1）收入是企业在日常活动中形成的。日常活动是指企业为完成其经营目标所从事的经常性活动以及与之相关的其他活动。例如，制造企业制造并销售产品、商业企业销售商品等，均属于企业为完成其经营目标所从事的经常性活动形成的收入；制造企业转让无形资产使用权、出售原材料等，属于与经常性活动相关的其他活动，由此产生的经济利益的总流入也构成收入；但是制造企业处置固定资产、无形资产等活动，不是企业为完成其经营目标所从事的经常性活动，也不属于与经常性活动相关的其他活动，由此产生的经济利益的总流入不构成收入。

（2）收入会导致所有者权益的增加。与收入相关的经济利益的流入会导致所有者权益的增加，但是，导致所有者权益增加的经济利益的流入不一定是收入。例如，企业向银行借入的款项，尽管也导致了企业经济利益的流入，但该流入并不导致所有者权益的增加，反而使企业承担了一项现时义务。企业对于因借入款项所导致的经济利益的增加，不应将其确认为收入，应当确认为一项负债。同时，导致所有者权益增加的不一定都是企业的收入，如接受外单位或个人的捐赠，它会导致企业所有者权益的增加，但会计上不能将其确认为日常活动的收入，而应确认为营业外收入。

（3）收入是与所有者投入资本无关的经济利益的总流入。收入应当会导致经济利益的流入，从而导致资产的增加或者负债减少，如收入能增加银行存款，或形成应收账款；也可能表现为企业负债的减少，如销售商品抵偿债务。但是，经济利益的流入有时是所有者投入资本的增加所导致的，所有者投入资本的增加不应当确认为收入，而应当将其直接确认为所有者权益。

2．收入的确认条件

按照《企业会计准则第 14 号——收入》准则，当企业与客户之间的合同同时满足下列条件时，企业应当在客户取得相关商品控制权时确认收入：

（1）合同各方已批准该合同并承诺将履行各自义务；

（2）该合同明确了合同各方与所转让商品或提供劳务相关的权利和义务；

（3）该合同有明确的与所转让商品相关的支付条款；

（4）该合同具有商业实质，即履行该合同将改变企业未来现金流量的风险、时间分布或金额；

（5）企业因向客户转让商品而有权取得的对价很可能收回。

在企业会计核算中，通常按各项日常活动所处的地位不同，将收入区分为主营业务收入和其他业务收入。

（五）费用

1．费用的定义

费用是指企业在日常活动中发生的、会导致所有者权益减少的、与向所有者分配利润无关的经济利益的总流出。企业在生产经营活动中，一方面通过销售商品、提供劳务，取得营业收入；另一方面发生各种耗费，导致经济利益流出企业，这种耗费就是会计上所说的费用。将费用与收入相配比，即为企业在一段期间所取得的经营成果。

根据费用的定义，费用具有以下几个特征。

（1）费用是企业在日常活动中形成的。费用必须是企业在其日常活动中形成的，这些日常活动的界定与收入定义中涉及的日常活动的界定相一致。费用是企业在销售商品、提供劳务等日常活动中发生的经济利益的流出，是为取得收入而发生的经济利益的流出。

（2）费用会导致所有者权益的减少。与费用相关的经济利益的流出应当会导致所有者权益的减少，但导致所有者权益减少的经济利益的流出不一定是费用。例如，企业用银行存款购买原材料，尽管购买行为使得企业有经济利益的流出，但并没有导致所有者权益减少，而是增加了另一项资产（存货），所以它不是费用。同样应注意的是，导致所有者权益减少的并不一定都是费用，如股利的分配会引起所有者权益的减少，但股利支出并不是费用。

（3）费用是与向所有者分配利润无关的经济利益的总流出。费用的发生应当会导致经济利益的流出，从而导致企业资产的减少或负债的增加，其表现形式包括现金或现金等价物的流出，存货、固定资产和无形资产等的流出或者消耗等。但是，并不是任何资产的减少或负债的增加都是费用，如企业偿还债务，会使企业的资产减少，但它不是费用。

2．费用的确认条件

费用的确认除了应当符合定义外，也应当满足严格的条件，即费用只有在经济利益很可能流出，从而导致企业资产的减少或者负债的增加且经济利益的流出额能够可靠计量时才能予以确认。因此，费用的确认至少应当符合以下条件：

（1）与费用相关的经济利益应当很可能流出企业；

（2）经济利益流出企业的结果会导致资产的减少或者负债的增加；

（3）经济利益的流出额能够可靠计量。

会计核算中的费用是指与本期销售商品、提供劳务等营业收入相配比的各项费用，主要包括营业成本、税金及附加、管理费用、销售费用、财务费用等。

（六）利润

1．利润的定义

利润是指企业在一定期间的经营成果。通常情况下，如果企业实现了利润，表明企业的所有者权益将增加，业绩得到了提升；反之，如果企业发生了亏损（即利润为负数），表明企业的所有者权益将减少，业绩下滑了。利润往往是评价企业管理层业绩的一项重要指标，也是投资者等财务报告使用者进行决策时的重要参考依据。

2．利润的构成

利润是企业在一定经营期间的最终经营成果，包括收入减去费用后的净额、直接计入当期利润的利得和损失等，是综合反映企业经济利益的一个重要指标。当前我国利润表中利润为综合收益，包括净利润与其他综合收益的税后净额。

净利润是指企业实现的利润总额扣除所得税费用以后的金额。其他综合收益的税后净额包括以后不能重分类进损益的其他综合收益和以后将重分类进损益的其他综合收益。

二、会计等式

（一）会计等式的含义

会计等式，即会计恒等式，也称为会计方程式，它反映资产、负债、所有者权益之间的数量关系。任何企业的生产经营活动都必须拥有一定的资产，这些资产分布在企业经济活动的各个方面，有不同的表现形态，如货币资金、原材料、房屋建筑物等。根据资产负债表的来源与运用观点，企业资产均有其来源，要么来源于投资者，形成企业的所有者权益；要么来源于债权人，形成企业的债权人权益，即企业的负债。因此，资产与负债和所有者权益实际上是同一价值运动的两个方面，两者必然相等。从数量上看，有一定数额的资产，就有一定数额的权益（包括所有者权益和债权人权益）；有一定数额的权益，就有一定数额的资产。资产和权益的这种相互依存的关系，决定了资产总额必然等于权益总额。这一基本平衡关系可以用公式表示如下：

资产=权益

或

资产=负债+所有者权益

上式为会计等式的基本形式，又称静态会计（恒）等式，该等式揭示了会计要素之间的规律性联系，它是设置会计科目、复式记账和编制资产负债表的理论基础。

（二）经济业务的发生对会计等式的影响

经济业务，又称会计事项，它是指在企业的生产经营活动中发生，引起会计要素增减变动的事项。发生于企业的经济业务可分为两大类，一类为外部经济业务，即因某一会计主体发生对外经济往来所产生的经济业务，如向银行取得借款、向供货单位购货、向客户销售产品等；另一类为发生于某一会计主体内部的经济业务，如生产过程中领用材料、支付职工工资等。企业在生产经营过程中发生的经济业务虽然多种多样，但是从它们引起会计要素变动的情况来看，不外乎以下几种类型，如表 1-12 所示。

表 1-12　各项经济业务的发生对会计等式的影响

经济业务	资产 =	负债 +	所有者权益	变动类型
1	增加		增加	同时增加
2	增加	增加		
3	减少		减少	同时减少
4	减少	减少		

续表

经济业务	资产 =	负债 +	所有者权益	变动类型
5	增加、减少			
6		增加、减少		
7			增加、减少	有增有减
8		增加	减少	
9		减少	增加	

下面结合企业经营过程中发生的经济业务，举例说明资产、负债、所有者权益的增减变化及其对会计等式的影响。

【例 1-1】张三、李四和王五三人共同出资开办滨海打印社，从事打印、复印等业务。按照协议约定，张三出资作价 80 000 元的房屋，李四出资作价 50 000 元的电脑、复印机，王五出资 20 000 元的现金。三人按出资比例享有对企业的所有权。

这笔业务使得该企业的资产总额增加 150 000 元，其中，房屋 80 000 元，电脑、复印机 50 000 元，银行存款 20 000 元，所有者权益增加 150 000 元。会计等式的两边同时增加 150 000 元，双方总额保持平衡。

【例 1-2】为开展业务，滨海打印社向银行借入短期借款 30 000 元，存入银行。

这笔业务使得滨海打印社的资产增加了 30 000 元，同时负债增加了 30 000 元，会计等式的两边同时增加 30 000 元，双方总额仍保持平衡。

【例 1-3】将上一年利润的一部分以现金股利的形式分派给股东 100 000 元，用银行存款支付。

这笔经济业务使得资产和所有者权益同时减少 100 000 元，等式两边同时减少，等式平衡关系不变。

【例 1-4】偿还上一年的短期借款 30 000 元，用银行存款支付。

这笔经济业务使得资产和负债方同时减少 30 000 元，等式两边同时减少，等式平衡关系不变。

【例 1-5】收到客户所欠的货款 120 000 元存入银行。

这笔经济业务使得资产内部项目一增一减，金额均为 120 000 元，等式平衡关系不变。

【例 1-6】向银行借入 200 000 元短期借款，直接偿还供货方的欠款。

这笔经济业务使得负债内部项目一增一减，金额均为 200 000 元，等式平衡关系不变。

【例 1-7】经董事会研究决定，将盈余公积金 50 000 元用于转增资本。

这笔经济业务使得所有者权益内部项目一增一减，金额均为 50 000 元，等式平衡关系不变。

【例 1-8】经董事会研究决定，发放现金股利 40 000 元，尚未支付。

这笔经济业务一方面使得负债方的应付股利增加 40 000 元，另一方面使得所有者权益方的未分配利润减少 40 000 元，等式右边有增有减，等式平衡关系不变。

【例 1-9】经与甲供应商协商，甲供应商同意将滨海打印社所欠货款 160 000 元转为对滨海打印社的投资。

这笔经济业务一方面使得负债方的应付账款减少 160 000 元，另一方面使得所有者权益方的实收资本增加 160 000 元，等式右边有增有减，等式平衡关系不变。

通过上述分析可以看出：不论发生何种经济业务，在任何时点上，“资产=负债+所有者权益”这个会计等式都成立。

随着经营活动的进行，企业会取得各项收入，同时也必然发生相关的费用。企业一定时期的收入扣除相关的费用后，即为企业的利润。企业利润的取得，表明企业资产总额和净资产的增加。由于利润只归属于所有者，利润的实现意味着企业所有者权益的增加；反之，若企业发生亏损，就意味着企业所有者权益的减少。用等式表示如下：

资产=负债+所有者权益+利润

或

资产=负债+所有者权益+(收入−费用)

上式为会计等式基本形式的扩展形式，动态地反映了企业财务状况和经营成果之间的关系。财务状况反映了企业特定日期资产的存量情况，而经营成果则反映了一定期间内资产的增量或减量。企业的经营成果最终会影响到企业的财务状况，企业实现利润将使企业资产存量增加或负债减少，发生亏损将使企业资产存量减少或负债增加。待期末结账后，利润归入所有者权益项目，会计等式又恢复成基本形式，即“资产=负债+所有者权益”。因此，会计等式的扩展形式又称为动态等式。

取得收入表现为资产和收入同时增加，或者取得收入的同时减少负债；发生费用时表现为资产的减少，或者发生费用的同时负债增加。但不管怎样，不会破坏会计等式的恒等关系。

通过上述分析，可以得出如下结论：企业在生产经营过程中发生的每一项经济业务，都必然会引起会计等式中一方或双方发生等额的变化，即当涉及等式双方时，必然会出现同方向的变化（同增同减）；当只涉及等式一方时，则必然出现相反方向的变化（一增一减）。由此可见，企业任何一项经济业务的发生都不会影响或破坏资产、负债和所有者权益之间的恒等关系。

第六节　会计核算的基本前提与基础

一、会计核算的基本前提

会计核算的基本前提，又称为会计假设，是对会计核算所处的时间、空间范围所做的合理设定。因为这些设定都是以合理推断或人为的规定而做出的，所以也称为会计假设。

会计假设不是毫无根据的虚构设想，而是在长期的会计实践中由人们逐步认识和总结形成的，是对客观情况合乎事理的推断。会计假设规定了会计核算工作赖以存在的一些基本前提条件，是企业设计和选择会计方法的重要依据，只有规定了这些会计假设，会计核算才能得以正常进行下去。因此，会计假设既是会计核算的基本依据，也是制定会计准则和会计核算制度的重要指导思想。

会计假设通常包括会计主体、持续经营、会计分期和货币计量四个假设。

（一）会计主体

会计主体是指会计工作为之服务的特定单位或组织，它确定了会计核算的空间范围，即在会计核算中，会计确认、计量和记录所加工整理的会计数据均被界定在一个独立核算的经济实体之内。基于这一假设，会计所反映的只能是它所在的特定单位的经济活动，而不包括企业所有者的经济活动和其他单位的经济活动。

一般来讲，凡是独立核算的单位，在会计上都设定为一个会计主体，它包括独立核算的企业及企业内部的独立核算单位。会计只记录本主体的账，只核算和监督本主体所发生的经济业务。只有明确会计主体这一基本前提，才能使会计的核算范围得以清楚界定；才能够使企业的财务状况、经营成果独立地反映出来；企业的所有者及债权人，以及企业的管理人员和企业会计报表的其他使用者，才有可能从会计记录和会计报表中获得有价值的会计信息，从而做出是否对企业进行投资或改进企业经营管理的决策。

会计主体作为一个经济实体与企业法人主体是不完全相同的。法人是指在政府部门注册登记，有独立的财产、能够独立承担民事责任的法律实体，它强调企业与各方面的经济法律关系；而会计主体则是按照正确处理所有者与企业的关系，以及正确处理企业内部关系的要求而设立的。会计主体不同于法律主体。一般来说，法律主体必然是一个会计主体，但会计主体不一定都是法律主体。会计主体可以是一个法律主体内部的各个单位，也可以是由若干法人单位组成的一个集团。

（二）持续经营

持续经营是指在可以预见的未来企业按照既定的经营方针和目标继续经营下去，不会停业，也不会大规模削减业务。会计核算应当以企业持续、正常的生产经营活动为前提，每个企业从开始营业起，从主观愿望上看，都希望能永远地正常经营下去。但是在市场经济条件下，竞争非常激烈，每个企业都有被淘汰的危险，这是不以人们的意志为转移的。在此情况下，会计应如何进行核算和监督呢？应立足于持续经营还是立足于即将停业清理呢？两者的会计处理方法完全不同。在一般情况下，持续经营的可能性总比停业清理大得多，尤其是现代化大生产和经营客观上要求持续，因此，会计应立足于持续经营这一假设。

会计正是在持续经营这一前提条件下，才可能建立起会计确认和计量的原则，使会计方法和程序建立在非清算的基础之上，解决了很多财产计价和收益确认的问题，保持了会计信息处理的一致性和稳定性。

（三）会计分期

持续经营的假定意味着企业经济活动在时间的长河中无休止地运行，那么，在会计实践活动中，会计人员提供的会计信息应从何时开始，又在何时终止？显然，要等到企业的经营活动全部结束时再进行盈亏核算和编制财务报表是不可能的。因此，会计核算应当划分会计期间，即人为地将持续不断的企业生产经营活动划分为一个个首尾相接、等间距的会计期间，通常为一年，可以是日历年，也可以是营业年。我国规定以日历年作为企业的会计年度，即以公历1月1日至12月31日作为一个会计年度。此外，企业还需按半年、季、月份编制报表，即把半年、季度、月份也作为一种会计期间。

（四）货币计量

货币计量是指企业在会计核算过程中采用货币作为计量单位，记录、反映企业的经营情况。企业在日常的经营活动中，有大量错综复杂的经济业务。在企业的整个生产经营活动中所涉及的业务又表现为一定的实物形态，如厂房、机器设备、现金、各种存货等。由于它们的实物形态不同，可采用的计量方式也多种多样。为了全面反映企业的生产经营活动，会计核算客观上需要一种统一的计量单位作为会计核算的计量尺度。因此，会计核算就必然选择货币作为会计核算上的计量单位，以货币形式来反映企业生产经营活动的全过程。这就产生了货币计量这一会计核算前提。因此，我国企业会计准则规定，“会计核算应以人民币为记账本位币”。业务收支以人民币以外的货币为主的企业，可以选定其中一种货币作为记账本位币，但是编报的财务报告应当折算为人民币。在境外设立的中国企业向国内报送的财务报告，应当折算为人民币。

依据《企业会计准则——基本准则》第四十二条，会计计量属性主要包括：

（1）历史成本。在历史成本计量下，资产按照购置时支付的现金或者现金等价物的金额，或者按照购置资产时所付出的对价的公允价值计量。负债按照因承担现时义务而实际收到的款项或者资产的金额，或者承担现时义务的合同金额，或者按照日常活动中为偿还负债预期需要支付的现金或者现金等价物的金额计量。

（2）重置成本。在重置成本计量下，资产按照现在购买相同或者相似资产所需支付的现金或者现金等价物的金额计量。负债按照现在偿付该项债务所需支付的现金或者现金等价物的金额计量。

（3）可变现净值。在可变现净值计量下，资产按照其正常对外销售所能收到现金或者现金等价物的金额扣减该资产至完工时估计将要发生的成本、估计的销售费用以及相关税费后的金额计量。

（4）现值。在现值计量下，资产按照预计从其持续使用和最终处置中所产生的未来净现金流入量的折现金额计量。负债按照预计期限内需要偿还的未来净现金流出量的折现金额计量。

（5）公允价值。在公允价值计量下，资产和负债按照市场参与者在计量日发生的有序交易中，出售资产所能收到或者转移负债所需支付的价格计量。

企业在对会计要素进行计量时，一般应当采用历史成本计量，采用重置成本、可变现净值、现值、公允价值计量的，应当保证所确定的会计要素金额能够取得并可靠计量。

二、会计核算的基础

《企业会计准则——基本准则》第九条规定，企业应当以权责发生制为基础进行会计确认、计量和报告。权责发生制是指凡是当期已经实现的收入和已经发生或应负担的费用，不论款项是否收付，都应作为当期收入和费用处理；凡是不属于当期的收入和费用，即使款项已经在当期收付，也不应作为当期的收入和费用处理。按照权责发生制，对于收入的确认应以实现为原则，判断收入是否实现，主要看产品是否已经完成销售过程、劳务是否已经提供，如果产品已经完成销售过程、劳务已经提供，并已取得收款的权利，收入就算实现，而不论是否已经收到货款，都应计入当期收入。对费用的确认应以发生为原则，判断费用是否发生，主要看与其相关的收入是否已经实现，费用是否与收入相配比。如果某项收入已经实现，那么与之相关的费用就已经发生，而不论这项费用是否已经付出。与权责发生制相对应的是收付实现制，在收付实现制下，对收入和费用的入账，完全按照款项实际收到或支付的日期为基础来确定它们的归属期。根据权责发生制进行收入与成本费用的核算，能够更加准确地反映特定会计期间企业真实的财务状况及经营成果。下面通过例子来说明权责发生制和收付实现制的区别与联系。

假设某公司20××年5月发生如下经济业务：

（1）支付本月水电费450元；

（2）预付下季度保险费600元；

（3）本月负担房屋租金300元，尚未支付；

（4）属于本月负担、下月才支付的借款利息80元；

（5）支付上月负担的修理费100元；

（6）计提本月设备折旧费750元；

（7）本月应计佣金收入560元；

（8）收到上月提供劳务收入240元；

（9）本月销售商品，并收到货款1 500元；

（10）销售商品900元，货款尚未收到。

20××年5月，按照权责发生制和收付实现制确认的收入和费用如表1-13所示。

表 1-13　　权责发生制和收付实现制确认的收入和费用

单位：元

业务序号	权责发生制		收付实现制	
	收入	费用	收入	费用
（1）		450		450
（2）				600
（3）		300		
（4）		80		
（5）				100
（6）		750		
（7）	560			
（8）			240	
（9）	1 500		1 500	
（10）	900			
合计	2 960	1 580	1 740	1 150

由表 1-13 可以看出，同样的经济业务，两种核算基础下确认的收入和费用是不相同的。

第七节　我国会计法律制度体系

一、我国会计法律制度体系的构成

我国会计法律制度体系包括会计法律、会计行政法规、国家统一的会计制度及地方性会计法规。

1．会计法律

会计法律是指由全国人民代表大会常务委员会经过一定立法程序制定的有关会计工作的法律，即《会计法》。三十多年来，我国的《会计法》经历了四个修订过程。

（1）1985 年 1 月 21 日第六届全国人民代表大会常务委员会第九次会议通过了新中国第一部《会计法》，自 1985 年 5 月 1 日起施行。

（2）1993 年 12 月 29 日第八届全国人民代表大会常务委员会第五次会议对《会计法》进行了第一次修正，自公布之日起施行。

（3）1999 年 10 月 31 日第九届全国人民代表大会常务委员会第十二次会议对《会计法》进行了修订，自 2000 年 7 月 1 日起施行。

（4）2017 年 11 月 4 日第十二届全国人民代表大会常务委员会第三十次会议对《会计法》进行了第二次修正，自 2017 年 11 月 5 日起施行。

《会计法》是会计法律制度中层次最高的法律规范，是制定其他会计法律制度的依据，也是指导会计工作的最高准则。《会计法》也被称为会计法律制度的“母法”。

2．会计行政法规

会计行政法规是指由国务院制定并发布，或者国务院有关部门拟定并经国务院批准发布，调整经济生活中某些方面会计关系的法律规范，我国现有的会计行政法规包括两个《条例》和一个准则，即 1990 年 12 月 31 日国务院颁布的《总会计师条例》；2000 年 6 月 21 日国务院颁布的《企业财务会计报告条例》；2006 年 2 月 15 日，经国务院批准，财政部第 33 号令发布的《企业会计准则》。

3．国家统一的会计制度

国家统一的会计制度是指国务院财政部门根据《会计法》制定的关于会计核算、会计监督、会计机构和会计人员以及会计工作管理的制度，包括会计部门规章和会计规范性文件。

4．地方性会计法规

地方性会计法规是指省、自治区、直辖市人民代表大会及其常委会在与会计法律、会计行政法规不相抵触的前提下，制定的地方性会计法规。

目前我国会计法律制度的构成如表 1-14 所示。

表 1-14　目前我国会计法律制度的构成

内容	制定颁布机构	常见的法律形式
会计法律	全国人民代表大会常务委员会	《会计法》
会计行政法规	国务院或国务院有关部门拟定，经国务院批准发布	《总会计师条例》《企业财务会计报告条例》《企业会计准则》
国家统一的会计制度，包括部门规章和规范性文件	国务院财政部门	部门规章：《财政部门实施会计监督办法》《代理记账管理办法》 规范性文件：《会计基础工作规范》《会计档案管理办法》等
地方性会计法规	省、自治区、直辖市人大及其常委会	《山东省实施〈中华人民共和国会计法〉办法》等

二、从会计制度体系到会计准则体系的演变

我国自 1978 年改革开放以来，逐步由计划经济向市场经济转变，企业的经营目标由执行国家经济计划转向追求经济效益，而会计数据和会计指标是反映企业经营成果的主要手

段，因此，企业会计行为和会计信息质量越来越受到国家重视。由此，1985 年我国颁布了《会计法》，将会计工作纳入法制轨道。

由于经济发展的需要，国家鼓励引入外资，成立了大量的中外合资经营企业和合作经营企业。当时我国的会计制度与西方会计规则之间差异太大，为方便国外投资方理解合资、合营企业的会计内容，财政部于 1985 年出台《中华人民共和国中外合资经营企业会计制度》(以下简称《中外合资经营企业会计制度》)。在该制度中，第一次借鉴了会计要素的确认、计量、记录和报告等国际会计理念。

1992 年年初，为配合企业股份制改革和资本市场建立，财政部出台了《股份制试点企业会计制度》，并在原《中外合资经营企业会计制度》的基础上修订颁布了《中华人民共和国外商投资企业会计制度》(以下简称《外商投资企业会计制度》)。

1992 年年底，财政部发布了《企业会计准则》和 13 个行业的会计制度，在我国首次出现了会计准则的提法。1992 年版的《企业会计准则》共 66 条，其作用相当于现在的基本准则。由于当时的《企业会计准则》只涉及了会计原则、会计要素和会计报告的定义和基本规范，缺少规范具体经济业务会计处理的具体准则，企业的会计核算还是要依照行业会计制度的规定进行。虽然当时会计准则和会计制度同时并行，但从此开启了会计准则逐步取代会计制度的序幕。

1997 年我国正式加入了国际会计师联合会和国际会计准则委员会。1997 年至 2001 年年底，财政部陆续发布了 16 项具体准则，并在上市公司中施行。非上市公司仍以执行会计制度为主。

同期，我国的会计制度的建设也取得了新的进展。2000 年，财政部发布《企业会计制度》(实际上是大中型企业会计制度)，2001 年发布《金融企业会计制度》，2004 年发布《小企业会计制度》，并取代了以前的分行业的会计制度。2005 年，财政部修订了基本会计准则；2006 年，财政部又发布了全套会计准则体系，包括基本准则和 38 项具体准则等。2014 年，财政部相继对《企业会计准则——基本准则》《企业会计准则第 2 号——长期股权投资》《企业会计准则第 9 号——职工薪酬》《企业会计准则第 30 号——财务报表列报》《企业会计准则第 33 号——合并财务报表》和《企业会计准则第 37 号——金融工具列报》6 项准则进行了修订，并发布了《企业会计准则第 39 号——公允价值计量》《企业会计准则第 40 号——合营安排》和《企业会计准则第 41 号——在其他主体中权益的披露》3 项具体准则。2017 年，财政部再次对《企业会计准则第 22 号——金融工具确认和计量》《企业会计准则第 23 号——金融资产转移》《企业会计准则第 24 号——套期会计》《企业会计准则第 37 号——金融工具列报》《企业会计准则第 14 号——收入》《企业会计准则第 16 号——政府补助》6 项准则进行了修订，新增了《企业会计准则第 42 号——持有待售的非流动资产、处置组和终止经营》具体准则。

我国从会计制度到会计准则的演变过程，显示出我国会计规范逐渐融入国际经济规范体系的趋势和进程。《中外合资经营企业会计制度》首次引入了国际通行的一些会计基础理论和基本方法，后来的《外商投资企业会计制度》进一步扩大了合资制度的适用范围。1992年《企业会计准则》的颁布是一个历史性的转折，当时提出的要求明确为与国际会计准则“接轨”，同时也保留了部分“中国特色”。但是由于没有具体准则的支持，会计制度仍担当着会计工作规范的主力，尤其是2000年《企业会计制度》的发布更加强了这种地位。但是，加入WTO以及我国市场经济地位的确立最终推动了2006年全套会计准则体系的建立，并在2014年和2017年对会计准则进行了两次大规模的修订和增补，而且会计准则制定的主旨是与国际会计准则“全面趋同”，实现了我国会计规范体系的转型，也实现了企业会计语言与国际标准的全面融合，为我国企业的国际化发展奠定了基础。

延伸阅读

会计职业发展与道德规范

会计是一项专业性很强的工作。任何企业、单位或部门都需要会计人员对其所从事的经济活动进行记录和报告。可以说，对会计人员的需求覆盖经济社会的各个方面，覆盖各个地理区域，遍及各行各业，分布于各个层次，所以会计人员有着最为广泛的就业前景。随着经济规模的扩大和资本市场的发展，会计信息在宏观和微观经济运行中起到越来越重要的作用，会计人员在经济组织中的作用和地位也日益显现。

一、会计职业发展

具备会计教育背景和经验的专业人士的从业方向有以下四种：企业会计、政府与非营利组织会计、注册会计师和会计教育。

1. 企业会计

会计学专业的学生最多的毕业去向为企业。在企业中全面负责财务会计工作的负责人一般称为财务总监（CFO）。财务总监的主要职责包括：建立、健全企业财务管理体制，拟定财务管理制度；建立、健全会计核算体系，向企业管理层提供会计数据和报表，并利用会计数据进行经营活动分析；参与经营决策与重大投资项目的研究、审查；负责预算、财务收支计划，拟定资金筹措方案等。

财务总监下可设财务经理和会计主管。

财务经理的主要工作内容围绕资金管理展开，其职责主要包括：编制财务预算；做好税务筹划；协调与银行之间的关系，保证企业资金需求能够得到满足；协调与税务之间的关系，掌握各项税收政策，合法纳税；负责所有资产、存货、资金、收入的安全，合理利用资金；督导各项财务制度、财经纪律和财经规则执行情况等。

会计主管的工作主要涉及日常经营核算，其职责主要包括：审核原始凭证，并根据原始凭证填制记账凭证、登记记账凭证和会计账簿；做到账账相符、账实相符，确保资产安全；准确核算成本、费用，反映经营成果；加强会计核算和财务审核监督；进行各项税金的计算和申报等。

2. 政府与非营利组织会计

政府与非营利组织会计包括政府会计和民间非营利组织会计。政府会计的主体是与本级政府财政部门直接或间接发生预算拨款关系的国家机关、军队、政党组织、社会团体、事业单位和其他单位，如科研机构、各类大中专院校等；民间非营利组织会计的主体是指由民间出资举办的、不以营利为目的，从事教育、科技、文化、卫生、宗教等社会公益活动的社会服务组织，如各类寺庙、教堂等。

政府与非营利组织会计是指在各类政府组织和民间非营利组织单位从事会计工作的人员。

3. 注册会计师

在现代企业所有权和经营权分离的大背景下，企业内外存在严重的信息不对称。企业的管理层负责会计信息的编制和披露。以投资者和债权人为代表的企业外部利益相关者在投资决策时面临信息弱势的困境。根据代理理论，企业管理层在拥有信息优势的前提下，可能从自身利益最大化出发，产生道德风险问题，表现在会计上，就是我们所熟悉的会计信息操纵，如盈余管理，甚至是做假账。

为了能够最大限度地为企业所披露的会计信息质量提供保障，产生了注册会计师行业。注册会计师是独立于企业和其他利益相关者的第三方，具有会计专业技术能力和执业资质。按照规定，上市公司所披露的定期报告，必须经注册会计师审计，并将审计报告与会计报表一并披露。另外，注册会计师还可验证企业资本，出具验资报告；办理企业合并、分立、清算事宜中的审计业务以及法律、行政法规规定的其他审计业务。除审计之外，注册会计师的其他业务还包括会计咨询和会计服务。

根据我国《注册会计师法》的要求，申请成为注册会计师的基本要求为：具有高等专科以上学校毕业的学历，或者具有会计或者相关专业中级以上技术职称；参加由中国注册会计师协会组织的统一考试且成绩合格；从事审计业务工作达两年以上。注册会计师须加入注册会计师协会才能够执业。

4. 会计教育

改革开放以来，我国现代企业制度逐步完善，金融市场在经济中的作用和地位日益加强，社会对高层次会计人才的需求也急剧增加。近二十年来，会计已成为最受欢迎的行业之一。很多高等院校都设置了会计专业，对会计教师的需求也随之上升。

会计专业教师的工作主要涉及教学和科研。科研内容主要涵盖对实务工作的研究和对会计理论的探讨。另外，中国证监会于 2001 年发布了《关于在上市公司建立独立董事制度的指导意见》，要求“各境内上市公司应当按照本指导意见的要求修改公司章程，聘任适当人员担任独立董事，其中至少包括一名会计专业人士”。其中，会计专业人士是指具有高级职称或注册会计师资格的人士。因此，具有高级会计专业技术职称的会计教育从业人士还可以兼任上市公司的独立董事。

二、会计职业道德规范

会计职业道德规范是会计人员在其工作中正确处理人与人之间、个人与社会之间关系的行为规范和准则。它体现了社会主义经济利益对会计工作的要求，是会计人员在长期实践中形成的。加强会计职业道德建设，提高会计人员的道德素质，对于正确贯彻国家有关政策法令，加强企业管理，提高经济效益，具有十分重要的意义。2018 年 4 月 19 日，财政部下发《关于加强会计人员诚信建设的指导意见》，其指导思想是全面贯彻党的十九大精神，以习近平新时代中国特色社会主义思想为指导，认真落实党中央、国务院决策部署，以培育和践行社会主义核心价值观为根本，完善会计职业道德规范，加强会计诚信教育，建立严重失信会计人员“黑名单”，健全会计人员守信联合激励和失信联合惩戒机制，积极营造“守信光荣、失信可耻”的良好社会氛围。

1. 会计人员的职业道德

（1）爱岗敬业。爱岗就是会计人员热爱本职工作，并为做好本职工作尽心尽力、尽职尽责。敬业是指会计人员对其所从事的会计职业的正确认识和恭敬态度，并用这种严肃恭敬的态度，认真地对待本职工作，将身心与本职工作融为一体。

（2）诚实守信。诚实守信要求会计人员谨慎，信誉至上，不为利益所诱惑，不伪造账目，不弄虚作假，如实反映单位经济业务事项。同时，还应当保守本单位的商业秘密，除法律规定和单位领导人同意外，不得私自向外界提供或者泄露本单位的会计信息。

（3）廉洁自律。廉洁自律要求会计人员必须树立正确的人生观和价值观，严格划分公私界限，做到不贪不占，遵纪守法，清正廉洁。会计人员要正确处理会计职业权利与职业义务的关系，增强自身抵制行业不正之风的能力。

（4）客观公正。客观是指会计人员开展会计工作时，要端正态度，依法办事，实事求是，以客观事实为依据，如实地记录和反映实际经济业务事项，会计核算要准确，记录要可靠，凭证要合法。公正是指会计人员在履行会计职能时，要做到公平公正，不偏不倚，保持应有的独立性，以维护会计主体和社会公众的利益。

（5）坚持准则。坚持准则要求会计人员熟悉财经法律、法规和国家统一的会计制度，在处理经济业务过程中，不为主观或他人意志左右，始终坚持按照会计法律、法规和国家统一的会计制度的要求进行会计核算，实施会计监督，确保所提供的会计信息真实、完整，从而维护国家利益、社会公众利益和正常的经济秩序。

（6）提高技能。提高技能要求会计人员通过学习、培训和实践等途径，不断提高会计理论水平、会计实务能力、职业判断能力、知识更新能力、会计信息获取能力、沟通交流能力以及职业经验。运用所掌握的知识、技能和经验，开展会计工作，履行会计职责，以适应深化会计改革和会计国际化的需要。

（7）参与管理。参与管理要求会计人员在做好本职工作的同时，树立参与管理的意识，努力钻研相关业务，全面熟悉本单位经营活动和业务流程，主动向领导反映经营管理活动中的情况和存在的问题，主动提出合理化建议，协助领导决策，参与经营管理活动，做好领导的参谋。

（8）强化服务。强化服务要求会计人员具有强烈的服务意识、文明的服务态度和优良的服务质量。会计人员必须端正服务态度，做到讲文明、讲礼貌、讲信誉、坚持准则，真实、客观地核算单位的经济业务，努力维护和提升会计从业者的良好社会形象。

2. 注册会计师的职业道德

为了规范中国注册会计师协会会员的职业行为，进一步提高职业道德水平，维护职业形象，中国注册会计师协会于 2009 年 10 月 4 日制订并发布了《中国注册会计师职业道德守则》和《中国注册会计师协会非执业会员职业道德守则》。其中，《中国注册会计师职业道德守则》具体包括《中国注册会计师职业道德守则第 1 号——职业道德基本原则》《中国注册会计师职业道德守则第 2 号——职业道德概念框架》《中国注册会计师职业道德守则第 3 号——提供专业服务的具体要求》《中国注册会计师职业道德守则第 4 号——审计和审阅业务对独立性的要求》《中国注册会计师职业道德守则第 5 号——其他鉴证业务对独立性的要求》。

《中国注册会计师职业道德守则》和《中国注册会计师协会非执业会员职业道德守则》，自 2010 年 7 月 1 日起施行。其中，《中国注册会计师职业道德守则第 1 号——职业道德基本原则》，包括诚信、独立性、客观和公正、专业胜任能力和应有的关注、保密和良好职业行为等；《中国注册会计师职业道德守则第 2 号——职业道德概念框架》，包括对遵循职业道德基本原则产生不利影响的因素、应对不利影响的防范措施和道德问题的解决等。

无论会计人员的职业道德还是注册会计师的职业道德，归纳起来无非就是“诚信”和“客观”两个方面，这里，诚信意味着在与他人打交道和交流时保持诚实和正直，客观意味着独立与公平，不受利益冲突的影响。事实上，缺乏诚信就难以保证客观，因此，诚信是会计职业道德的灵魂，是会计职业的立业之本。

复习思考题

1. 什么是企业？企业的组织形式有哪些？会计与企业组织的经济活动有何关系？
2. 会计是随着生产实践和经济管理的客观需要而产生和发展的，为什么？
3. 会计信息的使用者有哪些？如何利用会计信息做出决策？
4. 会计的职能有哪些？请分别说明。
5. 会计要素有哪些？它们之间有何关系？

6．如何理解会计信息的需求与会计信息质量要求？

7．会计核算的基本前提有哪些？如何理解会计核算的基础？

8．我国的会计法规体系是如何构成的？

9．简述会计职业道德规范的内容。

案例分析题

1．毛毛投资8万元于20××年3月31日开了一家水果店，并在工商行政管理局登记为个体工商户。水果店主要经营一些时令水果，如苹果、香蕉、猕猴桃、橙子、橘子、菠萝、山竹、木瓜、葡萄等，并雇有一名员工。初始投资花费50 400元，主要用于购买货架、计算机和电子秤。每月的房租3 000元，水电费1 500元，市场管理费600元，员工工资2 000元，每天为员工提供午餐15元，固定税费500元（下月10日缴纳），运输费1 600元。由于滞销、短少、腐烂等造成的损失大约为整体进货成本的15%，每天的毛收入3 100元，进货成本1 800元。毛毛从来不记账，每天进货都直接支付现金，日子就这么一天一天过着。毛毛发现水果生意并不好做，好卖的水果往往货太少，自认为会卖得好的却发生了滞销，看着这些已经变了色、流着水的水果，毛毛有些心灰意冷了。水果店还要继续经营下去吗？这时她的一个朋友建议在重量上做点手脚不就找补回来了吗？毛毛心里咯噔一下，能这么干吗？经过激烈的思想斗争，她决定不做这种亏心事，即使自己干不下去，也坚决不这么做。

请运用所学知识，回答下列问题：

（1）毛毛水果店属于什么性质的企业组织形式？注册这种组织形式的企业需要注意什么？我国有哪些规定？

（2）毛毛水果店的利益相关者有哪些？

（3）假设货架、计算机和电子秤使用年限均为3年，请计算4月末水果店的资产、负债和所有者权益各为多少？

2．20××年12月，因产品销售不畅，滨海公司的新产品研发受阻。公司财务部预测公司本年度将亏损500万元。刚刚上任的公司总经理责成总会计师张某千方百计实现当年盈利目标，并授意说："实在不行，可以对会计报表做一些技术处理。"总会计师张某很清楚公司本年度亏损已成定局，要落实总经理的盈利目标，只能在财务报表做手脚。他左右为难：如果不按总经理的意见办，自己以后在公司待不下去；如果照着总经理的意见办，自己也有风险。为此，张某思想负担很重，不知如何是好。

请问：如果你是总会计师张某，应该如何处理？

业务计算题

1．请根据资产、负债的定义，辨认下列资产和负债，并说明理由。

（1）某公司大门外有一条笔直的大马路，工厂的工人上下班都要路过这里，工厂的大小车辆也得从这里经过。不过该马路属于市政设施，与工厂没有关系。

（2）仓库里堆放了一台已经报废的机器，由于工厂人手紧张，还没有来得及处理。

（3）公司采购部门正在与一家公司谈判，准备引入新的机器设备。

（4）公司最近业务处于不饱和状态，为了不使资产和人员闲置，与另一家公司签订了一项来料加工合同，当委托方把各种材料物资运抵公司时，这批货物是公司的资产吗?

（5）公司采用融资租赁的方式，租入设备 2 台。

（6）公司用银行存款购入了 3 辆汽车。

（7）公司销售一批货物价值 10 万元，但货款尚未收到。

（8）公司为了提高产品的竞争力储备了大批研发人才。

（9）公司采用赊购的方式购入了一批办公设备，签发一张为期 3 个月的票据。

（10）月末，公司按工人加工服装的数量计算应付职工的工资，但工资发放日在下个月。

（11）公司向银行借入 30 000 元，期限为 3 个月，年利率为 5%。

（12）公司在销售商品的同时，附有一张产品质量保证书，在 6 个月之内，对所售产品全部实行“包修、包退、包换”的“三包”协议。

（13）由于公司拖欠供货商的货款，供货商聘请法律顾问将公司告上法庭，案件正在进一步审理过程中，对方胜诉的可能性很大。

2．A 公司本月发生以下收入与费用业务：

（1）销售商品并收到货款　100 000 元

（2）本月应计收入但未收到货款　60 000 元

（3）收到上个月应计收入的款项　30 000 元

（4）预收销售款　10 000 元

（5）实现以前月份预收货款的销售收入　50 000 元

（6）本月支付并负担的费用　20 000 元

（7）本月负担但需下个月支付的费用　6 000 元

（8）本月负担以前月份已预付的费用　12 000 元

（9）支付上个月应负担的费用　3 000 元

（10）预付下个月应负担的费用　4 000 元

要求：（1）根据上述资料，分别确定在权责发生制和收付实现制下本月的收入与费用。

（2）说明两种计算方法对收入、费用和盈亏的影响。

3．ABC公司某月末各项目余额如下：

（1）出纳员处存放现金0.2万元；

（2）存入银行的存款250万元；

（3）投资者投入的资本金1 250万元；

（4）向银行借入三年期的借款50万元；

（5）向银行借入半年期的借款30万元；

（6）原材料库存45万元；

（7）生产车间正在加工的产品35万元；

（8）产成品库存52万元；

（9）应收外单位产品货款4.3万元；

（10）应付外单位材料货款4.5万元；

（11）持有交易性金融资产6万元；

（12）公司办公楼价值570万元；

（13）公司机器设备价值420万元；

（14）公司运输设备价值53万元；

（15）公司的资本公积金共96万元；

（16）盈余公积金共44万元；

（17）欠某企业商品款20万元；

（18）拥有某企业发行的三年期公司债券65万元；

（19）上年尚未分配的利润6万元。

要求：划分各项目的类别（资产、负债或所有者权益），并将各项目金额填入表1-15中，并计算资产、负债、所有者权益各要素金额合计。

表1-15　ABC公司某月末各项目余额

单位：万元

资产		负债		所有者权益	
序号	金额	序号	金额	序号	金额
合计		合计		合计	

4．假设BCD公司12月31日的资产、负债和所有者权益的情况如表1-16所示。

表 1-16　　BCD 公司资产负债表

单位：元

资产	金额	负债及所有者权益	金额
库存现金	1 000	短期借款	10 000
银行存款	27 000	应付账款	32 000
应收账款	35 000	应交税费	9 000
原材料	45 000	长期借款	B
长期股权投资	A	实收资本	240 000
固定资产	200 000	资本公积	20 000
合计	355 000	合计	C

要求：（1）计算表中的 A、B、C；

（2）计算该企业的流动资产总额；

（3）计算该企业的流动负债总额；

（4）计算该企业的净资产总额。

案例分析题参考答案

业务计算题参考答案

第二章 会计信息生成过程

本章导读

本章主要介绍了会计信息生成过程中所运用的各种会计核算方法；重点介绍了运用借贷记账法处理日常的会计业务，为以后会计知识的深入学习做好准备。此外，在延伸阅读部分介绍了会计核算程序的相关内容。

学习目标

1. 了解经济业务的含义，掌握会计凭证的填制与审核方法。
2. 正确理解复式记账的概念、特点，熟练掌握借贷记账法的基本原理与应用。
3. 准确掌握账项调整和结账的运用。
4. 了解会计报表的编制方法。

问题导引

小刘是一家大型饮料企业的销售人员，一次偶然的机会他得知某知名化工企业以废旧塑料汽水瓶粉末为主要原料的新产品正准备投入生产。小刘从中看到了商机，他决定创办一家专门生产塑料汽水瓶粉末的企业。20××年年初，小刘购买了 3 台旧的粉碎机和 1 台电脑，这花去了他全部个人储蓄 70 000 元。

为了存储废旧塑料汽水瓶，小刘找到一个位置非常优越的仓库，但需要 80 000 元才能买下来。为此，他说服亲友们对其创办的企业进行投资，他的一个姐姐和一个哥哥各投入 30 000 元，其余不足资金由银行同意为小刘的仓库提供抵押贷款补足。在银行审批贷款时，工作人员建议小刘从企业建立初期就要保持良好的会计记录，于是，小刘聘请了一位会计师小李。小李请小刘列出企业所购买的全部物品、所承担的全部债务以及管理企业所需要的各种信息，并编制了企业建立之初的资产负债表。拿到资产负债表，小刘一直在想：小李是如何将这些看起来杂乱无章的数据变成清晰的报表的呢？接下来企业发生的经营活动还能形成各种清晰的报表吗？应该如何形成呢？

第一节 经济业务与会计凭证

一、经济业务

企业在日常的经营活动中会发生各种各样的经济活动，但并不是所有的经济活动都能进行会计处理，只有符合会计确认、计量标准的经济活动才能进行会计处理。因此，对于发生的经济活动，企业首先需要以会计确认、计量标准对其进行“过滤”，选出那些可以由会计系统加以处理的经济活动，并采用专门的方法将其记入会计信息系统。

经济业务，又称会计事项，它是指在企业的生产经营活动中发生，引起会计要素增减变动的交易或者事项。经济业务可分为对外经济业务和对内经济业务两类。对外经济业务是指企业与其他企业或单位发生交易行为而产生的经济事项，如向投资者筹集资金、向供货方购货、归还银行借款等。对内经济业务是指企业内部成本、费用的耗用，以及因各会计要素之间的调整而产生的经济事项，如生产经营过程中耗用的材料、机器设备的折旧、工资的分配及收入与费用的结转等。

二、会计凭证

会计凭证是用来记录经济业务，明确经济责任，并作为登记账簿依据的书面证明文件。填制和审核凭证是会计核算的专门方法之一。会计凭证种类很多，按其填制的程序和用途可分为原始凭证和记账凭证两大类。

（一）原始凭证

1. 原始凭证的概念与种类

原始凭证是指在经济业务发生时取得或填制的，用以记录经济业务发生或完成情况，具有法律效力的书面证明。原始凭证必须能够证明经济业务已经发生或完成，如采购材料的发货单，它能证明材料采购业务已经发生；银行的转账支票，它能证明银行付款业务已经发生。不能证明经济业务已经发生或完成的“貌似”原始凭证的书面资料，如经济合同、材料请购单等，均不能作为会计核算的原始凭证。

按照取得来源不同，原始凭证可分为外来原始凭证和自制原始凭证。

（1）外来原始凭证是指企业同外部单位发生经济业务往来时，从外部单位取得的原始凭证，如购买材料取得的“增值税专用发票”，从运输部门取得的“运输发票”等。增值税专用发票的“发票联”如表 2-1 所示。

表 2-1 ××增值税专用发票

1100143160 №

此联不作报销、扣税凭证使用 开票日期：

税总函（2015）××号××××公司

<table>
<tr><td>购买方</td><td colspan="4">名　　称：
纳税人识别号：
地 址、电 话：
开户银行及账号：</td><td>密码区</td><td colspan="2">（略）</td></tr>
<tr><td>货物或应税劳务、服务名称</td><td>规格型号</td><td>单位</td><td>数量</td><td>单价</td><td>金额</td><td>税率</td><td>税额</td></tr>
<tr><td>合　计</td><td></td><td></td><td></td><td></td><td></td><td></td><td></td></tr>
<tr><td colspan="5">价税合计（大写）</td><td colspan="3">（小写）</td></tr>
<tr><td>销售方</td><td colspan="4">名　　称：
纳税人识别号：
地 址、电 话：
开户银行及账号：</td><td>备注</td><td colspan="2"></td></tr>
</table>

收款人： 复核： 开票人： 销售方：（章）

第二联 发票联 购买方记账凭证

（2）自制原始凭证是指本单位内部经办业务的部门或人员在办理经济业务时自行填制的原始凭证，如收料单等。自制原始凭证按填制手续和完成情况的不同，分为一次原始凭证（如领料单，具体格式见表 2-2）、累计原始凭证（如限额领料单，具体格式见表 2-3）和汇总原始凭证（如发出材料汇总表，具体格式见表 2-4）三种。

表 2-2 领料单

领料单位：××车间 编号：

用　途： 年 月 日 仓库：

材料编号	材料名称及规格	计量单位	数量		价格		备注
			请领	实领	单价	金额	

领料单位负责人： 领料人： 发料人： 制单：

表 2-3 限额领料单

领料部门： 发料仓库：

用 途： 年 月 日 编 号：

<table>
<tr><td>材料类别</td><td>材料编号</td><td colspan="2">材料名称及规格</td><td>计量单位</td><td>领用限额</td><td>实际领用</td><td>单价</td><td>金额</td><td>备注</td></tr>
<tr><td></td><td></td><td colspan="2"></td><td></td><td></td><td></td><td></td><td></td><td></td></tr>
<tr><td rowspan="2">日期</td><td colspan="2">请领</td><td colspan="3">实发</td><td rowspan="2">限额结余</td><td colspan="2">退库</td></tr>
<tr><td>数量</td><td>签章</td><td>数量</td><td>发料人</td><td>领料人</td><td>数量</td><td>退库单编号</td></tr>
<tr><td></td><td></td><td></td><td></td><td></td><td></td><td></td><td></td><td></td></tr>
<tr><td></td><td></td><td></td><td></td><td></td><td></td><td></td><td></td><td></td></tr>
<tr><td></td><td></td><td></td><td></td><td></td><td></td><td></td><td></td><td></td></tr>
<tr><td>合计</td><td></td><td></td><td></td><td></td><td></td><td></td><td></td><td></td></tr>
</table>

供应部门负责人： 生产计划部门负责人： 仓库负责人：

表 2-4 发出材料汇总表

年 月 日

<table>
<tr><td colspan="2">会计科目</td><td>领料部门</td><td>原料及主要材料</td><td>辅助材料</td><td>燃料</td><td>合计</td></tr>
<tr><td rowspan="6">生产成本</td><td rowspan="3">基本生产车间</td><td>一车间</td><td></td><td></td><td></td><td></td></tr>
<tr><td>二车间</td><td></td><td></td><td></td><td></td></tr>
<tr><td>小计</td><td></td><td></td><td></td><td></td></tr>
<tr><td rowspan="3">辅助生产车间</td><td>供水车间</td><td></td><td></td><td></td><td></td></tr>
<tr><td>机修车间</td><td></td><td></td><td></td><td></td></tr>
<tr><td>小计</td><td></td><td></td><td></td><td></td></tr>
<tr><td colspan="2">制造费用</td><td></td><td></td><td></td><td></td><td></td></tr>
<tr><td colspan="2">管理费用</td><td></td><td></td><td></td><td></td><td></td></tr>
<tr><td colspan="2">合计</td><td></td><td></td><td></td><td></td><td></td></tr>
</table>

制表： 审核：

2．原始凭证的基本内容与填制

由于经济业务内容不同，所以记录经济业务的原始凭证种类繁多、格式各异，但原始凭证都必须具备以下几项基本内容：

（1）原始凭证的名称；

（2）填制凭证的日期和编号；

（3）填制单位的名称或填制人姓名；

（4）经办人员的签名或签章；

（5）接受凭证单位的名称；

（6）经济业务内容摘要；

（7）经济业务所涉及的数量、单价和金额。

原始凭证是进行会计核算的主要原始资料和依据，是具有法律效力的证明文件，填制原始凭证必须遵循真实可靠、内容完整、书写规范和填制及时的基本要求。

（二）记账凭证

1．记账凭证的概念与种类

所谓记账凭证，就是由会计人员根据审核无误的原始凭证编制的用来履行记账手续的会计分录凭证。记账凭证是登记账簿的直接依据，正确编制记账凭证是顺利进行账务处理的前提，可以保证账簿记录的真实性和可靠性。

记账凭证按其所反映经济业务的内容，可分为专用记账凭证和通用记账凭证。

专用记账凭证是专门用来记录某一特定种类经济业务的记账凭证，按其所记录的经济业务是否与货币资金收付有关，又分为收款凭证、付款凭证和转账凭证三种。

（1）收款凭证是用来记录库存现金和银行存款收款业务的记账凭证，如企业收到购货方支付的货款 10 000 元存入银行（不考虑增值税），就应该编制银行存款收款凭证，如表 2-5 所示。

表 2-5 **收款凭证**

借方科目：银行存款　　　　××年×月×日　　　　银收字第×号

摘要	贷方总账科目	明细科目	金额	记账符号
收到销货款	主营业务收入		10 000	
合计			10 000	

附单据 3 张

会计主管：　　记账：　　出纳：　　审核：　　制单：

（2）付款凭证是用来记录库存现金和银行存款付款业务的记账凭证，如用现金购买办公用品 800 元，就应该编制库存现金付款凭证，如表 2-6 所示。

表 2-6　　付款凭证

贷方科目：库存现金　　××年×月×日　　现付字第×号

摘要	借方总账科目	明细科目	金额	记账符号
购买办公用品	管理费用		800	
合计			800	

附单据 1 张

会计主管：　记账：　出纳：　审核：　制单：

（3）转账凭证是用来记录与库存现金、银行存款的收付款业务没有关系的转账业务的记账凭证，如生产 A 产品领用原材料 6 000 元，应该编制转账凭证如表 2-7 所示。

表 2-7　　转账凭证

编制单位：甲公司　　××年×月×日　　转字第×号

摘要	总账科目	明细科目	借方金额	贷方金额	记账符号
领用材料	生产成本		6 000		
	原材料			6 000	
合计			6 000	6 000	

附单据 1 张

会计主管：　记账：　审核：　制单：

通用记账凭证是采用一种通用格式记录各种经济业务的记账凭证，这种通用记账凭证既可以反映收、付款业务，也可以反映转账业务。通用记账凭证如表 2-8 所示。

表 2-8　　记账凭证

编制单位：　　××年×月×日　　凭证编号：

摘要	总账科目	明细科目	借方金额	贷方金额	记账符号
合计					

附单据××张

会计主管：　记账：　审核：　制单：

2．记账凭证的基本内容

由于经济业务的内容不同，所采用的记账凭证也有区别，但是，它们都必须具备以下几项基本内容：

（1）记账凭证的名称与填制单位的名称；

（2）记账凭证的填制日期和编号；

（3）经济业务的内容摘要；

（4）应借、应贷账户名称和金额，即会计分录；

（5）所附原始凭证张数；

（6）有关主管和经办人员签章。

第二节　账户与复式记账

一、会计科目、会计账户和会计账簿

（一）会计科目

会计科目是对会计对象的具体内容（会计要素）进行分类核算的项目。每个会计科目都应明确反映特定的经济内容。通过设置会计科目，可以对会计要素的具体内容进行科学归类，以便于更加系统地反映和监督企业的各类经济活动，从而有利于会计信息的对比、分析和汇总，提高会计工作的质量和效率，也便于会计信息的使用者掌握和分析企业的财务状况、经营成果和现金流量。会计科目可以按不同标准进行分类，比较常用的分类标准有两个，一是按照会计科目反映的经济内容分类，二是按照会计科目反映经济业务内容的详细程度分类。

1．按照会计科目反映的经济内容分类

在《企业会计准则》附录中规定了会计科目包括资产类、负债类、共同类、所有者权益类、成本类、损益类六大类。根据财政部制定的《企业会计准则》附录中的会计科目，制造企业常用的会计科目（已简化）如表2-9所示。

表2-9　　制造企业常用的会计科目

顺序	编号	会计科目名称	顺序	编号	会计科目名称
		一、资产类	5	1121	应收票据
1	1001	库存现金	6	1122	应收账款
2	1002	银行存款	7	1123	预付账款
3	1015	其他货币资金	8	1131	应收股利
4	1101	交易性金融资产	9	1132	应收利息

续表

顺序	编号	会计科目名称	顺序	编号	会计科目名称
10	1221	其他应收款	41	1702	累计摊销
11	1231	坏账准备	42	1703	无形资产减值准备
12	1401	材料采购	43	1711	商誉
13	1402	在途物资	44	1801	长期待摊费用
14	1403	原材料	45	1811	递延所得税资产
15	1404	材料成本差异	46	1901	待处理财产损溢
16	1405	库存商品			二、负债类
17	1406	发出商品	47	2001	短期借款
18	1407	商品进销差价	48	2101	交易性金融负债
19	1408	委托加工物资	49	2201	应付票据
20	1411	周转材料	50	2202	应付账款
21	1421	消耗性生物资产	51	2203	预收账款
22	1461	融资租赁资产	52	2211	应付职工薪酬
23	1471	存货跌价准备	53	2221	应交税费
24	1481	持有待售资产	54	2231	应付利息
25	1482	持有待售资产减值准备	55	2232	应付股利
26	1501	持有至到期投资	56	2241	其他应付款
27	1502	持有至到期投资减值准备	57	2245	持有待售负债
28	1503	可供出售金融资产	58	2401	递延收益
29	1511	长期股权投资	59	2501	长期借款
30	1512	长期股权投资减值准备	60	2502	应付债券
31	1521	投资性房地产	61	2701	长期应付款
32	1531	长期应收款	62	2702	未确认融资费用
33	1532	未实现融资收益	63	2801	预计负债
34	1601	固定资产	64	2901	递延所得税负债
35	1602	累计折旧			三、共同类
36	1603	固定资产减值准备			略
37	1604	在建工程			四、所有者权益类
38	1605	工程物资	65	4001	实收资本
39	1606	固定资产清理	66	4002	资本公积
40	1701	无形资产	67	4101	盈余公积

续表

顺序	编号	会计科目名称	顺序	编号	会计科目名称
68	4103	本年利润	79	6117	其他收益
69	4104	利润分配	80	6301	营业外收入
		五、成本类	81	6401	主营业务成本
70	5001	生产成本	82	6402	其他业务成本
71	5101	制造费用	83	6403	税金及附加
72	5301	研发支出	84	6601	销售费用
		六、损益类	85	6602	管理费用
73	6001	主营业务收入	86	6603	财务费用
74	6051	其他业务收入	87	6701	资产减值损失
75	6061	汇兑损益	88	6711	营业外支出
76	6101	公允价值变动损益	89	6801	所得税费用
77	6111	投资收益	90	6901	以前年度损益调整
78	6115	资产处置损益			

2．按照会计科目反映经济业务内容的详细程度分类

会计科目按其提供指标的详细程度不同，可分为总分类科目和明细分类科目两类。

（1）总分类科目，也称一级科目或总账科目，是对会计要素具体内容进行总分类核算的科目，如库存现金、短期借款、管理费用等，都属于总分类科目。目前，总分类科目由财政部统一制定，以《企业会计准则》附录的形式发布实施。

（2）明细分类科目，也称明细科目或细目，是对总分类科目的经济内容所做的进一步分类，是进行明细分类核算的依据，如在银行存款总分类科目下设置建行存款、中行存款等明细科目，详细反映银行存款的具体情况。明细分类科目一般是由企业根据自身需要进行设置，但是一些较为重要的、涉及国家统筹安排的内容是由国家统一设置，如应交税费的明细分类科目等。

（二）会计账户

1．账户的概念

所谓账户，就是根据会计科目开设的，具有一定的结构，用来系统地、连续地记载各项经济业务的一种载体。每个账户都有一个简明的名称，用以说明该账户的经济内容。会计科目就是账户的名称，会计科目所反映的经济内容就是账户所要登记的内容。

正确地设置和运用账户，可以系统地、分门别类地反映和监督企业经济业务的发生情况以及由此而引起的资产、负债、所有者权益、收入、费用和利润各要素的变动情况，便于提供经济业务所引起的有关会计要素具体内容增、减变动及变动结果的数据，从而向会计信息

使用者提供有用的会计信息，对投资者做出正确的投资决策、债权人做出正确的信贷决策、企业管理部门加强内部管理都具有重要的意义。

2．账户的基本结构

为了全面地、系统地记录各项经济业务，账户除了要有明确的经济内容外，还需要有一定的结构，借以登记经济业务所引起的资金数量的变化及变化结果。从数量上看，不外乎增加和减少两种情况，因此，账户的结构也相应地划分为两个基本部分，左右两方，分别记录增加额和减少额。至于哪一方记录增加，哪一方记录减少，则取决于所采用的记账方法和所记录的经济业务的内容。增减相抵后的差额称为账户余额，余额通常与增加额在同一方向。账户的余额按其表现的时间，可分为期初余额和期末余额。会计期间内的增加额和减少额称为发生额。因此，通过账户记录，可以提供期初余额、本期增加额、本期减少额和期末余额，它们之间的关系可以用公式表示如下：

期末余额=期初余额+本期增加额-本期减少额

任何一个账户所包含的基本内容包括：① 账户的名称（即会计科目）；② 经济业务发生的日期和凭证的编号（账户记录的时间及来源）；③ 经济业务的内容摘要；④ 增加或减少的金额和余额。会计实务中账户的一般格式如表 2-10 所示。

表 2-10　会计科目（账户名称）

年		凭证编号	摘要	借方	贷方	借或贷	余额
月	日						

为了便于说明账户的基本结构，在会计教学中往往用简化了的“T”形账户表示，如图 2-1 所示。

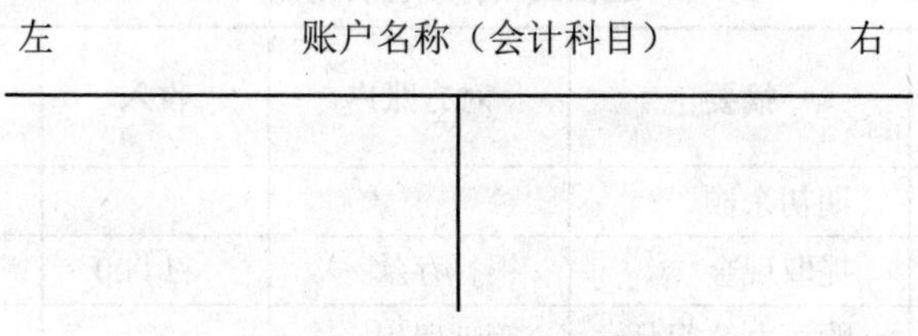

图 2-1　“T”形账户

会计科目与会计账户是两个不同的概念，两者之间既有联系又有区别。两者的联系在于：会计账户是依据会计科目设置的，会计科目是会计账户的名称；会计账户是会计科目的具体运用，会计科目所要反映的经济内容就是账户所要登记的内容。两者的区别在于：会计科目是对会计要素进行分类核算的项目，会计科目本身没有结构，因而不能用来记录经济业务及其增减变化情况；而会计账户不仅要有明确的经济内容，而且要有一定的结构，并通过账户的结构来核算会计要素的增减变动情况。

（三）会计账簿

会计账簿，简称账簿，是由具有专门格式而又连接在一起的若干账页组成，按照会计科目开设账户，用来序时地、分类地记录和反映经济业务的簿籍。会计账簿是会计资料的主要载体之一。设置和登记会计账簿是会计核算的一种重要方法，是系统、全面地提供会计信息的重要手段。

1．会计账簿的种类

会计账簿种类繁多，不同的账簿其用途、形式、内容和登记方法各不相同。会计账簿可以分为不同类别。按用途分类，可以分为序时账簿、分类账簿和备查账簿。按外表形式，可以分为订本式账簿、活页式账簿和卡片式账簿。按账页格式，可分为三栏式账簿、多栏式账簿和数量金额式账簿。

2．账簿的结构与登记方法

从结构上看，账簿包括封面、扉页和账页三大部分，封面用来标明账簿名称；扉页用来反映账簿应用、交接等状况；账页是账簿结构主体，主要用来列示会计科目、记账日期、记账依据、内容摘要及金额等信息。不同类型账簿的账页结构和登记方法也存在一定的差异。

（1）序时账簿的结构与登记方法。序时账簿是按照经济业务发生时间的先后顺序逐日、逐笔登记的账簿。在我国现行账簿体系中，序时账簿主要指库存现金日记账和银行存款日记账。

序时账簿的基本格式一般采用借方、贷方和余额或收入、支出和结余三栏式。三栏式库存现金日记账的一般格式如表2-11所示。通常出纳人员对记账凭证中涉及库存现金或银行存款科目的业务逐日、逐笔登记库存现金或银行存款日记账，并要做到日清月结，即每日登记完毕后应加计余额，以便及时与库存现金实有数或银行对账单进行核对。

表2-11　三栏式库存现金日记账

20××年		凭证号数	摘要	对方账户	收入	支出	结余
月	日						
6	1		期初余额				360
	1	003	提取现金	银行存款	1 000		1 360
	1	005	购买办公用品	管理费用		100	1 260
	1	010	暂借差旅费	其他应收款		500	760
			本日合计		1 000	600	760
	2	017	报销退回	其他应收款	20		780
			（略）				
			本月合计		115 260	114 870	750

（2）总分类账的结构及登记方法。总分类账是按照规定的总账科目设置，用来对经济业务进行分类核算，提供总括核算资料的账簿，它只要求提供金额指标。总分类账一般采用借方、贷方及余额三栏式格式，其一般格式如表 2-12 所示。

表 2-12　　总分类账

会计科目：库存商品　　第 31 页

20××年		凭证号数	摘要	借方	贷方	借或贷	余额
月	日						
6	1		月初余额			借	225 000
	3	025	甲产品验收入库	80 000			
	16	112	乙产品验收入库	50 000			
	30	344	本月发出材料		192 000		
			本月合计	130 000	192 000	借	163 000

按照不同的会计核算程序，总分类账可以根据审核无误的记账凭证或科目汇总表等逐笔或定期汇总登记，这一问题将在本章延伸阅读资料中介绍。

（3）明细分类账的结构及登记方法。明细分类账是对总分类账的详细记录，它是根据总账所属的明细分类科目设置，用以记录某一类经济业务明细核算资料的分类账簿。明细分类账簿一般有三种结构：三栏式明细账、数量金额式明细账和多栏式明细账。

① 三栏式明细账需要根据每一明细科目单设账页，其基本结构设置借方、贷方及余额三个金额栏，故称三栏式明细账，一般格式如表 2-13 所示。由于这种结构只设置金额栏，因此它适用于只进行金额明细核算的账户，如应收账款、应付账款等债权债务结算类科目的明细分类核算。

表 2-13　　应付账款明细账

明细科目：南方公司　　第 16 页

20××年		凭证号数	摘要	借方	贷方	借或贷	余额
月	日						
6	1		月初余额			贷	24 500
	8	044	偿还欠款	15 000		贷	9 500
	14	090	购料		11 000	贷	20 500
	25	253	偿还欠款	20 500		平	0
			本月合计	35 500	11 000		

② 数量金额式明细账也是按每一明细科目设置账页，其基本结构设置收入、发出和结

存三栏，既要登记金额，又要登记数量，其一般格式如表2-14所示。数量金额式明细账不仅可以进行金额核算，还可以进行数量核算，因此这种格式适用于原材料、库存商品等科目的明细分类核算。

表2-14 原材料明细账

材料名称：甲材料 计量单位：件

20××年		凭证号数	摘要	收入			发出			结存		
月	日			数量	单价	金额	数量	单价	金额	数量	单价	金额
6	1		期初结存							400	50	20 000
	3	020	领用材料				200	50	10 000	200	50	10 000
	10	085	购入材料	300	50	15 000				500	50	25 000
	20	204	领用材料				180	50	9 000	320	50	16 000
			本月合计	300		15 000	380		19 000	320	50	16 000

③ 多栏式明细账是根据经营管理需要，按照明细科目在同一账页内分设若干专栏，集中反映详细核算资料的明细账。多栏式明细账适用于收入、成本费用及利润类科目的明细核算，如管理费用、主营业务收入等科目的明细分类核算，其一般格式如表2-15所示。

表2-15 管理费用明细账

20××年		凭证号数	摘要	借方发生额						贷方
月	日			工资	办公费	折旧费	差旅费	其他	合计	
6	2	013	报销差旅费				2 000		2 000	
	6	032	购买办公用品		500				500	
			……	…	…	…	…	…	…	
	30	350	期末结转							71 800
			本月合计	35 000	25 000	8 000	2 500	1 300	71 800	71 800

各种明细账的登记，一般是根据原始凭证、原始凭证汇总表或记账凭证，按经济业务发生的时间先后顺序逐日、逐笔进行登记，在摘要栏简要写清经济业务内容，以便检查和核对。

3．总分类账与明细分类账的平行登记

平行登记是指经济业务发生后，根据会计凭证，一方面要登记有关的总分类账户，另一方面要同时登记该总分类账户所属的各有关明细分类账户。平行登记包括四个要点：依据相同、期间相同、方向相同和金额相等。总分类账户及其所属的明细分类账户登记的金额之间存在如下公式关系：

总分类账户本期发生额=所属明细账分类账户本期发生额合计

总分类账户期末余额=所属明细分类账户期末余额合计

二、复式记账法

复式记账法是指对于发生的每一笔经济业务都要以相等的金额，同时在两个或两个以上相互联系的账户中进行登记的一种记账方法。复式记账法一般分为借贷记账法、增减记账法和收付记账法三种。目前在世界各国普遍采用借贷记账法。

（一）借贷记账法

1．借贷记账法的含义

借贷记账法是以“借”“贷”作为记账符号，对发生的每项经济业务以相等的金额，在两个或两个以上相互联系的账户中记录增减变化情况的一种复式记账方法。

在借贷记账法下，“借”“贷”两字的含义，最初是从借贷资本家的角度解释，但随着商品经济的发展，“借”“贷”两字逐渐失去原来的含义，转化为纯粹的记账符号，用以标明记账的方向。

2．借贷记账法下的账户结构

在借贷记账法下，账户的左边是借方，右边是贷方，分别用来登记增加或减少的金额，其基本格式如图 2-2 所示。

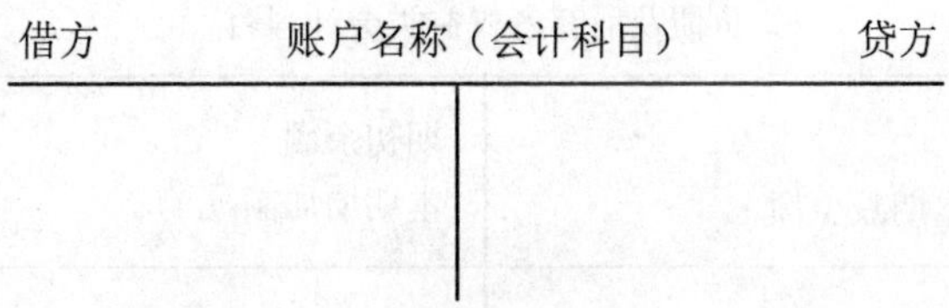

图 2-2 借贷记账法账户结构

采用借贷记账法时，账户的借贷两方必须做相反方向的记录，即对于每个账户来说，如果规定借方用来登记增加额，则贷方就必然用来登记减少额；如果规定借方用来登记减少额，则贷方就必然用来登记增加额。究竟哪一方登记增加额，哪一方登记减少额，取决于账户的性质。不同性质的账户，其结构是不同的。

（1）资产类账户的结构。资产类账户的借方记录资产的增加，贷方记录资产的减少，余额一般在借方，表示期末资产的结余数。

资产类账户的结构用“T”形账户表示为图 2-3 的形式。

通常，把在一个会计期间（如月、季、年）内借方记录的合计数称为本期借方发生额，把贷方记录的合计数称为本期贷方发生额，将期初余额、本期借方发生额、本期贷方发生额、

期末余额称为账户四要素。在借贷记账法下，资产类账户四要素的关系可用下列公式表示

期初余额+本期借方发生额-本期贷方发生额=期末余额

借方	资产类会计科目 贷方
期初余额 本期增加额	本期减少额
本期借方发生额	本期贷方发生额
期末余额	

图 2-3　资产类账户结构

（2）负债及所有者权益类账户的结构。由会计等式“资产=负债+所有者权益”可知，负债及所有者权益类账户的性质与资产类账户的性质是相反的，因此，其账户结构与资产类账户的结构也正好相反，即贷方登记负债及所有者权益的增加，借方登记负债及所有者权益的减少，余额一般在贷方。

负债及所有者权益类账户结构用“T”形账户表示为图 2-4 的形式。

借方　　负债及所有者权益类会计科目	贷方
本期减少额	期初余额 本期增加额
本期借方发生额	本期贷方发生额
	期末余额

图 2-4　负债及所有者权益类账户结构

在借贷记账法下，负债及所有者权益类账户的四要素关系可用下列公式表示

期初余额+本期贷方发生额-本期借方发生额=期末余额

（3）收入类账户的结构。收入类账户的结构与负债和所有者权益类账户的结构相同，即贷方登记增加数，借方登记减少数。会计期末，将本期收入增加额减去本期收入减少额后的差额从该账户全额转出，转入“本年利润”账户，因此，收入类账户期末一般无余额。

收入类账户结构用“T”形账户表示为图 2-5 的形式。

借方	收入类会计科目	贷方
本期减少额		本期增加额

图 2-5　收入类账户结构

（4）成本、费用类账户的结构。企业生产过程中所发生的费用和形成的成本，从实质上讲，是资产的转化。因此，成本、费用实质上是处于转化过程或形成过程中的资产，它们的结构与资产类账户结构相一致，即借方登记增加数，贷方登记减少数。会计期末，将本期费用增加额减去本期费用减少额后的差额从该账户全额转出，转入到“本年利润”账户，因此，成本、费用类账户期末一般无余额，若有余额也应在借方。

成本、费用类账户的结构用“T”形账户表示为图 2-6 的形式。

借方	成本及费用类会计科目	贷方
本期增加额		本期减少额

图 2-6　成本、费用类账户结构

综上所述，各账户借方、贷方所记录的经济内容归纳如图 2-7 所示。

借方	账户名称	贷方
资产的增加 负债的减少 所有者权益的减少 收入的减少 成本费用的增加		资产的减少 负债的增加 所有者权益的增加 收入的增加 成本费用的减少

图 2-7　各类账户借方、贷方所记录的经济内容

3．借贷记账法的记账规则

根据复式记账原理，对于每一项经济业务都必须以相等的金额，在两个或两个以上相互联系的账户中进行登记。既然借贷记账法是一种复式记账方法，那么一项经济业务发生后，按其发生额，一方面应记入一个或几个有关账户的借方，另一方面应记入一个或几个有关账户的贷方，记入借方或贷方账户的数额必然相等，这就形成了借贷记账法的记账规则：“有

借必有贷，借贷必相等”。

（二）试算平衡

试算平衡是根据“资产=负债+所有者权益”的恒等关系，按照借贷记账法“有借必有贷、借贷必相等”的记账规则，对本期各账户的全部记录进行汇总计算和比较，来检查账户记录正确性和完整性的一种方法。借贷记账法下，试算平衡的具体方法有发生额试算平衡和余额试算平衡两种。

1．发生额试算平衡

发生额试算平衡是依据借贷记账法“有借必有贷，借贷必相等”的记账规则进行试算平衡。其试算平衡公式为

全部账户的本期借方发生额合计=全部账户的本期贷方发生额合计

2．余额试算平衡

余额试算平衡是依据基本会计等式，即“资产=负债+所有者权益”进行试算平衡。其试算平衡公式为

全部账户的借方余额合计=全部账户的贷方余额合计

在实际工作中，试算平衡是通过编制“发生额及余额试算平衡表”进行的，具体格式如表 2-16 所示。

表 2-16 发生额及余额试算平衡表

年 月 日

账户名称	期初余额		本期发生额		期末余额	
	借方	贷方	借方	贷方	借方	贷方
合 计						

（三）借贷记账法的应用

1．账户的对应关系与对应账户

按照借贷记账法的记账规则，一项经济业务必将反映在两个或两个以上账户中，这两个或两个以上账户之间形成的应借、应贷相互关系，通常称之为账户的对应关系。存在着对应关系的账户称为对应账户。

账户的对应关系反映了经济业务发生引起的资金运动的来龙去脉。例如，以银行存款 5 000 元偿还所欠货款，这笔业务的发生，就要记入应付账款账户的借方和银行存款账户的贷方。那么，这笔经济业务的发生，使得应付账款和银行存款两个账户形成应借、应贷的对

应关系，这两个账户也就称为对应账户。

为了保证账户对应关系的正确性，有必要在把经济业务记入账户之前先对该项经济业务加以分析，确定该项经济业务所应涉及的账户名称以及借贷方向和金额，即编制会计分录。借贷记账法的实际应用正是通过编制会计分录来体现的。

2．会计分录

所谓会计分录，是指对发生的每一项经济业务按照借贷记账法的要求，标明其应借应贷账户的名称（会计科目）、记账方向与金额的一种记录。会计分录有三个基本要素：记账方向、账户名称和记账金额。在实际工作中，会计分录是根据各项经济业务的原始凭证编制，并写在具有规定格式的记账凭证中。

会计分录按照其反映经济业务的复杂程度及所运用账户的多少，可分为简单会计分录和复合会计分录。简单会计分录，是指只涉及一个账户借方和另一个账户贷方的会计分录，即一借一贷的会计分录。复合会计分录，是指由两个以上（不含两个）对应账户所组成的会计分录，即一借多贷、多借一贷和多借多贷的会计分录。需要注意，一般可以将一个复合会计分录拆分成几个简单会计分录，但不允许将几项不相关的经济业务合并编制成一个复合会计分录。

3．会计分录的编制步骤

在会计实际工作中，经济业务发生后，一般是根据以下步骤来编制会计分录的：

（1）分析经济业务涉及的有关账户名称、类别和性质；

（2）分析该账户是增加还是减少；

（3）确定应记录账户的方向，即在借方还是在贷方；

（4）确定金额。

4．会计分录编制举例

【例 2-1】甲企业于 20××年 1 月 5 日用银行存款购买价值 80 000 元的原材料（为简化核算，暂不考虑增值税），已验收入库。

这项业务的发生使甲企业现金资产减少，原材料资产增加，即这项业务引起企业资产要素内部的一增一减。根据借贷记账法的记账规则，编制会计分录如下：

借：原材料　　　　　　　　　　80 000
　　贷：银行存款　　　　　　　　　　80 000

【例 2-2】20××年 1 月 8 日，甲企业向乙公司赊购了一辆汽车，价款总额为 100 000 元，20 天后付清货款。

这项业务的发生使甲企业资产增加 100 000 元，因为采购时尚未支付货款，使甲企业新增债务 100 000 元，即这项业务引起资产和负债同时增加。根据借贷记账法的记账规则，编制会计分录如下：

借：固定资产　　　　　　　　　　100 000
　　贷：应付账款　　　　　　　　　　100 000

【例 2-3】20××年 1 月 20 日，甲企业用银行存款归还银行短期借款 30 000 元。

这项业务的发生使甲企业库存现金资产减少 30 000 元，短期借款负债减少 30 000 元，即这项业务引起资产和负债的同时减少。根据借贷记账法的记账规则，编制会计分录如下：

借：短期借款　　　　30 000

　　贷：银行存款　　　　30 000

【例 2-4】20××年 1 月 28 日，甲企业用从银行取得 100 000 元借款偿还前欠购买乙公司的汽车款，银行借款期限为一年。

这项业务的发生使甲企业短期借款增加 100 000 元，应付账款减少 100 000 元，即这项业务引起负债内部项目的一增一减。根据借贷记账法的记账规则，编制会计分录如下：

借：应付账款　　　　100 000

　　贷：短期借款　　　　100 000

【例 2-5】20××年 1 月 31 日，甲企业本月出售商品的销售收入为 20 000 元（为简化核算，暂不考虑增值税），收到货款 5 000 元存入银行，其余货款尚未收回。

这项业务的发生使甲企业银行存款增加了 5 000 元，应收账款增加了 15 000 元，同时主营业务收入增加了 20 000 元，即这项业务引起资产的增加和收入的增加。根据借贷记账法的记账规则，编制会计分录如下：

借：应收账款　　　　15 000

　　银行存款　　　　5 000

　　贷：主营业务收入　　　　20 000

【例 2-6】20××年 1 月 31 日，甲企业用现金支付本月管理部门的水电费 300 元。

这项业务的发生使甲企业现金减少了 300 元，同时，管理费用增加 300 元，即这项业务引起资产的减少和费用的增加。根据借贷记账法的记账规则，编制会计分录如下：

借：管理费用　　　　300

　　贷：库存现金　　　　300

第三节　账项调整与结账

一、账项调整

在以权责发生制为基础的会计核算中，经常会发生收入与费用的归属期和收付期不一致的业务，按经济业务的归属期进行会计确认与计量，就形成了应收、应付及预收、预付项目。因此，每个会计期间的期末就应按权责发生制予以调整，以便合理地反映企业的经营成果，这种期末按权责发生制要求对部分会计事项予以调整的行为，就是账项调整。账项调整时所编制的会计分录，就是调整分录。

在会计期间终了时需要进行账项调整的事项包括：调整期末应计入本期收入、费用的账项和调整期末应按期分配收入、费用的账项。

（一）应计收入的调整

应计收入是指在会计核算期内已实现，但由于没有收到款项而尚未入账的收入。对于这类会计事项，在会计期结束编制调整分录时，一方面登记收入增加，另一方面登记债权增加，如对应计利息、应收租金等会计事项的处理。

【例 2-7】20××年 7 月 1 日，某公司将其拥有的大型设备出租给 B 公司，租期半年，租金每月 8 000 元，期满一次性收取全部租金。7 月末，该公司虽然未收到租金款项，但已拥有收取 1 个月租金收入 8 000 元的权利。会计处理应按权责发生制要求，将该月租金收入调整入账，调整分录如下：

借：其他应收款——B 公司　　8 000

　　贷：其他业务收入　　8 000

（二）应计费用的调整

应计费用是指在本期已经发生，但由于没有支付款项而未入账的费用。在会计期结束编制调整分录时，一方面登记费用增加，另一方面登记债务增加，如对期末应付而未付的职工薪酬、福利费，应付而未付的房屋租金、水电费、银行借款利息等会计事项的处理。

【例 2-8】20××年 7 月 1 日，某公司向银行借入期限为三个月的短期借款 100 000 元。7 月末，根据借款利率估算，本期应负担利息 1 000 元。银行一般规定，借款利息按季度结算，但该公司自借款日开始即已受益，因此，应将每月承担的利息费用调整入账，每月末应编制的调整分录如下：

借：财务费用　　1 000

　　贷：应付利息　　1 000

（三）预收收入的调整

预收收入一般是指已经收款入账，但尚未向付款单位提供商品、劳务或财产物资使用权，应尽的义务尚未完成或尚未全部完成，因此它是不属于本期收入的预收款项，是一种负债。当应尽的义务完成后应将预收款项转为收入，编制调整分录时，一方面登记负债的减少，另一方面登记收入的增加，如对预收货款、预收出租包装物租金等会计事项的处理。

【例 2-9】20××年 7 月 1 日，某公司将房屋出租给 B 企业，并于 7 月初预收了一年的租金 60 000 元，款项已存入银行。由于预收的一年租金是转让一年房屋使用权的报酬，而在 7 月末仅转让一个月的使用权，所以只有这一个月的租金可确认为本期收入，其余租金虽已收取了款项，但不能作为当期收入，应通过预收账款账户确认为负债入账。

7月初，该公司收款时，应编制如下会计分录：

借：银行存款　　　　60 000

　　贷：预收账款——B企业　　　　60 000

7月末编制的调整分录如下：

借：预收账款——B企业　　　　5 000

　　贷：其他业务收入　　　　5 000

（四）预付费用的调整

预付费用一般是指本期已付款入账，但应由本期和以后各期分别负担的费用。预付费用虽然在本期支付了款项，但并未使本期受益或未完全使本期受益，所以也不能记入或不能全部记入本期有关费用，而应先记入资产类账户，待以后在其受益期间分期摊销时，再编制调整分录，一方面登记费用的增加，另一方面登记资产的减少，如对预付全年的报刊费、保险费、固定资产修理费和折旧费等会计事项的处理。

【例2-10】某公司在20××年6月30日以银行存款支付了下半年的财产保险费90 000元。在20××年6月30日支付时，编制的会计记录如下：

借：其他应收款　　　　90 000

　　贷：银行存款　　　　90 000

由于支付的90 000元保险费归属于下半年，因此在20××年6月30日，不作为费用，仅作为预付款项记入“其他应收款”账户。

20××年7月起，该公司每月开始享受保险服务，每月承担的保险费用15 000元应该作为本月费用调整入账。7月末编制的调整分录如下：

借：管理费用　　　　15 000

　　贷：其他应收款　　　　15 000

二、结账

结账就是把一定时期发生的经济业务全部登记入账后，于期末时结算出本期发生额及余额的会计工作。通过结账，一方面可以反映一定时期内经济业务发生引起资产、负债、所有者权益等增减变动情况及其结果；另一方面可以确定一定时期内的财务成果，有利于企业定期编制会计报表。

（一）结账步骤

（1）本期发生的经济业务应全部登记入账。结账前应检查本期内已发生的经济业务是否已全部登记到账簿，如已发生的债权、债务，已发现的财产物资盘盈、盘亏等是否都已记账。如果发现漏记、错记，应进行补记、更正。

（2）按照权责发生制的要求进行账项调账。在结账前通过一定的账务处理进行期末账项调整，以便正确地计算、确定本期的财务成果。

（3）结平所有损益类账户。编制结账分录，将收入、费用类账户转入“本年利润”账户。

（4）计算、登记各种账簿的本期发生额和期末余额。

在完成上述步骤后计算出各种账簿的本期发生额和期末余额，将期末余额结转至下期。

（二）结账方法

结账通常采用划线的方法结出账户本期发生额和余额，结账方法一般分为月结、季结和年结。

1．月结

月结是在本月份最后一笔账项下画一条单红线。在红线下一行结出本期发生额和余额，并在摘要栏内注明“本月合计”，然后，在月结栏下面画一条单红线，以便与下月发生额区分清楚。

2．季结

季结是在月结下面结出本季度三个月的季发生额和季末余额，并在摘要栏内注明“本季合计”，然后，在季结栏下面画一条单红线。

3．年结

年结是在第四季度季结下面结出全年的发生额和年末余额，并在摘要栏内注明“本年累计”，然后在年结栏下面画双红线，以示本年度的结账工作结束。

第四节 编制会计报表

在企业日常的会计核算中，企业所发生的各项经济业务都已按照一定的会计程序，在有关会计账簿中进行全面、连续、分类、汇总的记录和计算，企业的财务状况、经营成果和现金流量在日常会计记录中已有所反映，但是，这些日常核算资料比较分散，不能进行集中、概括的反映，不能为会计信息使用者提供更为有效的会计信息。因此，就必须把日常核算资料定期地加以归类、加工、汇总，编制成财务报告。

财务报告是会计循环的最终环节，编制财务报告是会计核算的方法之一。财务报告是以企业日常会计核算资料为主要依据，利用一定的表格或报告形式编制的，对外、对内提供的反映企业某一特定日期财务状况和某一会计期间经营成果、现金流量情况的书面报告文件。

财务报告包括会计报表和其他应当在财务报告中披露的相关信息和资料。会计报表是财务会计报告的主要组成部分，会计报表主要包括对外报送的会计报表和报表附注两部分。对外报送的会计报表主要包括资产负债表、利润表、现金流量表和所有者权益变动表。资产负债表是反映企业在某一特定日期的财务状况，即企业月末、年末全部资产、负债和所有者权益情况的报表。利润表又称损益表，它是用以反映企业在一定时期（如年度、季度、月份）内经营成果的报表。现金流量表是反映企业在一定时期内现金和现金等价物流入和流出的报表。所有者权益变动表是反映构成所有者权益各组成部分当期增减变动情况的报表。报表附注是对资产负债表、利润表、现金流量表和所有者权益变动表中列示项目的文字描述或明细资料，以及对未能在这些报表中列示项目的说明等。

会计报表的详细编制过程见本书第三章。

第五节　IT环境下会计信息生成

IT环境下会计信息生成，即会计信息化，是采用现代信息技术，对传统的会计流程进行重整，建立信息技术与会计学高度融合的、充分开放的现代会计信息系统。这种会计信息系统全面运用现代信息技术，通过网络系统使业务处理高度自动化、信息高度共享，能够对会计信息进行主动和实时报告。会计信息系统不仅仅是一种将信息技术运用于会计业务处理、会计信息管理和财务决策分析手段的变革，更代表的是一种与现代信息技术环境相适应的新的会计思维。

会计信息化是从企业管理的角度，根据会计目标，按照信息管理要求，利用信息技术手段，对传统会计组织和业务处理流程进行重整后设计的会计信息系统，该系统具有业务核算、会计信息管理和决策分析等功能，支持“虚拟企业”“数据银行”等新的组织形式和管理模式，出发点和终结点是实现企业信息的集成。这里所说的集成包括三个层面：① 在会计领域实现信息集成，即实现财务会计和管理会计之间的信息集成，协调和解决会计信息真实性和相关性的矛盾；② 在企业组织内部实现财务和业务的一体化，即集成财务信息和业务信息，在两者之间实现无缝联结，使财务信息和业务信息相互融合；③ 建立企业组织与外部利害关系人（客户、供应商、银行、税务、财政、审计等）的信息网络，实现企业组织内外信息系统的集成。通过集成，使得企业组织内外与企业组织有关的所有原始数据只要一次输入，就能做到分次利用或多次利用，既减少了数据输入的工作量，又实现了数据的一致性，还保证了数据的共享性。会计信息化是目前企业会计信息生成、财务业务一体化和实现财务共享的主要方式。

会计核算的目的是生成会计信息，会计数据在信息系统内的传递是会计信息化的关键。

一、手工会计信息生成过程和不足

手工方式下，一般会计信息生成过程，即会计循环，包括填制和审核凭证、复式记账、登记账簿、试算平衡、账项调整、结账和编制会计报表。随着网络技术的飞速发展和会计信息系统的普遍应用，传统的会计信息生成过程出现了很多不足，主要表现在以下几点。

（1）数据大量重复转抄。信息生成的过程实际上是从原始凭证到记账凭证，从记账凭证到日记账、明细账和总账，再从日记账、明细账和总账到会计报表的全过程，在这一过程中，企业内外部的原始凭证是会计信息的最初来源。也就是说，手工会计信息的生成过程实质上是将原始凭证上的数据进行多次转抄的过程。

（2）信息提供不及时。会计报表是会计信息生成的最终产品，是企业内部管理部门、银行及财政等部门了解企业财务状况和经营成果的重要资料，也是这些部门进行决策分析的依据。但由于会计信息生成过程的工作量大、处理速度缓慢，影响会计信息提供的及时性。

（3）准确性差，效率低，工作强度大。从记账凭证的编制到最终报表编出的各个环节中，容易出现转抄错误和计算错误，准确性较差，效率低。另外，大量的数据核对工作，既费时又费力，效率很低。

二、IT 环境下会计信息生成过程

（一）会计账簿信息生成过程

IT 环境下，账簿信息的生成过程实际上是由账务处理子系统完成的，其生成过程如图 2-8 所示。

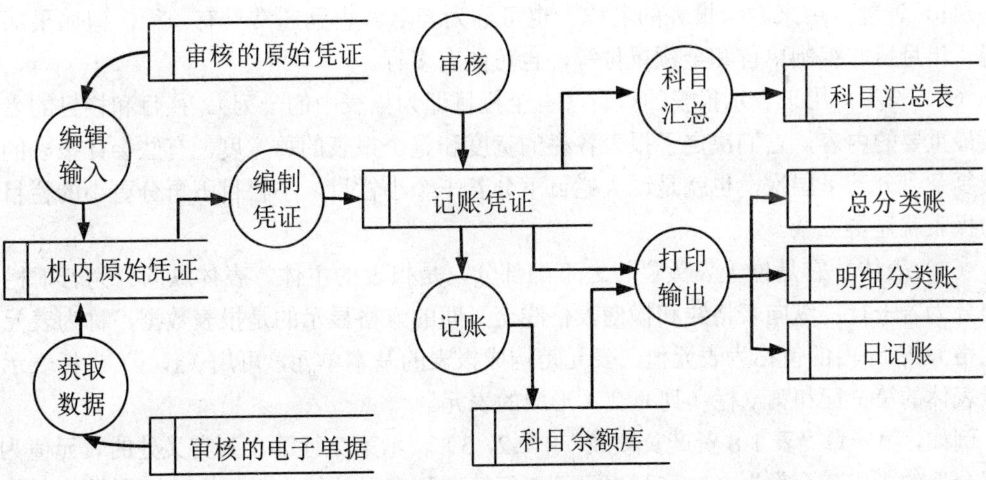

图 2-8 IT 环境下账簿信息生成过程

从图 2-8 可以看出，账务处理子系统发挥了计算机处理数据速度快且计算精确的特点，改变了传统手工会计核算的方式，具体表现在以下几个方面。

1．无须账账核对

在 IT 环境下的账务处理子系统中，不存在账簿，查账仅仅是一个数据筛选、整理和汇总的过程。既然“数出一门”，计算机不会发生计算、汇总错误，结果必然是账账相符，所以无须账账核对。

2．记账含义不同

在 IT 环境下的账务处理子系统中记账仅仅是一个数据处理过程，只是在记账凭证库中检测是否有已经通过审核但尚未记账的凭证，如果有，记账过程是将该凭证的借贷方金额汇总到另外的科目余额库文件中，并在记账凭证库中该凭证的状态栏上做出记账标记，表示该凭证已经记账。

3．账簿查询和会计档案保管更为方便

IT 环境下，可以通过输入查询的条件按多种途径进行账目查询，查询结果准确且迅速，而且会计数据存储的介质是磁介质，会计档案的保管、传递更为方便。

（二）会计报表信息生成过程

企业财务报表主要包括资产负债表、利润表、现金流量表、所有者权益（或股东权益）变动表。除了这些对外报表之外，企业为了管理的需要，还需要编制对内报表，如产品成本计算表、销售收入明细表、材料明细表、固定资产折旧计算表、管理费用明细表、营业外收支明细表等。无论企业对外报表还是对内报表，IT 环境下报表的构成要素包括以下几个部分。

（1）表题。用来表示报表的名称，也可称为表名。表题通常只有一行，但如果加上副标题、年月日、编制单位和金额单位等，也可能有多行。

（2）表头。用来表示报表的栏目（一个栏目即为报表中的一列）。栏目和栏目的名称是表头最重要的内容，它们决定了报表各栏的宽度和整个报表的总宽度。有些会计报表的栏目比较复杂，分若干层次，也就是说大栏目下分若干个小栏目，小栏目下再分更小的栏目，这样的报表就显得复杂。

（3）表体。它是位于表头栏目之下的部分，是报表的主体。表体纵向分为若干栏目，横向分为若干行，纵向表格线和横向表格线交叉间的方格显示的是报表数据，称为表元（表单元格），表元内的值称为表元值。表元是构成报表的基本单元，可用（x，y）坐标表示，即表示表体的第 x 行和第 y 栏（列）交叉形成的表元。

例如，第一章“表 1-8 资产负债表”中（2，3）表示第 2 行第 3 列交叉处的表元值为“货币资金”的“年初余额”，（2，5）表示第 2 行第 5 列交叉处的表元值为“短期借款”的“期末余额”。由此可见，表元值可以为数值型的数字（也可以把数字看成字符），如年初数栏、期末数栏；也可为字符型的文字，如第 1 栏、第 4 栏。在会计报表中，文字的表元值一般相对稳定，不随时间的变化而发生变化，如表 1-8 中的第 1 栏、第 4 栏中所有的表元，这些表元称为固定表元。数值的表元值，每月（季、年）需要根据有关会计资料计算填列，它随着时间的变动都要发生改变，这些表元称为变动表元。通常所说的编制报表，主要是将变动表元的值填入报表的变动表元中的过程。尽管变动表元的值每月（或每年）都要发生变化，但是取值的方法（或数据来源公式）相对固定不变，如表 1-8 中，表元（2，2）的值总是根据现金、银行存款和其他货币资金科目期末余额之和填列。

（4）表尾。表体以下进行补充说明的部分称为表尾。表尾部分通常是一些附注。

表题、表头、表体、表尾是会计报表的四大基本要素，不同报表之间的区别必然体现在这四个基本要素上，也就是说不同单位、不同时期的各种会计报表，其差别就是上述四个基本要素的不同。

IT 环境下，由用户在年初通过报表软件将需要的报表格式和取数公式自行定义并保存在计算机系统中，每月让计算机生成报表数据，并将事先设计的表格和生成的数据一起打印输出即可。

会计报表软件的基本原理就是向用户提供定义表题、表头、表体和表尾的功能，由用户根据自己的实际需要设计报表格式、定义报表各表元数据的取数公式（求值的方法），并将它们存入计算机系统，需要的时候可以先根据取数公式生成数据，同时将生成的数据也存入计算机系统，然后就可以随时、无限制地将表格连同报表数据一同打印输出。报表格式和各表元的取数公式是一次定义，长期使用（除非报表格式有变化时才需要修改）。IT 环境下会计报表数据信息生成流程如图 2-9 所示。

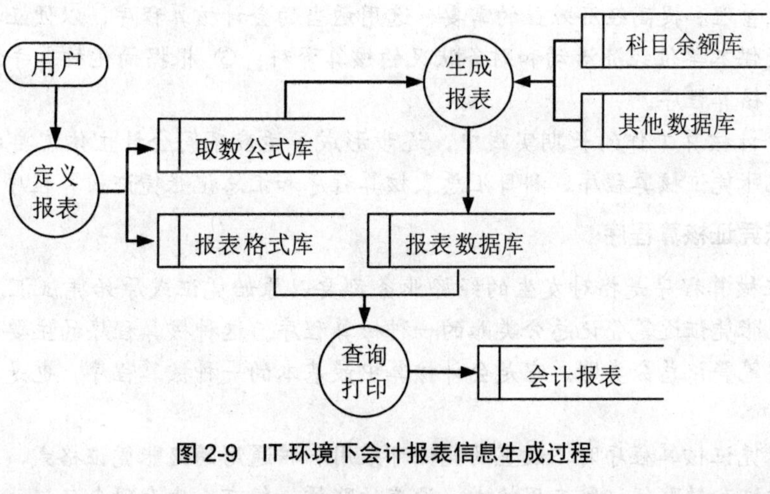

图 2-9 IT 环境下会计报表信息生成过程

综上所述，IT 环境下会计报表信息的生成过程可以概括为：由用户定义报表的格式并设置报表表元数据来源取数公式，计算机根据各表元数据来源公式从相应的数据库中提取数据生成报表数据，再打印输出的过程。

延伸阅读

会计核算程序

一、会计核算程序概述

会计核算程序，又称会计核算组织形式或账务处理程序，是指账簿组织和记账程序有机结合的方法和步骤。账簿组织是指账簿的种类、选用账簿的格式和登记方法，以及各账簿之间的相互关系。记账程序是指从凭证的填制、审核、整理、传递到账簿登记以及根据账簿编制财务报表的程序和方法。

由于会计凭证、账簿、报表之间结合方式不同，从而形成了不同的会计核算程序。不同会计核算程序具有不同的方法、特点和适用范围，选用适当的会计核算程序对于有效地组织本单位的会计核算工作具有重要意义：① 有利于会计工作程序的规范化，减少不必要的会计核算环节和手续，提高会计核算工作效率；② 有利于保证会计记录的正确性和完整性；③ 可以迅速形成会计信息，提高会计信息的质量，充分发挥会计在经营管理中应有的作用。

企业在选用适合本单位的会计核算程序时，应考虑以下几个方面的因素：① 根据本单位经济活动的特点、规模的大小和业务的繁简等实际情况，选用适当的会计核算程序；② 根据本单位经营管理和提高经济效益的需要，选用适当的会计核算程序，以便正确、及时、全面、系统地提供本单位经济活动和财务状况的核算资料；③ 根据简化核算手续的要求，选用适当的会计核算程序。

在我国会计核算工作的长期实践中，逐步形成了适应不同会计主体需要的会计核算程序，主要有记账凭证核算程序、科目汇总表核算程序和汇总记账凭证核算程序等。

二、记账凭证核算程序

记账凭证核算程序是指对发生的经济业务都要以原始凭证或原始凭证汇总表编制记账凭证，根据记账凭证逐笔登记总分类账的一种核算程序。这种核算程序的主要特点是直接根据记账凭证逐笔登记总分类账。它是会计核算中最基本的一种核算程序，也是其他核算程序的基础。

采用记账凭证核算程序时，设置的凭证可采用一种通用的记账凭证格式，也可采用收款凭证、付款凭证和转账凭证等专用格式。设置的账簿一般有：库存现金日记账、银行存款日记账、总分类账和明细分类账。库存现金日记账、银行存款日记账及总分类账一般采用三栏式，明细分类账则可根据需要采用三栏式、数量金额式或多栏式账页格式。记账凭证核算程序流程如图 2-10 所示。

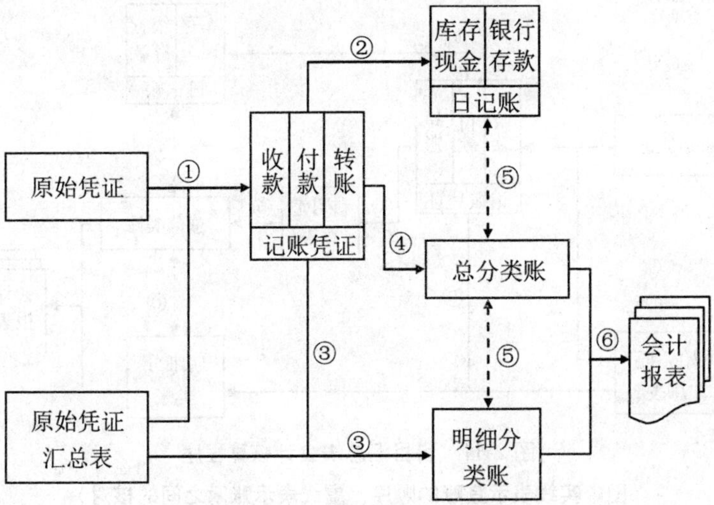

图 2-10　记账凭证会计核算程序

（图中实线表示登账的顺序，虚线表示账簿之间的核对）

说明：

① 根据原始凭证或原始凭证汇总表编制记账凭证；

② 根据收款凭证、付款凭证登记库存现金日记账和银行存款日记账；

③ 根据记账凭证和原始凭证（或原始凭证汇总表）登记各种明细账；

④ 根据记账凭证逐笔登记总账；

⑤ 期末，将日记账、明细账分别与总账核对；

⑥ 根据总账、明细账和其他有关资料编制会计报表。

由于记账凭证核算程序是根据记账凭证直接登记总分类账，因而容易理解，便于掌握。但是，当业务量较大时，逐笔登记总分类账会增加登记总账的工作量，因此，这种核算程序适用于一些规模小、业务量少、凭证不多的单位。

三、科目汇总表核算程序

科目汇总表核算程序是指对发生的经济业务根据原始凭证或原始凭证汇总表编制记账凭证，根据记账凭证定期编制科目汇总表，并据以登记总分类账的一种核算程序。这种核算程序的主要特点是根据记账凭证定期编制科目汇总表，然后根据科目汇总表登记总账。

采用科目汇总表核算程序时，设置的凭证可采用一种通用的记账凭证格式，也可采用收款凭证、付款凭证和转账凭证等专用格式，同时还应设置科目汇总表。科目汇总表核算程序设置的各种账簿与记账凭证会计核算程序基本相同。科目汇总表核算程序流程如图 2-11 所示。

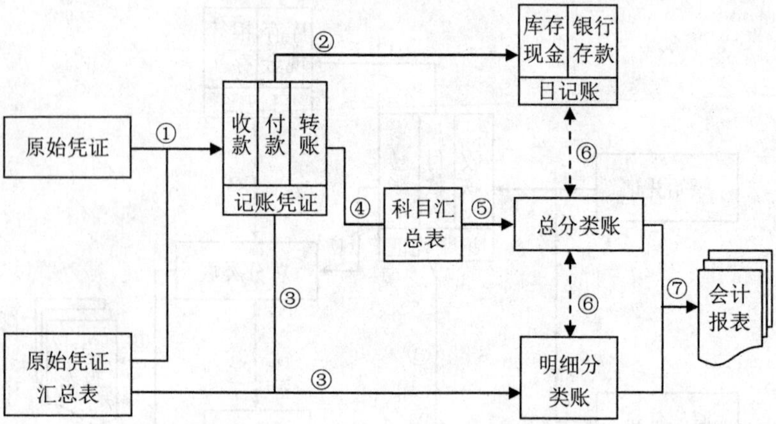

图 2-11　科目汇总表会计核算程序

（图中实线表示登账的顺序，虚线表示账簿之间的核对）

说明：

① 根据原始凭证或原始凭证汇总表编制记账凭证；

② 根据收款凭证、付款凭证登记库存现金、银行存款日记账；

③ 根据记账凭证和原始凭证（或原始凭证汇总表）登记各明细账；

④ 根据记账凭证定期编制科目汇总表；

⑤ 根据科目汇总表登记总账；

⑥ 期末，将日记账、明细账分别与总账核对；

⑦ 根据总账、明细账和其他有关资料编制会计报表。

科目汇总表是根据记账凭证中相同的账户进行归类，定期汇总每一账户的借方发生额和贷方发生额编制而成的，所以又称为记账凭证汇总表。通过编制科目汇总表，可以进行发生额的试算平衡，若全部账户的借方发生额合计数与贷方发生额合计数相等，说明记账凭证的填制和科目汇总表的编制基本正确。科目汇总表的一般格式如表 2-17 所示。

表 2-17　　科目汇总表

××年×月×日至××年×月×日　　汇字第　　号

会计科目	本期发生额		过账
	借方	贷方	
合计			

采用科目汇总表核算程序可以大大简化登记总账的工作量，而且通过科目汇总表的编

制，可以根据各科目本期借、贷方发生额的合计数进行试算平衡，及时发现填制凭证和汇总过程中的错误，从而保证记账工作的质量。但科目汇总表不分对应科目进行汇总，不能反映各科目的对应关系，不便于对经济业务进行分析和检查。这种核算程序应用范围比较广，一般适用于规模较大、经济业务较多的企业和单位。

四、汇总记账凭证核算程序

汇总记账凭证核算程序是指对发生的经济业务都要根据原始凭证或原始凭证汇总表编制记账凭证，再根据记账凭证编制汇总记账凭证，根据汇总记账凭证登记总分类账的一种核算程序。这种核算程序的特点是定期将记账凭证汇总编制成汇总记账凭证，然后再根据汇总记账凭证登记总分类账。

采用汇总记账凭证核算程序时，除仍应设置收款凭证、付款凭证和转账凭证外，还要设置汇总收款凭证、汇总付款凭证和汇总转账凭证，在各种汇总凭证中都要求反映账户的对应关系。汇总记账凭证核算程序设置的账簿主要有库存现金日记账、银行存款日记账、总分类账和各种明细分类账。汇总记账凭证核算程序流程如图 2-12 所示。

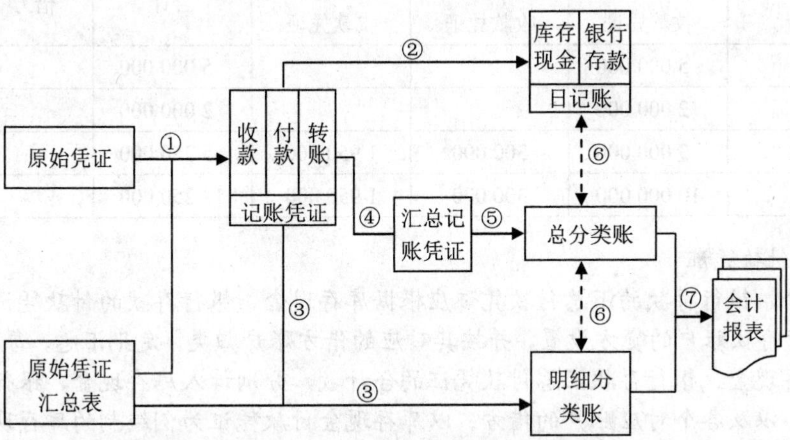

图 2-12　汇总记账凭证会计核算程序

（图中实线表示登账的顺序，虚线表示账簿之间的核对）

说明：

① 根据原始凭证或原始凭证汇总表编制记账凭证；

② 根据收款凭证、付款凭证登记库存现金日记账和银行存款日记账；

③ 根据记账凭证和原始凭证（或原始凭证汇总表）登记明细账；

④ 根据记账凭证编制汇总记账凭证；

⑤ 根据汇总记账凭证登记总分类账；

⑥ 期末，将日记账、明细账分别与总账核对；

⑦ 根据总账、明细账和其他有关资料编制会计报表。

汇总记账凭证是根据收款凭证、付款凭证和转账凭证分别定期进行汇总填制的，一般每5天或10天汇总1次，每月编制一张，期末根据合计数，登记总分类账。以下是该核算程序的具体汇总方法。

1. 汇总收款凭证

库存现金、银行存款的汇总收款凭证应根据库存现金、银行存款的收款凭证，分别以库存现金、银行存款账户的借方设置，并按其对应的贷方账户归类，定期汇总，每月填制1张，对于反映货币资金相互之间的业务，为避免重复汇总、重复过账，一般规定记入汇总付款凭证中。月末根据库存现金、银行存款汇总收款凭证的合计数，分别记入总分类账库存现金、银行存款账户的借方，以及各个对应账户的贷方。以银行存款收款凭证为例编制的银行存款汇总收款凭证如表2-18所示。

表2-18 汇总收款凭证

<table>
<tr><td colspan="2">借方科目：银行存款</td><td colspan="3">20××年12月</td><td colspan="2">汇收第1号</td></tr>
<tr><td rowspan="2">贷方科目</td><td colspan="4">金额</td><td colspan="2">总账页数</td></tr>
<tr><td>1—10日
收款凭证</td><td>11—20日
收款凭证</td><td>21—31日
收款凭证</td><td>合计</td><td>借方</td><td>贷方</td></tr>
<tr><td>实收资本</td><td>5 000 000</td><td></td><td></td><td>5 000 000</td><td></td><td></td></tr>
<tr><td>短期借款</td><td>2 000 000</td><td></td><td></td><td>2 000 000</td><td></td><td></td></tr>
<tr><td>主营业务收入</td><td>3 000 000</td><td>300 000</td><td>1 950 000</td><td>5 250 000</td><td></td><td></td></tr>
<tr><td>合计</td><td>10 000 000</td><td>300 000</td><td>1 950 000</td><td>12 250 000</td><td></td><td></td></tr>
</table>

2. 汇总付款凭证

库存现金、银行存款的汇总付款凭证应根据库存现金、银行存款的付款凭证，分别按库存现金、银行存款账户的贷方设置，并按其对应的借方账户归类，定期汇总，每月填制1张，月末根据库存现金、银行存款汇总付款凭证的合计数，分别计入库存现金、银行存款总分类账户的贷方，以及各个对应账户的借方。以库存现金付款凭证为例编制的库存现金汇总付款凭证如表2-19所示。

表2-19 汇总付款凭证

<table>
<tr><td colspan="2">贷方科目：库存现金</td><td colspan="3">20××年12月</td><td colspan="2">汇付第1号</td></tr>
<tr><td rowspan="2">借方科目</td><td colspan="4">金额</td><td colspan="2">总账页数</td></tr>
<tr><td>1—10日
付款凭证</td><td>11—20日
付款凭证</td><td>21—31日
付款凭证</td><td>合计</td><td>借方</td><td>贷方</td></tr>
<tr><td>材料采购</td><td>1 040</td><td></td><td>200</td><td>1 240</td><td></td><td></td></tr>
<tr><td>应付职工薪酬</td><td>1 000 000</td><td></td><td></td><td>1 000 000</td><td></td><td></td></tr>
<tr><td>合计</td><td>1 001 040</td><td></td><td>200</td><td>1 001 240</td><td></td><td></td></tr>
</table>

3. 汇总转账凭证

汇总转账凭证一般按照每一账户的贷方分别设置，并根据转账凭证按对应的借方账户归类，定期汇总填制，每月填制1张。为了便于汇总转账凭证的编制，一般要求所有转账凭证中的会计分录保持一借一贷或多借一贷的账户对应关系，以避免汇总时发生困难。月末根据汇总转账凭证的合计数，分别记入总分类账各应借账户的借方，以及该汇总转账凭证所列的应贷账户的贷方。如果在会计期间内个别贷方账户的转账凭证较少，也可不填制汇总转账凭证，直接根据转账凭证登记总分类账。以贷方为“累计折旧”的转账凭证为例编制的汇总转账凭证如表2-20所示。

表 2-20　汇总转账凭证

贷方科目：累计折旧		20××年12月			汇转第1号	
借方科目	金额				总账页数	
	1—10日 转账凭证	11—20日 转账凭证	21—31日 转账凭证	合计	借方	贷方
制造费用			20 000	20 000		
管理费用			10 000	10 000		
合计			30 000	30 000		

汇总记账凭证核算程序同记账凭证核算程序和科目汇总表核算程序相比较，由于汇总记账凭证是根据记账凭证按照科目对应关系进行归类、汇总编制的，因而便于了解有关科目之间的相互关系，克服了科目汇总表核算程序这方面存在的缺点。根据汇总记账凭证于月终一次登记总分类账，克服了在记账凭证核算程序下根据记账凭证逐笔登记总账的缺点，大大简化了总账登记工作。但由于这种核算程序的汇总转账凭证是按每一贷方科目而不是按经济业务性质归类、汇总，因而不利于日常核算工作的分工。同时，编制汇总记账凭证工作量也较大，因此，这种账务处理程序适用于规模较大、业务较多的企业。业务量较少的企业，如果同一贷方科目的转账凭证不多，据以编制汇总转账凭证，不但起不到减少工作量的作用，反而会增加凭证汇总手续。

复习思考题

1. 在会计工作中，会计凭证有何意义？
2. 什么是会计科目？什么是会计账户？两者的区别和联系是什么？
3. 什么是借贷记账法？如何理解“有借必有贷，借贷必相等”这一记账规则？
4. 何谓会计分录？会计分录有哪些类型？正确编制会计分录的基本步骤包括哪些？

5．账项调整包括哪些内容？

6．什么叫结账？结账的内容有哪些？

案例分析题

1．20××年6月，徐丽和李强两名同学共同出资创建了日新公司。根据公司章程，公司注册资本为100 000元，两人各出资50 000元，徐丽为法人并担任公司总经理。6月末，公司相关财务数据如下：

（1）徐丽和李强的出资额已经全额存入企业在银行开设的存款账户。

（2）用银行存款50 000元购买机器设备。

（3）购买20 000元原材料，已验收入库，货款尚未支付。

（4）向银行借款20 000元，款项已经存入企业在银行开设的存款账户。

（5）生产消耗材料8 000元。

（6）支付职工工资6 000元，款项通过银行转账已存入职工的银行卡。

（7）用银行存款偿付材料款20 000元。

徐丽聘请大华会计师事务所为其代理记账，该事务所注册会计师刘慧根据日新公司6月份经济业务的相关单据，编制了资产负债表和利润表。你认为刘慧应该如何做？

2．在学习完本章后，课间同学们针对“审核和编制会计凭证及登记账簿内容”展开了激烈的讨论，并根据自己的理解对相关内容提出如下质疑：

（1）李同学认为，直接根据原始凭证登记总账，既可以减少会计凭证传递时间，又能够简化会计工作流程，还有利于提高账簿记录的客观性，所以课本中有关“根据审核无误的原始凭证编制记账凭证，再依据记账凭证登记账簿”的方法中编制记账凭证环节是多余的。

（2）王同学认为，登记库存现金和银行存款日记账的同时，又登记总分类账会产生重复记账工作，徒增会计人员的工作量。

（3）赵同学认为，库存现金日记账和银行存款日记账同时由出纳人员登记，违背了不相容业务相分离原则。

请对以上各位同学的观点进行评价。

业务计算题

1．X公司20××年有关账户的资料如表2-21所示。

表 2-21　　X 公司 20××年有关账户的资料

账户名称	期初余额	本期借方发生额	本期贷方发生额	期末余额
库存现金	20 000	10 000		5 000
原材料	1 000	4 000	2 000	
应付账款	50 000	10 000		70 000
短期借款		80 000	40 000	60 000
实收资本	900 000		500 000	1 000 000

要求：根据借贷记账法的原理，在表 2-21 中空格处填入正确的数字。

2．A 公司 20××年 5 月 1 日有关账户余额如表 2-22 所示。

表 2-22　　A 公司 20××年 5 月 1 日有关账户余额

账户	余额
库存现金	2 000
银行存款	8 000
应收账款	5 000
原材料	3 000
固定资产	12 000
短期借款	3 000
应付账款	6 000
实收资本	21 000

A 公司本月发生下列经济业务：

（1）购入材料一批，已验收入库，账款 5 000 元未付。

（2）从银行取得三个月期借款 10 000 元存入银行。

（3）以银行存款 4 000 元偿还欠 X 公司货款。

（4）收到 X 公司投入的原材料 8 000 元，机器设备 15 000 元。

（5）收到 Y 公司前欠购货款 5 000 元存入银行。

（6）购入材料一批，货款 6 000 元，有 4 000 元未付，2 000 元以存款支付。

（7）以银行存款支付职工工资 2 000 元。

（8）以银行存款偿还短期借款本金 3 000 元。

注：为了简化核算，以上业务均不考虑增值税。

要求：（1）根据期初余额开设账户，对本月发生的经济业务编制会计分录，并在有关账户中逐笔登记。

（2）根据上述业务编制发生额及余额试算平衡表。

3．某企业20××年6月发生如下经济业务：

（1）企业销售产品一批，货款10 000元，货款暂欠（税金略）。

（2）月底应计入本期的出租包装物租金收入200元，款项尚未收到。

（3）提取职工福利费5 000元，其中，生产工人3 000元，车间管理人员800元，企业行政管理人员1 200元。

（4）预收购货单位购货款10 000元存入银行。

（5）以银行存款支付行政管理部门的全年报刊费600元。

（6）分摊应由本月负担的报刊费。

（7）计提本月固定资产折旧费5 000元，其中，车间使用固定资产折旧费4 000元，企业行政管理部门使用固定资产折旧费1 000元。

要求：根据上述业务编制调整分录。

案例分析题参考答案

业务计算题参考答案

第三章　经济业务的核算及财务报表编制

本章导读

本章以制造企业为例，依据最新企业会计准则，按照制造企业的主要业务环节，分别介绍了制造企业筹资、采购、生产、销售、对外投资以及利润的形成与分配等主要经济业务的核算，并编制财务报表。首先介绍了一般制造企业的主要经济业务环节，以流程图直观展示各业务环节中资金流动的方式，便于了解每一业务环节的重要作用及其业务内容；其次以制造企业主要业务环节为脉络介绍了各业务环节的典型经济业务会计核算；最后简要介绍了财务报表的概念、作用与种类，并结合例题演示资产负债表、利润表、现金流量表和所有者权益（股东权益）变动表的编制以及附注的相关内容。

学习目标

1. 简单了解制造企业的主要业务环节，把握各环节的主要经济业务。
2. 能够正确使用账户，掌握各业务环节中典型经济业务的会计核算。
3. 认识会计报表的基本结构，学习制造企业主要会计报表编制的基本方法。
4. 了解附注披露的主要内容。

问题导引

根据财政部的安排，24 家 H 股上市银行及“A+H”上市银行自 2018 年 1 月 1 日起需要施行新准则——《国际财务报告准则第 9 号：金融工具》(IFRS9)，其他 A 股上市银行自 2019 年 1 月 1 日起施行，其余非上市银行自 2021 年年初起施行，鼓励有能力的银行提前施行。

业界普遍认为 IFRS9 的实施将增加银行的拨备要求，并增大利润的波动性，但对各项财务指标的影响究竟有多大，此前并无确切地回答。这个问题在批量出炉的 24 家 H 股银行 2017 年年报里第一次有了答案：根据其中 15 家银行披露的情况显示：采用新准则后将使其 2018 年 1 月 1 日的净资产有所减少，但减少程度各家不一，大多集中在 1%～3%。

新旧金融工具准则的核心区别包括金融资产分类的变化以及资产减值模型的变更。根据新准则的衔接规定，银行无须重述前期可比数。首次执行新准则与原准则的差异，可以调整计入期初留存收益或其他综合收益。

根据15家已披露相关影响的H股银行年报表述，实施新的金融工具会计准则后，各银行期初净资产均将减少。其中，减值模型的变更是导致银行净资产减少的主要原因，而金融资产重分类和计量有可能增加银行的净资产，但增加的幅度比不上减少的幅度，二者部分相抵，导致多家银行的净资产出现不同程度的减少。具体来看，建设银行、邮储银行、浙商银行、广州农商行均预计，采用新准则后，将使2018年1月1日的净资产减少约1%；工商银行、哈尔滨银行、徽商银行、天津银行、盛京银行则预计期初净资产减少1%～2%。光大银行、中原银行、重庆银行分别预计期初净资产受此影响将减少2.87%、3%和6%。

广州农商行副行长兼首席财务官张东表示，“首先是减值准备有所增加，计提方面有所收紧，预计增加只是轻微变动，影响不会太大，各个金融机构都面临这个问题；其次是资产分类和计量的变化，将导致更多的资产需要纳入以公允价值计量的范围，并且当期变动情况要纳入当期的损益，适度增加利润波动性。”“波动是两个方向的，究竟是增加还是下降要看资产的类别。”

按照要求，IFRS9按资产的业务模式和现金流特征，将金融资产划分为以摊余成本计量、以公允价值计量且其变动计入当期损益、以公允价值计量且其变动计入其他综合收益三大类。金融资产重分类和计量，影响了银行在实际开展业务时的一些选择。“更多资产以公允价值计量导致较大的损益或者净资产波动，可能引发对现有业务战略的争议并影响业绩考核，银行预算管理中需前瞻性地考虑核算改变对经营业绩表现可能产生的影响。”

思考：会计准则的变化为何会引起如此“严重的”财务后果？

第一节　制造企业主要业务过程

制造企业是指以产品加工生产和销售为主要经济活动内容的工业企业。为了顺利开展企业的生产经营活动，企业必须拥有足够的资金进行资金筹集。产品加工生产过程是将机器设备等劳动工具与原材料等劳动对象相结合，加工生产成完工产品。产品加工生产过程实际上就是劳动耗费的过程，在这个过程中既有劳动资料的消耗，又有劳动对象的耗费；既有物化劳动的消耗，又有活劳动的耗费。市场经济条件下，企业生产经营日趋多元化，除传统的通过原材料投入、加工、销售的方式来获取利润外，企业通常采用投资、收购、兼并、重组等方式拓宽生产经营渠道、提高获利能力。企业通过向被投资单位投放资金可以达到获得收益或实现资本增值的目的，因此，投资也成为现代企业重要的经营业务。

制造企业的生产经营过程实际上是以生产过程为中心，实现供应过程、生产过程和销售过程三者的统一。在供应过程中，企业以货币资金购买机器设备、各种材料物资或建造、购买厂房，为企业进行生产准备劳动资料和劳动对象，这样货币资金就转化为与固定资产、流动资产相对应的固定资金形态和储备资金形态；在生产过程中，企业领用和消耗各种材料产生费用、使用固定资产发生折旧费用、向职工支付薪酬等费用，这些费用的总和构成了产品成本，在此过程中，资金从固定资金、储备资金和货币资金形态转化为生产资金形态。生产过程结束时，生产资金形态转化为成品资金形态。在销售过程中，企业将产品销售出去收回货币资金，这时资金从成品资金形态转化为货币资金形态。

为了及时了解和反映企业一定时期内的经营成果，需将一定会计期间所取得的全部收入和利得与全部费用和损失相抵，计算企业实现的利润或损失。如果有利润，应按照有关规定进行利润的分配；如果发生亏损，还要进行弥补。通过利润分配，一部分资金退出企业，一部分资金重新投入下一个生产经营过程，如此循环，形成了企业周而复始的生产经营过程。

制造企业资金运动基本流程如图 3-1 所示。

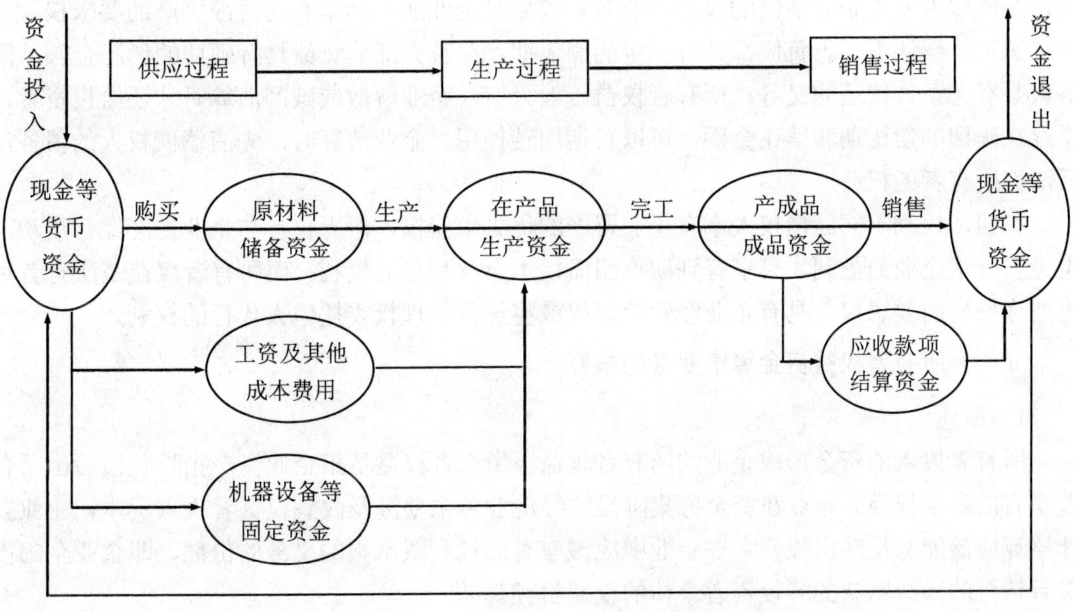

图 3-1 制造企业基本资金运动流程

第二节 制造企业典型经济业务的核算

不同制造企业的具体经济业务内容虽然不同，但是大部分制造企业具备类似的典型经济业务，本节简要介绍相关业务的基本会计核算。

一、资金筹集业务的核算

企业进行正常生产经营过程之初需要有大量的资金，这些资金的来源主要是所有者投入和债权人提供，前者形成企业的所有者权益，后者形成企业的负债，通常表现为货币资金、房屋、机器设备、原材料、土地使用权等形式。资金的筹集是制造企业进行生产经营活动的起点，是制造企业主要经济业务之一。虽然所有者权益和负债都是企业资金的来源渠道，但两者还是存在着明显的区别，主要表现在以下几个方面：

第一，对象不同。负债是企业对债权人承担的偿付责任，而所有者权益是企业对所有者承担的经济责任。

第二，性质不同。负债是企业在经营过程中因借贷关系或经济法规规定而承担的经济责任，是债权人要求企业清偿的权利；所有者权益是企业所有者享有的对净资产的要求权。

第三，偿还不同。负债都具有一定的偿还期，并且大部分负债具有确切的偿还金额，债务人具有无条件偿还的义务；所有者权益一般只有在企业解散或破产清算时才还给投资者，不存在确切的偿还期和偿还金额，可以长期周转使用。企业清算时，先清偿债权人的债务，后清偿所有者的权益。

第四，权利不同。债权人享有企业资产的优先求偿权，但无权参与企业生产经营活动，也无权分享企业的盈利，只享有到期收回债权本金及利息的权利；而所有者权益是所有者对企业净资产的要求权，具有企业经营管理权或将经营管理权委托他人代行的权利。

（一）所有者权益资金筹集业务的核算

1．概述

所有者投入的资金形成企业的所有者权益。所有者权益是指企业资产扣除负债后由所有者享有的剩余权益。企业在资金筹集阶段的经济业务主要涉及收到投资者投入资本，企业会计核算应该能够反映出投资者在企业中应该享有的权利或承担的义务的份额，即企业全部投资者认可的（或默认的）投资者个体的权益份额。

投资者投入资本是指企业的投资者按照企业章程或合同、协议的约定实际投入企业的资本金，投入资本应按照企业实际收到的投资额入账计入实收资本。企业对于收到的货币资金投资，应以实际收到的投资额入账；对于收到的货币资金以外的其他形式投资，应以投资各方协商确认的价值入账。企业对于实际收到的货币资金投资或其他形式的投资价值超过投资者在注册资本中所占的份额部分，作为超面额缴入资本计入资本公积。企业对所有者投入资本的核算，所需设置的基本账户有“实收资本（股本）”“资本公积”“库存现金”“银行存款”“固定资产”“无形资产”等。

2．投资者投入资本业务核算示例

“实收资本（股本）”账户的重要性在于提供企业中的权益构成情况，企业有必要为其做备查记录。资本公积是企业收到投资者投入的超出其在企业注册资本（或股本）中所占份额的投资，包括资本溢价和股本溢价，形成资本溢价（或股本溢价）的原因有溢价发行股票、投资者超额缴入资本等，企业资本公积主要用于转增资本。

【例 3-1】 20×5 年 1 月 1 日甲公司（有限责任公司）收到投资者投入资本 30 000 000 元，存入银行。该项经济业务应编制会计分录如下：

借：银行存款　　　　　　　　　　30 000 000

　　贷：实收资本　　　　　　　　　　30 000 000

【例 3-2】 甲公司为股份公司，假定 20×5 年 7 月甲股份公司委托某证券公司发行普通股 3 000 万股，每股面值 1 元，发行价格每股 8 元，按发行收入的 2%支付发行手续费。发行股款已全部收到存入银行。该项经济业务应编制会计分录如下：

发行手续费=30 000 000×8×2%=4 800 000（元）

溢价额=30 000 000×(8−1)−4 800 000=205 200 000（元）

借：银行存款　　　　　　　　　　235 200 000

　　贷：股本　　　　　　　　　　　　30 000 000

　　　　资本公积——股本溢价　　　　205 200 000

（二）借入资金业务的核算

1．概述

借入资金是指企业向银行或其他金融机构借入的各种款项。企业进行借款应签订借款合同，按照规定的程序取得借款，并要遵照合同中注明的金额、利率、期限等及时足额还本付息。按照企业借入资金时间的长短以及用途的不同，一般分为短期借款和长期借款。短期借款是指企业为了满足临时周转的需要，向银行或其他金融机构借入的期限在 1 年（含 1 年）以下的各种借款，包括周转借款、临时借款、结算借款等；长期借款是企业向银行或其他金融机构借入的期限在 1 年以上（不含 1 年）的借款。长期借款主要是为了满足企业进行长期资产购建的需要，如固定资产的购置和新建、改建或扩建工程等。向债权人筹集资金业务的核算需要设置的账户主要有“短期借款”“长期借款”“应付债券”“应付账款”“应付票据”“应付利息”“财务费用”“在建工程”等。

2．借入资金业务核算示例

借款业务主要包括借款本金的取得、利息费的处理、借款本息的偿还三个方面。短期借款的利息，在会计上一般将其作为财务费用加以确认。长期借款利息的确认主要解决的是将每期发生的利息计入相关资产的成本，还是计入当期损益（财务费用）。其中，用借款进行的长期资产项目达到预计可使用状态之前发生的利息计入该项目成本；工程达到预计可使用状态后发生的利息计入当期损益（财务费用）。

借款利息=借款本金×利率×期限

【例 3-3】甲公司 20×7 年 4 月 15 日从银行取得 3 个月的借款 1 000 000 元，年利率 6%，利息按季度结算，款项已存入银行账户。甲公司如期偿还借款本息。该项经济业务应编制会计分录如下：

（1）4 月 15 日取得借款时

借：银行存款　　1 000 000

　贷：短期借款　　1 000 000

（2）预提 4 月份借款利息时

利息费用=1 000 000×6%÷12÷2=2 500（元）

借：财务费用　　2 500

　贷：应付利息　　2 500

同理，5、6 月利息的计算和处理方法与 4 月份相同，但利息金额均为 5 000 元。

（3）支付利息时

6 月末支付利息总额=2 500+5 000+5 000=12 500（元）

借：应付利息　　12 500

　贷：银行存款　　12 500

（4）7 月 16 日偿还借款时

借：短期借款　　1 000 000

　财务费用　　2 500

　贷：银行存款　　1 002 500

【例 3-4】甲公司为建造一幢厂房，20×5 年 1 月 1 日借入期限为两年的长期专门借款 1 000 000 元，款项已存入银行。借款利率为 9%，每年付息一次，期满后一次还清本金。当年年初，以银行存款支付工程价款共计 600 000 元，20×6 年年初又以银行存款支付工程费用 400 000 元，20×6 年 8 月底工程完工，达到预计可使用状态。假定不考虑闲置专门借款资金存款的利息收入或者投资收益。根据上述业务编制有关会计分录如下：

（1）20×5 年 1 月 1 日，取得借款时

借：银行存款　　1 000 000

　贷：长期借款——本金　　1 000 000

（2）20×5 年年初，支付工程款时

借：在建工程　　600 000

　贷：银行存款　　600 000

（3）20×5 年 12 月 31 日，计算 20×5 年应计入工程成本的利息时

至年底时，甲公司应支付的利息为 90 000（1 000 000×9%）（元），此时工程尚未达到预计可使用状态，发生的利息费用应该记入“在建工程”账户。

借：在建工程　　　　　　　　　　　　　　90 000

　　贷：应付利息　　　　　　　　　　　　　　90 000

（4）20×5 年 12 月 31 日支付借款利息时

借：应付利息　　　　　　　　　　　　　　90 000

　　贷：银行存款　　　　　　　　　　　　　　90 000

（5）20×6 年年初支付工程款时

借：在建工程　　　　　　　　　　　　　　400 000

　　贷：银行存款　　　　　　　　　　　　　　400 000

（6）20×6 年 8 月底，工程达到预计可使用状态时

　　该期应计入工程成本的利息=(1 000 000×9%÷12)×8=60 000（元）

借：在建工程　　　　　　　　　　　　　　60 000

　　贷：应付利息　　　　　　　　　　　　　　60 000

同时：

借：固定资产　　　　　　　　　　　　　　1 150 000

　　贷：在建工程　　　　　　　　　　　　　　1 150 000

（7）20×6 年 12 月 31 日按期计息时

　　当年 9—12 月应计入财务费用的利息=(1 000 000×9%÷12)×4=30 000（元）

借：财务费用　　　　　　　　　　　　　　30 000

　　贷：应付利息　　　　　　　　　　　　　　30 000

（8）20×6 年 12 月 31 日支付利息时

借：应付利息　　　　　　　　　　　　　　90 000

　　贷：银行存款　　　　　　　　　　　　　　90 000

（9）到期偿还借款时

借：长期借款——本金　　　　　　　　　　1 000 000

　　贷：银行存款　　　　　　　　　　　　　　1 000 000

二、供应业务的核算

企业需要购置必要的生产设备和一定数量的可供加工的材料，然后结合人的劳动，生产出满足社会需要的产品。在这个过程中，制造企业首先要进行生产采购，包括采购各种固定资产（机器设备）和各种材料等。

（一）材料采购业务的核算

1．概述

材料就是直接用于制造产品并构成产品的实体，或有助于产品形成但不构成产品实体的

物品。它包括原材料及主要材料、辅助材料、外购半成品、修理用备件、包装材料、燃料等。材料采购业务主要包括企业材料采购成本的确定、与供应单位的款项结算、税金的支付、材料验收入库等。

采购材料这一流通环节中，主要涉及增值税的计算和缴纳。增值税是就货物或应税劳务的增值部分征收的一种税。企业购入货物或接受应税劳务支付的增值税（进项税额），可以从销售产品或提供劳务按规定收取的增值税（销项税额）中抵扣。增值税纳税人分为一般纳税人和小规模纳税人，一般纳税人按销项税额扣减进项税额计算应纳增值税，制造业行业适用的增值税税率为16%，交通运输、建筑、基础电信等行业及农产品等货物的增值税税率为10%；小规模纳税人直接用销售额乘以征收税率计算应纳增值税，适用税率为3%。增值税的会计处理采取价税分离，如价格为含税价，应换算为不含税价后计算增值税额。允许抵扣的增值税作为进项税额，不能抵扣的增值税计入采购项目成本。

企业材料采购业务可以采用实际成本计价核算，在材料品种多、收发频繁的情况下，也可以采用计划成本计价核算。材料的采购成本包括采购过程中企业支付给供应单位的材料货款（即买价）和采购费用，其中：买价是指购货发票所开列的金额；采购费用是指材料采购过程中发生的各项费用，包括外地运杂费（运输费、包装费、装卸费、保险费、仓储费等）、运输途中的合理损耗、入库前的挑选整理费用、购入材料负担的不能抵扣的税金和其他费用；采购人员的差旅费以及专设采购机构的经费等一般作为期间费用（管理费用），不构成材料的采购成本。材料运达企业后由仓库验收并保管，以备生产车间或管理部门领用。在采用实际成本法核算时，需要设置的账户主要有“在途物资”“原材料”和“应交税费”账户；在采用计划成本法时，一般使用“材料采购”“原材料”“应交税费”及“材料成本差异”账户核算。企业采购材料时可以采用不同的结算方式，如支票、汇票、延期付款或预付款等，根据需要可以设置“银行存款”“应付票据”“应付账款”以及“预付账款”等账户进行核算。

“应交税费”账户核算企业按税法规定应交和实交的各种税费（增值税、消费税、企业所得税等），应按税费种类进行明细分类核算。增值税一般纳税人在采购环节已经支付给销售方的增值税额符合抵扣条件的，作为“进项税额”记入“应交税费——应交增值税”的借方，一般而言，企业销售中应缴纳的增值税“销项税额”扣除“进项税额”后为实际应交增值税额。

2．材料采购业务核算示例

【例3-5】20×5年10月15日甲公司向友谊工厂购买A、B两种材料，A材料50 000千克，单价24元；B材料20 000千克，单价19元，增值税税率16%，价款未付，材料尚未入库。该项经济业务应编制会计分录如下：

借：在途物资——A材料	1 200 000	
——B材料	380 000	
应交税费——应交增值税（进项税额）	252 800	
贷：应付账款		1 832 800

【例 3-6】20×5 年 10 月 22 日甲公司以银行存款 70 000 元支付上述 A、B 两种材料的外地运杂费。材料验收入库。

运杂费用为间接费用，一般可按采购材料重量的比例分配。本例以 A、B 两种材料的重量比例作为分配运杂费的标准，分配运杂费如下：

$$运杂费的分摊率=\frac{共同发生的运杂费}{购入材料总重量}=\frac{70\,000}{50\,000+20\,000}=1$$

A 材料应负担的运费=50 000×1=50 000（元）

B 材料应负担的运费=20 000×1=20 000（元）

则会计分录为：

借：在途物资——A 材料　　　　50 000

　　　　　　——B 材料　　　　20 000

　贷：银行存款　　　　　　　　　70 000

从上面会计处理可以看出，A 材料采购成本为 1 250 000（1 200 000+50 000）元，B 材料采购成本为 400 000（380 000+20 000）元，材料验收入库时：

借：原材料——A 材料　　　　1 250 000

　　　　　——B 材料　　　　400 000

　贷：在途物资——A 材料　　　　1 250 000

　　　　　　　——B 材料　　　　400 000

（二）固定资产购置业务的核算

1．概述

在符合固定资产定义的前提下，如果与其有关的经济利益很可能流入企业，并且该固定资产的成本能够可靠计量，应当确认为固定资产。制造企业主要的固定资产有使用寿命超过一个会计年度的房屋、建筑物、机器、机械、运输工具以及其他与生产、经营有关的设备、器具、工具等资产。企业持有固定资产的目的是为了生产商品、提供劳务、出租或经营管理，而不是用于出售。

与固定资产有关的经济业务主要包括固定资产的取得、固定资产持有期间的折旧及日常维修、固定资产改建及扩建、固定资产减值、固定资产清查和固定资产的处置。在供应环节，固定资产的会计核算涉及固定资产的取得，主要考虑固定资产取得时入账价值的确定。在实务中，企业取得固定资产的方式有多种，包括外购、自行建造、投资者投入以及非货币性资产交换、债务重组、企业合并和融资租赁等。固定资产在取得时，应按取得的实际成本（即原始价值）入账。固定资产的会计核算需要设置的主要账户有“工程物资”“在建工程”“固定资产”“应交税费”等。

固定资产购置中主要的会计问题是固定资产入账价值的确定。会计准则规定，固定资产在取得时，应按取得的实际成本入账。固定资产的实际成本是指为购建某项固定资产达到预计可使用状态前所发生的一切合理的、必要的支出，包括购买价款、相关税费、使固定资产达到预计可使用状态前所发生的可归属于该项资产的运输费、装卸费、安装费和专业人员服务费等。其中，购置不需要经过建造安装即可投入使用的固定资产，按购置过程中实际支付的买价、包装费、运杂费以及缴纳的相关税费（不含可抵扣的增值税进项税额）等，作为固定资产的入账价值；自行建造或需要安装完成的固定资产，按照建造或安装该项固定资产达到预计可使用状态前所发生的一切合理的、必要的支出作为其入账价值。对于固定资产取得时发生的增值税，可按规定抵扣增值税进项税额。与企业技术更新无关，且容易混为个人消费的应征消费税的小汽车、摩托车和游艇不在可抵扣固定资产之列。

2．固定资产购置业务核算示例

【例3-7】20×5年甲公司购入需要安装的生产用机器设备1台，买价22 000元，税金3 740元，取得增值税专用发票；包装费和运杂费680元；安装费1 900元；所有款项均以银行存款支付。设备安装完毕，交付使用。该项经济业务应编制会计分录如下：

（1）购入设备时

借：在建工程	22 680	
应交税费——应交增值税（进项税额）	3 740	
贷：银行存款		26 420

（2）支付安装费用时

借：在建工程	1 900	
贷：银行存款		1 900

（3）工程完工结转工程成本

借：固定资产	24 580	
贷：在建工程		24 580

三、产品生产业务的核算

企业生产环节的主要经济业务包括生产领用材料，发生人工费用，发生用水、用电、取暖，对机器设备维修、折旧、期末减值测试以及完工产品入库等。生产成本（制造成本）是为生产某一产品或提供某一劳务所消耗的费用，成本强调“成本对象”，即为某一特定服务对象发生的费用总和。每种产品对象生产成本一般由直接材料费用、直接人工费用、制造费用等成本项目构成。生产业务核算的主要内容是按照上述成本构成项目归集和分配已发生的各种生产费用，并计算确定产品生产成本（制造成本）。

相关链接 3-1

成本计算的一般程序及方法

成本计算的一般程序是指对企业在生产经营过程中发生的各项费用，按照成本核算的要求逐步进行归集和分配，最后计算出产品成本的基本过程。成本计算一般程序可以归纳为以下几个步骤。

（1）对企业的各项支出进行严格的审核和控制，并按照国家有关规定确定是否应计入产品成本。

（2）正确处理费用的跨期摊提工作。企业应正确划分各月份的费用界限，包括本月支付但不应该计入本月成本而应该留待以后月份摊销的费用；将以前月份支出的待摊销费用中应由本月负担的份额，摊入本月的成本；将本月尚未支出但应由本月负担费用，预提计入本月的成本。为此，企业应按月分析和考核成本计划的执行情况和结果，本月发生的费用都应在本月全部入账，不能将其一部分延至下月入账。更重要的是，要依据权责发生制，正确地核算需要待摊的费用和预提的费用。为了简化核算工作，对于数额较小的应该跨期摊销和预提的费用，也可以将其全部计入支付月份的成本，而不作为待摊费用和预提费用处理。正确划分各月份的费用界限，是保证正确核算成本核算正确的重要环节。企业应当防止利用待摊和预提的办法人为地调节各月成本和各月损益的错误做法。

（3）将应计入本月产品成本的各项生产费用，在各种产品之间按照成本项目进行分配和归集，计算出按成本项目反映的各种产品的成本。这是本月生产费用在各种产品之间横向的分配和归集，即要正确划分各种产品的费用界限。

如果制造企业生产的产品不止一种，为了正确地计算各种产品的成本，正确地分析和考核产品成本计划或定额成本的执行情况，必须将应计入本月产品成本的生产费用在各种产品之间正确地进行划分。凡属于某种产品单独发生，能够直接计入该产品的费用，均应直接计入该产品成本；凡属于几种产品共同发生不能直接计入某种产品的费用，则应采用适当的分配方法，分配计入这几种产品的成本。企业应该防止在盈利产品与亏损产品之间、可比产品与不可比产品之间任意转移生产费用，借以掩盖成本超支或以盈补亏的错误做法。

（4）对于月末既有完工产品又有在产品，将该种产品的生产费用（月初在产品生产费用与本月生产费用之和），在完工产品与月末在产品之间进行分配，计算出该种产品的完工产品成本和月末在产品成本。这是生产费用在同种产品的完工产品与月末在产品之间纵向的分配和归集，也就是说要正确划分完工产品与在产品的费用界限。

在月末计算产品成本时，如果某种产品已全部完工，那么这种产品的各项生产费用之和就是这种产品的完工产品成本；如果某种产品均未完工，那么这种产品的各项生产费用之和就是这种产品的月末在产品成本；如果某种产品既有完工产品又有在产品，则应将这种产品的各项生产费用，采用适当的分配方法在完工产品与月末在产品之间进行分配，分别计算完工产品成本和月末在产品成本。企业应该防止任意提高或降低月末在产品成本，人为地调节完工产品成本的错误做法。

企业生产特点和管理要求不同，应当采用不同的成本计算方法。以成本计算对象为主要标志的产品成本计算方法有以下几种。

（1）品种法。以产品品种为成本计算对象的产品成本计算方法称为品种法，即按照产品品种归集生产费用来计算产品成本的方法。

（2）分批法。以产品批别为成本计算对象的成本计算方法称为分批法，即按照产品的批别归集生产费用来计算产品成本的方法。

（3）分步法。以产品生产步骤为成本计算对象的产品成本计算方法称为分步法，即按照产品的生产步骤归集生产费用来计算产品成本的方法。

1. 概述

在品种法下，生产费用通常分为直接生产费用和间接生产费用。其中：直接生产费用主要核算生产领用直接材料、直接生产工人的职工薪酬，间接生产费用核算车间发生的各项生产间接费用，包括车间领用材料，车间人员的职工薪酬，固定资产折旧，车间发生的修理费、办公费、水电费等。

直接生产费用在核算时将某种产品发生的直接费用直接计入该产品的生产成本，包括直接材料费和直接人工费。直接材料费用包括企业在生产产品和提供劳务的过程中所消耗的、直接用于产品生产、构成产品实体的各种原材料及主要材料、外购半成品以及有助于产品形成的辅助材料等。发出材料在选择合理的存货发出的计价方法计算出成本后，本着谁受益谁负担的原则，将其计入受益对象的“生产成本”中。企业应当在职工为其提供服务的会计期间将应付的职工薪酬确认为负债，除离职后福利及其他长期职工福利外，应当根据职工提供服务的受益对象，分别计入产品生产成本的直接费用或间接费用、期间费用以及工程或相关资产成本。

相关链接 3-2

存货发出的计价方法

企业应当根据各类材料的实物流转方式、企业管理的要求、材料的性质等实际情况，合理地选择发出材料成本的计算方法，以合理地确定当期发出材料的实际成本。按照《企业会计准则第 1 号——存货》规定，企业在确定发出材料的成本时，可以采用先进先出法、移动加权平均法、月末一次加权平均法和个别计价法等实际成本计价方法，也可以采用计划成本计价方法。

个别计价法是根据所发出材料具体项目的实物流转与成本流转之间的联系，逐一辨认各批发出材料和期末材料所属的购进批别或生产批别，分别按其购入或生产时所确定的单位成本计算各批发出材料和期末结存材料的成本，即将每种材料购入时的实际成本作为计算发出材料成本和期末结存材料的成本。这种方法最为准确，但是比较耗时、耗力，适用于价值高、数量少的材料。

先进先出法是以先购入的材料先发出（销售或耗用）这样一种材料实物流转假设为前提，对发出材料成本进行计价的一种方法。采用这种方法，先购入的材料成本在后购入材料成本之前转出，据此确定本期发出材料和期末结存材料的实际成本。

移动加权平均法是指每次购进材料后立即根据库存材料的数量和总成本计算出新的平均单位成本，作为下次计算发出材料成本的依据。计算公式如下:

$$\text{移动加权平均单位成本}=\frac{\text{原有库存材料的实际成本}+\text{本次购进材料的实际成本}}{\text{原有库存材料的数量}+\text{本次购进材料的数量}}$$

本次发出材料的成本＝本次发出材料的数量×本次发出材料前移动加权平均单位成本

月末一次加权平均法是指月末一次计算材料的本月加权平均单价，并以此计算本期（本月）发出材料成本和结存材料成本的一种方法。

$$\text{月末一次加权平均单位成本}=\frac{\text{月初结存材料的实际成本}+\text{本月购进材料的实际成本}}{\text{月初结存材料的数量}+\text{本月购进材料的数量}}$$

期末结存材料的成本＝期末结存材料的数量×月末一次加权平均单位成本

本月发出材料的成本＝月初结存材料的实际成本+本月购进材料的实际成本－期末结存材料的成本

间接生产费用是指发生时无法直接确定受益对象或几种对象共同受益的费用。对于生产中发生的间接费用，应首先在“制造费用”账户进行间接费用的归集，期末再将全部制造费用分配记入“生产成本”账户。月末分配制造费用时，企业可以采用生产工时、生产工人工资、机器工时等标准来进行分配。

$$\text{制造费用分配率}=\frac{\text{待分配费用总额}}{\text{分配标准额}}$$

某种产品应负担的制造费用=该产品的分配标准额×制造费用分配率

制造费用构成内容包括工资费、福利费、折旧费、修理费、办公费、水电费、机物料消耗等。其中，固定资产折旧费在制造费用中所占比重较大，其确认和计量也比较复杂。固定资产价值会随着磨损程度的加大而逐渐地、部分地减少，转移到相关资产成本及当期损益中以折旧方式得到补偿。会计上，固定资产折旧是在固定资产的使用寿命内，按照确定的方法对应计折旧额进行的系统分摊，应计折旧额为固定资产原值与预计净残值的差额。

企业应当对所有的固定资产计提折旧，但是，已提足折旧仍继续使用的固定资产和单独计价入账的土地除外。在会计实务中，企业确定固定资产计提折旧的范围时应注意以下几点：

（1）固定资产应当按月计提折旧，并根据用途计入相关资产的成本或者当期损益。当月增加的固定资产，当月不提折旧，从下月开始计提折旧；当月减少的固定资产，当月仍计提折旧，从下月起不计提折旧。

（2）固定资产提足折旧后不论能否继续使用均不再计提折旧，提前报废的固定资产也不再补提折旧。所谓提足折旧是指已经提足该项固定资产的应计折旧额。

（3）已达到预计使用状态但尚未办理竣工决算的固定资产，应当按照估计价值确定其成本并计提折旧；待办理竣工决算后再按实际成本调整原来的暂估价值，但不需要调整原已计提的折旧额。

影响固定资产折旧的因素主要包括以下几个方面。

（1）固定资产原价，即固定资产的成本。

（2）预计净残值，即假定固定资产预计使用寿命已满并处于使用寿命终了时的预期状态，企业目前从该项资产处置中获得的扣除预计处置费用后的金额。

（3）固定资产减值准备，即固定资产已计提的固定资产减值准备累计金额。固定资产计提减值准备后，应当在剩余使用寿命内根据调整后的固定资产账面价值（固定资产账面余额扣减累计折旧金额和累计减值准备后的金额）和预计净残值重新计算确定折旧额和折旧率。

（4）固定资产的使用寿命是指企业使用固定资产的预计期间，或者该固定资产所能生产产品或提供劳务的数量。企业确定固定资产使用寿命时，不仅应考虑固定资产有形损耗，还应考虑资产预计的无形损耗，某些情况下还应考虑法律或者类似规定对该项资产使用的限制。

企业应当根据与固定资产有关的经济利益的预期实现方式合理选择折旧方法。固定资产折旧方法包括年限平均法、工作量法、双倍余额递减法和年数总和法等。

相关链接 3-3

固定资产的折旧方法

（1）年限平均法（又称直线法）是指将固定资产的应计折旧额均衡地分摊到固定资产

预计使用寿命内的一种方法。采用这种方法是将固定资产应计折旧额除以预计使用年限，每年的折旧额均相等。

（2）工作量法是根据实际工作量计算每期应提折旧额的一种方法。采用这种方法先计算单位工作量折旧额作为应计折旧额除以预计总工作量，然后乘以各期实际工作量计算各期折旧额。

（3）双倍余额递减法是指在不考虑固定资产预计净残值的情况下，根据每期期初固定资产原价减去累计折旧后的余额和双倍的直线法折旧率计算固定资产折旧的方法。

（4）年数总和法是将固定资产的原价减去预计净残值的余额后乘以一个逐年递减的折旧率计算每年折旧额的方法。

年限平均法计算固定资产折旧比较简单，但未考虑固定资产在不同使用年限提供的经济效益是不同的，同时因为固定资产的维修费用将随着其使用时间的延长而不断增加，采用年限平均法会造成固定资产使用后期损益出现波动；工作量法以固定资产实际使用情况计算折旧额，是对年限平均法不足的弥补。如果考虑固定资产因新技术的出现而使现有的资产技术水平相对陈旧、市场需求变化使产品过时等无形损耗因素，企业可以考虑使用双倍余额递减法和年数总和法，二者在固定资产使用的早期多提折旧、后期少提折旧，从而相对加快折旧的速度，使固定资产成本在估计使用寿命内加快得到补偿。

例如，甲公司20×4年12月购入的一台机器设备原价为5 000 000元，预计使用寿命为5年，预计净残值率为4%，则在年限平均法、双倍余额递减法及年数总和法下各年的折旧额计算如表3-1所示。

表3-1　　不同方法下折旧额的计算结果

单位：元

年份	20×5年	20×6年	20×7年	20×8年	20×9年	累计折旧合计数
年限平均法	960 000	960 000	960 000	960 000	960 000	4 800 000
双倍余额递减法	2 000 000	1 200 000	720 000	440 000	440 000	4 800 000
年数总和法	1 600 000	1 280 000	960 000	640 000	320 000	4 800 000

其中：

（1）年限平均法下各年折旧额=5 000 000×(1−4%)÷5=960 000（元）

（2）双倍余额递减法下年折旧率=2÷5×100%=40%，每年折旧额计算如下：

第一年应提的折旧额=5 000 000×40%=2 000 000（元）

第二年应提的折旧额=(5 000 000−2 000 000)×40%=1 200 000（元）

第三年应提的折旧额=(5 000 000−2 000 000−1 200 000)×40%=720 000（元）

从第四年起改按年限平均法（直线法）计提折旧：

第四、五年，每年应提的折旧额=(5 000 000−2 000 000−1 200 000−720 000−5 000 000×4%)÷2=440 000（元）

（3）年数总和法各年折旧额计算如下：

第一年应提的折旧额=5 000 000×(1−4%)×5/15=1 600 000（元）

第二年应提的折旧额=5 000 000×(1−4%)×4/15=1 280 000（元）

第三年应提的折旧额=5 000 000×(1−4%)×3/15=960 000（元）

第四年应提的折旧额=5 000 000×(1−4%)×2/15=640 000（元）

第五年应提的折旧额=5 000 000×(1−4%)×1/15=320 000（元）

由上例可见，企业选用不同的折旧方法将影响固定资产使用寿命期内不同时期的折旧费用。因此，固定资产的折旧方法一经确定不得随意变更。在制造费用分配后，每种产品成本组成包括直接材料、直接人工、分配来的制造费用，这部分成本是该种产品在本期所发生的全部生产费用，再加上期初生产费用，扣除已完工结转产品的生产费用，余额即为期末在产品的生产费用。

为了核算企业生产经营过程中所发生的各项生产费用，制造企业一般应设置“生产成本”“制造费用”“应付职工薪酬”“累计折旧”“库存商品”等账户。“累计折旧”账户是“固定资产”账户的调整账户，核算固定资产因磨损而减少的价值。企业固定资产分类方法、使用寿命、预计净残值、折旧方法等一经确定不得随意变更。“固定资产”账户要始终反映企业现有固定资产的原价，因使用磨损减少的金额应通过“累计折旧”账户来核算，固定资产的净值等于“固定资产”账户的借方余额减“累计折旧”账户的贷方余额。“库存商品”账户核算企业库存的各种商品的实际成本。

2．产品生产业务核算示例

【例 3-8】甲公司采用先进先出法核算发出材料的成本，20×5 年 12 月末编制的“材料费用分配表”如表 3-2 所示。

表 3-2 **材料费用分配表**

20×5 年 12 月

金额单位：元

用途	C 材料		D 材料		材料耗用合计
	数量	金额	数量	金额	
X 产品耗用	8 000	240 000	6 000	120 000	360 000
Y 产品耗用	10 000	300 000	4 000	80 000	380 000
小计	18 000	540 000	10 000	200 000	740 000
车间一般耗用	5 000	150 000	2 000	40 000	190 000
合计	23 000	690 000	12 000	240 000	930 000

该项经济业务编制会计分录如下：

借：生产成本——X 产品　　360 000

　　　　　　——Y 产品　　380 000

　　制造费用　　190 000

　　贷：原材料——C 材料　　690 000

　　　　　　　——D 材料　　240 000

【例 3-9】20×5 年 12 月末，甲公司按本月考勤表计算出应付职工工资总额 1 800 000 元，其中，制造 X 产品生产工人工资 600 000 元，制造 Y 产品生产工人工资 800 000 元，基本生产车间技术、管理人员工资 400 000 元。该项经济业务编制会计分录如下：

借：生产成本——X 产品　　600 000

　　　　　　——Y 产品　　800 000

　　制造费用　　400 000

　　贷：应付职工薪酬——工资　　1 800 000

【例 3-10】20×5 年 12 月末，甲公司提取本月的职工福利费如下：

生产 X 产品工人福利费　　229 600

生产 Y 产品工人福利费　　200 200

车间管理人员福利费　　44 800

合计　　474 600

该项经济业务编制会计分录如下：

借：生产成本——X 产品　　229 600

　　　　　　——Y 产品　　200 200

　　制造费用　　44 800

　　贷：应付职工薪酬——职工福利费　　474 600

【例 3-11】20×5 年 12 月末甲公司提取固定资产折旧，其中生产车间固定资产折旧 80 000 元。

该项经济业务编制会计分录如下：

借：制造费用——××车间　　80 000

　　贷：累计折旧　　80 000

【例 3-12】20×5 年 12 月，甲公司用银行存款支付生产车间的办公费 2 000 元，电话费 4 000 元。该项经济业务编制会计分录如下：

借：制造费用　　6 000

　　贷：银行存款　　6 000

【例 3-13】20×5 年 12 月末，甲公司按生产工时分配并结转制造费用（X 产品生产工时 40 000 小时，Y 产品生产工时 10 000 小时）。以本节例 3-8、例 3-9、例 3-10、例 3-11 和例 3-12 为例，编制甲公司本期制造费用归集明细表，如表 3-3、表 3-4 所示。

表 3-3　　　　制造费用明细表

20×5 年 12 月　　　　单位：元

序号	项目	本月发生数	本期累计数
1	工资	400 000	
2	职工福利费	44 800	
3	折旧费	80 000	
4	修理费		
5	办公费	2 000	
6	劳动保护费		
7	物料消耗	190 000	
8	在产品盘亏与毁损		
9	其他	4 000	
10	其中：电话费	4 000	
11	合计	720 800	

本月发生制造费用共计 720 800 元。

制造费用分配率=720 800÷(40 000+10 000)=14.416（元/小时）

表 3-4　　　　制造费用分配表

20×5 年 12 月

产品名称	分配标准/工时	分配率/（元/小时）	分配额/元
X 产品	40 000	14.416	576 640
Y 产品	10 000	14.416	144 160
合计	50 000		720 800

X 产品应分配的制造费用=40 000×14.416=576 640（元）

Y 产品应分配的制造费用=10 000×14.416=144 160（元）

制造费用归集后，进行分配的会计分录如下：

借：生产成本——X 产品　　　　576 640

　　　　　　——Y 产品　　　　144 160

　贷：制造费用　　　　　　　　　720 800

【例 3-14】根据上述有关资料，登记 X、Y 两种产品生产成本明细账，如表 3-5 和表 3-6 所示。

表 3-5　　生产成本明细账

产品品种或类别：X 产品　　20×5 年 12 月　　单位：元

20×5 年		凭证编号	摘要	借方（成本项目）				贷方	余额
月	日			直接材料	直接人工	制造费用	合计		
			期初余额	8 500	24 000	10 800	43 300		43 300
			生产耗用材料	360 000			360 000		403 300
			生产工人工资		600 000		600 000		1 003 300
		略	生产工人福利		229 600		229 600		1 232 900
			分配制造费用			576 640	576 640		1 809 540
			结转完工成本					1 809 540	
			本月合计	368 500	853 600	587 440	1 809 540	1 809 540	

表 3-6　　生产成本明细账

产品品种或类别：Y 产品　　20×5 年 12 月　　单位：元

20×5 年		凭证编号	摘要	借方（成本项目）				贷方	余额
月	日			直接材料	直接人工	制造费用	合计		
			期初余额	6 000	30 200	11 420	47 620		47 620
			生产耗用材料	380 000			380 000		427 620
			生产工人工资		800 000		800 000		1 227 620
		略	生产工人福利		200 200		200 200		1 427 820
			分配制造费用			144 160	144 160		1 571 980
			结转完工成本					1 571 980	
			本月合计	386 000	1 030 400	155 580	1 571 980	1 571 980	

甲公司本月 X、Y 两种产品投产数量和完工数量如表 3-7、表 3-8 和表 3-9 所示。

表 3-7　　产品产量资料

单位：件

产品名称	投产数量	本月完工数量	月末在产品数量
X 产品	4 000	4 000	0
Y 产品	5 000	5 000	0

表 3-8　　X 产品成本计算单

20×5 年 12 月　　完工产品 4 000 件

产品：X　　单位：元

成本项目	直接材料	直接人工	制造费用	合计
月初在产品成本	8 500	24 000	10 800	43 300
本月生产费用	360 000	829 600	576 640	1 766 240
合计	368 500	853 600	587 440	1 809 540
完工产品成本	368 500	853 600	587 440	1 809 540
单位成本	92.13	213.4	146.86	452.39

表 3-9　　Y 产品成本计算单

产品：Y　　20×5 年 12 月　　单位：元

成本项目	直接材料	直接人工	制造费用	合计
月初在产品成本	6 000	30 200	11 420	47 620
本月生产费用	380 000	1 000 200	144 160	1 524 360
合计	386 000	1 030 400	155 580	1 571 980
完工产品成本	386 000	1 030 400	155 580	1 571 980
单位成本	77.20	206.08	31.12	314.40

本月完工的 X、Y 产品经验收入库，结转本月完工产品成本。会计分录如下：

借：库存商品——X 产品　　1 809 540

　　　　　　——Y 产品　　1 571 980

　贷：生产成本——X 产品　　1 809 540

　　　　　　　——Y 产品　　1 571 980

四、产品销售业务的核算

1．概述

制造企业的生产过程结束后，完工产品即进入销售环节。企业重视销售是因为产品销售情况的好坏直接关系到企业主要利润的实现，因而正确地确认销售产生的收入及成本、费用支出是企业会计核算的重要内容。

销售收入的会计问题主要涉及何时确认收入及确认多少收入，即收入时间和收入金额的确认。从理论上来说，营业收入的确认应满足权责发生制并遵循实现原则，企业应当在履行了合同中的履约义务，即在客户取得相关商品控制权时确认收入。企业应当在合同开始日对合同进行评估，识别该合同所包含的各单项履约义务，并确定各单项履约义务是在某一时段内履行还是在某一时点履行，然后在履行了各单项履约义务时分别确认收入。

相关链接 3-4

销售商品收入的确认条件

按照《企业会计准则第 14 号——收入》准则，当企业与客户之间的合同同时满足下列条件时，企业应当在客户取得相关商品控制权时确认收入：

（一）合同各方已批准该合同并承诺将履行各自义务；

（二）该合同明确了合同各方与所转让商品或提供劳务相关的权利和义务；

（三）该合同有明确的与所转让商品相关的支付条款；

（四）该合同具有商业实质，即履行该合同将改变企业未来现金流量的风险、时间分布或金额；

（五）企业因向客户转让商品而有权取得的对价很可能收回。

在会计实务具体应用中，对于特定交易的商品销售，如附有销售退回条款的销售、附有质量保证条款的销售、附有客户额外购买选择权的销售等，《企业会计准则第 14 号——收入》准则均有不同的规定。

满足下列条件之一的，属于在某一时段内履行履约义务；否则，属于在某一时点履行履约义务：

（一）客户在企业履约的同时即取得并消耗企业履约所带来的经济利益。

（二）客户能够控制企业履约过程中在建的商品。

（三）企业履约过程中所产出的商品具有不可替代用途，且该企业在整个合同期间内有权就累计至今已完成的履约部分收取款项。

具有不可替代用途是指因合同限制或实际可行性限制企业不能轻易地将商品用于其他用途。有权就累计至今已完成的履约部分收取款项是指在由于客户或其他方原因终止合同的情况下，企业有权就累计至今已完成的履约部分收取能够补偿已发生成本和合理利润的款项，并且该权利具有法律约束力。

对于在某一时段内履行的履约义务，企业应当在该段时间内按照履约进度确认收入。

企业应当按照分摊至各单项履约义务的交易价格计量收入。交易价格，是指企业因向客户转让商品而预期有权收取的对价金额。企业代第三方收取的款项以及企业预期将退还给客户的款项，应当作为负债进行会计处理，不计入交易价格。在实务中，具体确定销售收入金额时应注意以下几个问题。

（1）销售收入的入账金额应以扣除价外税（增值税）后的不含税价款来确定。如果企业在销售产品或提供劳务时采用销售额和增值税额合并定价，应还原为不含税价格作为销售收入，企业销售货物和提供劳务时向购货方收取的增值税款不构成企业的销售收入，而是作为销项税额形成企业的一种负债（应交税费）。换算公式为

不含税金额=含税金额÷(1+增值税税率)

上述公式中的不含税金额就是会计核算意义上的销售收入，一般商品增值税税率为16%。

（2）销售商品涉及现金折扣、商业折扣、销售折让、销售退回。

① 现金折扣是指债权人为鼓励债务人在规定的期限内付款而向债务人提供的债务扣除。现金折扣一般用符号“折扣率/付款期限”来表示，如“2/10，1/20，*n*/30”分别表示：如果在10天内付款折扣为2%，在10天到20天内付款折扣为1%，在20天到30天内全额付款。会计上对于现金折扣的处理会影响销售收入的确认金额。常用的处理方法有两种：一是净价法，即按照扣除现金折扣后的销售净额为基础来确定销售收入的金额（不论购货方是否享受现金折扣）；二是总价法，即不论购货方是否享受现金折扣，销货方按照不扣除现金折扣的总额确定销售收入的入账金额。我国目前采用总价法核算现金折扣，确认收入和应收账款的入账金额。在总价法下，企业实际发生的现金折扣视为销货企业由于客户提早付款而占用资金发生的理财费用，在现金折扣实际发生时计入销货企业的财务费用。

② 商业折扣是指企业为促进商品销售而在商品标价上给予的价格扣除。商业折扣实际上是对原定商品标价的适当调整，通常在开具销货发票时已将折扣扣除。如某企业的某家电产品价目表标价为单件10 000元，购买数量10件及以上给予九折优惠，则企业销售10件家电产品时，销售发票上销售金额为90 000元，即为企业确定的销售收入。

③ 销售折让是指企业因售出商品的质量不合格等原因而在售价上给予的减让。对于已确认收入的售出商品发生的销售折让，应当在发生折让时冲减当期销售商品收入。

④ 销售退回是指企业售出的商品由于质量、品种不符合要求等原因而发生的退货。对于已确认收入的售出商品发生销售退回的，应当在发生退回时冲减当期销售商品收入。

在确认销售收入时还应结转销售商品的成本（通常为制造企业产品的制造成本），销售收入与销售成本的差额为商品的毛利，销售环节中销售成本的增加会减少利润，同时也会减少企业存货。结转成本时可以在每次销售后结转，也可以在月末一次性结转当月销售产品的总成本，具体确定已售商品的成本时，可以采用先进先出法、加权平均法、个别计价法等确定发出存货的实际成本。如果已售商品已结转销售成本，发生退回时，在冲减当期销售商品收入的同时应冲减销售商品成本，如果有现金折扣的还要同时调整相应的财务费用和增值税额；对于未确认收入的售出商品发生销售退回的，应当减少发出商品成本，增加库存商品成本。对于销售过程中所发生的相关税费，包括消费税、资源税、土地增值税、城市维护建设税、教育费附加和地方教育费附加，应按照有关税法及规定计算确定。

销售商品的会计核算需要设置的主要账户有“主营业务收入”“其他业务收入”“主营业务成本”“其他业务成本”“税金及附加”“应交税费”“银行存款”“应收账款”“应收票据”“预收账款”账户，其中“应收票据”账户核算企业因销售商品、提供劳务等而收到的商业

汇票，包括银行承兑汇票和商业承兑汇票，企业应设置“应收票据备查簿”，逐笔登记商业汇票的种类、号数和出票日、票面金额等详细资料。商业汇票到期结清票款或退票后，应在备查簿内逐笔注销。

2．产品销售业务核算示例

【例 3-15】甲公司 20×5 年 12 月 2 日向华夏公司销售一批 Y 商品计 800 件，单位售价 500 元，开出的增值税专用发票上注明的销售价款为 400 000 元，增值税额为 64 000 元。为及早收回货款，双方约定的现金折扣条件为“2/10，1/20，*n*/30”。假定计算现金折扣时不考虑增值税额。产品已发运并经华夏公司验收合格，甲公司为华夏公司垫付运费 1 000 元。

该项经济业务应编制会计分录如下。

（1）12 月 2 日销售实现时，按销售总价确认收入。

借：应收账款　　465 000

　　贷：主营业务收入　　400 000

　　　　应交税费——应交增值税（销项税额）　　64 000

　　　　银行存款　　1 000

（2）如果华夏公司在 10 日内付款，则按销售总价 400 000 元的 2%享受现金折扣 8 000 元，实际付款 457 000 元。甲公司应将少收取的 8 000 元计入财务费用。

借：银行存款　　457 000

　　财务费用　　8 000

　　贷：应收账款　　465 000

（3）如果华夏公司在 20 日内付款，则按销售总价 400 000 元的 1%享受现金折扣 4 000 元，实际付款 461 000 元。甲公司应将少收取的 4 000 元计入财务费用。

借：银行存款　　461 000

　　财务费用　　4 000

　　贷：应收账款　　465 000

（4）如果华夏公司超出折扣期付款，则按销售总价付款。甲公司做如下账务处理：

借：银行存款　　465 000

　　贷：应收账款　　465 000

【例 3-16】甲公司 20×5 年 12 月 12 日按合同销售给绿岛公司 X 产品计 1 000 件，单位售价 600 元，发票价款 600 000 元，增值税税率 16%，产品已经发出，货款未收到。绿岛公司在验收过程中发现商品质量不合格，要求在价格上给予 5%的折让。假定发生的销售折让允许扣减当期增值税额。该项经济业务应编制如下会计分录：

（1）销售实现时

借：应收账款　　696 000

　　贷：主营业务收入　　600 000

　　　　应交税费——应交增值税（销项税额）　　96 000

（2）发生销售折让时

借：主营业务收入　　　　　　　　　　　　　　　　30 000

　　应交税费——应交增值税（销项税额）　　　　　　4 800

　　贷：应收账款　　　　　　　　　　　　　　　　　　34 800

（3）实际收到款项时

借：银行存款　　　　　　　　　　　　　　　　　661 200

　　贷：应收账款　　　　　　　　　　　　　　　　　661 200

【例 3-17】20×5 年 12 月 31 日，结转本月已售产品的生产成本。假定本月销售 X 产品 3 500 件，Y 产品 4 600 件，假定本月销售产品均为本月生产。

根据成本计算表 3-8、表 3-9，X 产品单位产品成本为 452.39 元，所以已售 X 产品的生产成本为 1 583 365（452.39×3 500）元；Y 产品单位成本为 314.40 元，所以已售 Y 产品的生产成本为 1 446 240（314.40×4 600）元。该项经济业务应编制如下会计分录：

借：主营业务成本　　　　　　　　　　　　　　3 029 605

　　贷：库存商品——X 产品　　　　　　　　　　　　1 583 365

　　　　　　　　——Y 产品　　　　　　　　　　　　1 446 240

【例 3-18】20×5 年 12 月 31 日，按照规定计算出本月应由主营业务负担的城市维护建设税和教育费附加共计 15 520 元。该项经济业务应编制如下会计分录：

借：税金及附加　　　　　　　　　　　　　　　　15 520

　　贷：应交税费——应交城市维护建设税　　　　　　15 520

五、对外投资业务的核算

1．概述

投资是企业为了获得收益或实现资本增值而投放资金的经济行为。广义投资可以是任何将资金占用于不同形态的资产上的事项或交易，狭义投资是指企业对外进行的投资。企业的对外长期股权投资以及金融资产均涉及投资业务的核算。

长期股权投资是指投资方对被投资单位实施控制、重大影响的权益性投资，以及对其合营企业的权益性投资。长期股权投资由企业合并及其他方式形成，其中，其他方式下以支付现金取得的长期股权投资，应当按照实际支付的购买价款作为初始投资成本。初始投资成本包括与取得长期股权投资直接相关的费用、税金及其他必要支出；长期股权投资的后续计量分别采用成本法和权益法进行核算。

（1）成本法是指投资按成本计价的方法，适用于企业持有的能够对被投资单位实施控制的长期股权投资。

（2）权益法是指投资以初始投资成本计量后，在投资持有期间根据投资企业享有被投资单位所有者权益的份额的变动对投资的账面价值进行调整的方法。对合营企业投资和联营企业投资，应当采用权益法核算。

金融资产是指企业持有的现金、其他方的权益工具以及符合下列条件之一的资产：

（1）从其他方收取现金或其他金融资产的合同权利。

（2）在潜在有利条件下，与其他方交换金融资产或金融负债的合同权利。

（3）将来须用或可用企业自身权益工具进行结算的非衍生工具合同，且企业根据该合同将收到可变数量的自身权益工具。

（4）将来须用或可用企业自身权益工具进行结算的衍生工具合同，但以固定数量的自身权益工具交换固定金额的现金或其他金融资产的衍生工具合同除外。

相关链接 3-5

金融资产的分类

企业应当根据其管理金融资产的业务模式和金融资产的合同现金流量特征，将金融资产划分为以下三类:

（一）以摊余成本计量的金融资产。

（二）以公允价值计量且其变动计入其他综合收益的金融资产。

（三）以公允价值计量且其变动计入当期损益的金融资产。

企业管理金融资产的业务模式是指企业如何管理其金融资产以产生现金流量，应当以企业关键管理人员决定的对金融资产进行管理的特定业务目标为基础确定。业务模式决定了企业所管理金融资产现金流量的来源是收取合同现金流量、出售金融资产还是两者兼有。金融资产的合同现金流量特征是指金融工具合同约定的、反映相关金融资产经济特征的现金流量属性。

金融资产应当分类为以摊余成本计量，应同时符合下列条件:

（一）企业管理金融资产的业务模式是以收取合同现金流量为目标。

（二）金融资产的合同条款规定在特定日期产生的现金流量，仅为对本金和以未偿付本金金额为基础的利息的支付。

金融资产应当分类为以公允价值计量且其变动计入其他综合收益的金融资产，应同时符合下列条件:

（一）企业管理金融资产的业务模式既以收取合同现金流量为目标，又以出售该金融资产为目标。

（二）金融资产的合同条款规定在特定日期产生的现金流量，仅为对本金和以未偿付本金金额为基础的利息的支付。

按照《金融工具确认和计量》准则分类为以摊余成本计量的金融资产和以公允价值计量且其变动计入其他综合收益的金融资产之外的金融资产，企业应当将其分类为以公允价值计量且其变动计入当期损益的金融资产。

在初始确认时，企业可以将非交易性权益工具投资指定为以公允价值计量且其变动计入其他综合收益的金融资产，并按照准则规定确认股利收入。该指定一经做出，不得撤销。企业在非同一控制下的企业合并中确认的或有对价构成金融资产的，该金融资产应当分类为以公允价值计量且其变动计入当期损益的金融资产，不得指定为以公允价值计量且其变动计入其他综合收益的金融资产。

企业的金融资产通常按取得时的成本进行初始计量，其后，根据初始确认时的分类，分别采用公允价值或摊余成本进行后续计量。以公允价值计量的金融资产后续计量时，其公允价值变动根据不同的分类，分别计入当期损益或权益；以摊余成本计量的金融资产按照摊余成本和实际利率计算的收益计入当期损益。

企业对外投资业务核算设置的账户主要有“交易性金融资产”“持有至到期投资”“可供出售金融资产”“长期股权投资”“应收股利”“应收利息”“投资收益”“公允价值变动损益”等。

2．交易性金融资产业务核算示例

【例3-19】20×5年5月15日，甲公司按每股9元的价格购入天祥公司每股面值1元的股票5万股作为交易性金融资产，另支付交易费用1 000元。股票购买价格中包含每股0.20元已宣告但尚未领取的现金股利，该股利于20×5年5月25日发放。

① 20×5年5月15日，购入天祥公司股票。该项经济业务应编制如下会计分录：

借：交易性金融资产——成本　　450 000
　　投资收益　　1 000
　　贷：银行存款　　451 000

② 20×5年5月25日，收到发放的现金股利。该项经济业务应编制如下会计分录：

借：银行存款　　10 000
　　贷：交易性金融资产——成本　　10 000

③ 20×5年6月30日，甲公司持有的交易性金融资产账面余额和当日公允价值的资料如表3-10所示。

表3-10　　交易性金融资产账面余额和公允价值表

20×5年6月30日　　单位：元

交易性金融资产项目	调整前账面余额	期末公允价值	公允价值变动损益	调整后账面余额
天祥公司股票	440 000	390 000	−50 000	390 000

该项经济业务应编制如下会计分录：

借：公允价值变动损益　　50 000

　贷：交易性金融资产——公允价值变动　　50 000

④ 20×5 年 8 月 10 日，甲公司将天祥公司股票出售，实际收到出售价款 430 000 元。

该项经济业务应编制如下会计分录：

借：银行存款　　430 000

　交易性金融资产——公允价值变动　　50 000

　投资收益　　10 000

　贷：交易性金融资产——成本　　440 000

　　公允价值变动损益　　50 000

六、企业利润的形成与分配业务的核算

（一）概述

利润是企业在一定经营期间的最终经营成果，包括收入减去费用后的净额、直接计入当期利润的利得和损失等，是综合反映企业经济利益的一个重要指标。当前我国利润表中的利润为综合收益，包括净利润与其他综合收益的税后净额。

净利润的计算分为以下三步。

1．计算营业利润

营业利润是与企业营业活动有关的经营成果。

营业利润=营业收入-营业成本-税金及附加-销售费用-管理费用-财务费用-资产减值损失+公允价值变动收益（-公允价值变动损益）+投资收益（-投资损失）+资产处置收益（-资产处置损失）+其他收益

营业收入是企业经营业务的收入总额，营业成本是企业经营业务所发生的实际成本总额，销售费用、管理费用、财务费用为期间费用。资产减值损失是企业计提各项资产减值准备所形成的损失。公允价值变动损益是企业以公允价值计量且其变动计入当期损益的金融资产因公允价值变动形成的应计入当期损益的利得或损失。投资收益（或损失）是企业以各种方式对外投资所取得的收益（或损失）。资产处置收益反映企业出售划分为持有待售的非流动资产（金融工具、长期股权投资和投资性房地产除外）或处置时确认的处置利得或损失，以及处置未划分为持有待售的固定资产、在建工程、生产性生物资产及无形资产而产生的处置利得或损失，还包括债务重组中因处置非流动资产产生的利得或损失和非货币性资产交换中换出非流动资产产生的利得或损失，其他收益反映计入其他收益的政府补助等。

2．计算利润总额

利润总额是在营业活动利润（亏损）与营业外活动利润（亏损）的合计数。

利润总额=营业利润+营业外收入-营业外支出

其中，营业外收入（或支出）是企业发生的除营业利润以外的收入和支出。

3．计算净利润

净利润又称所得税后利润，是企业利润总额扣除会计上的所得税费用后的净额，分为持续经营净利润和终止经营净利润。

净利润=利润总额-所得税费用

所得税费用是企业确认的应从当期利润总额中扣除的所得税费用。

企业实现的净利润要按照国家有关规定进行分配，如提取盈余公积金、向投资者分配利润、弥补亏损等。按照《公司法》有关法规的规定，企业当年实现的净利润，一般应当按照如下顺序进行分配：

首先，公司制企业应当提取税后利润的10%列入企业法定盈余公积金（非公司制企业也可按照超过10%的比例提取），企业法定盈余公积金累计额达到企业注册资本的50%以上的，可以不再提取法定盈余公积金；如果企业的法定公积金不足以弥补以前年度亏损的，在提取法定公积金之前，应先用当年利润弥补亏损。

其次，企业从税后利润中提取法定公积金后，经董事会或者股东大会决议，还可以从税后利润中提取任意盈余公积金。非公司制企业经类似权力机构批准，也可提取任意盈余公积金。

最后，提取盈余公积金后所余税后利润，可向投资者分配利润或股利。

盈余公积金主要用于企业弥补亏损和转增资本，也用来扩大企业生产经营，并无实际占用形态。企业提取盈余公积金的实质是将企业税后收益的一部分留在企业，以备扩大生产之需，因而企业不能在弥补亏损和提取法定盈余公积金之前向股东分配利润，否则，股东必须将违反规定分配的利润退还企业。此外，企业持有的本企业股份不得分配利润。

企业当年实现的净利润在按照有关规定提取盈余公积金和向投资人分配利润后，其余部分作为未分配利润留待以后年度分配或使用。未分配利润数量等于期初未分配利润，加上本期实现的净利润，减去提取的各种盈余公积金和分配出去的利润后的余额。企业提取的盈余公积金与未分配利润构成企业的留存收益，是企业所有者权益的组成部分。

企业利润形成与分配的核算需要设置的核心账户有“本年利润”和“利润分配”账户。

（二）利润形成与分配业务核算示例

企业在一定会计期间内实现的利润（或发生的亏损）取决于该期间全部收入和全部费用（成本）的对比。以下简要阐述期间费用、资产减值损失、营业外收支、利润及利润分配的核算示例。

1．期间费用核算示例

期间费用是本期发生的、不能直接或间接归入某种产品成本的、直接计入当期损益的各项费用，包括管理费用、销售费用和财务费用。期间费用的核算需要设置“管理费用”“销售费用”“财务费用”等主要账户。

管理费用是指企业为组织和管理企业生产经营所发生的管理费用，包括企业在筹建期间的开办费、董事会和行政管理部门在企业的经营管理中发生的或者应由公司统一负担的公司经费（包括行政管理部门职工工资及福利费、物料消耗、办公费、差旅费等）、工会经费、董事会费、聘请中介机构费、咨询费、诉讼费、业务招待费、技术转让费、排污费、无形资产摊销以及企业生产车间和行政管理部门发生的固定资产修理费用等。销售费用是指企业销售商品和材料、提供劳务过程中发生的各种费用，包括销售商品过程中发生的保险费、包装费、展览费和广告费、运输费等以及专设的销售机构的职工薪酬、业务费、折旧费、固定资产修理费用等。

【例 3-20】甲公司 20×5 年 12 月行政部门发生以下费用：公司行政人员工资 200 000 元；行政部门人员福利费 29 400 元，以银行存款支付发生业务招待费 11 000 元，提取行政办公楼固定资产折旧 34 333.33 元。该项经济业务应编制如下会计分录：

借：管理费用	274 733.33	
贷：银行存款		11 000
应付职工薪酬		229 400
累计折旧		34 333.33

【例 3-21】甲公司根据有关工资结算凭证，20×5 年 12 月应付销售人员工资 15 000 元，另用银行存款支付销售商品展销费 5 409.90 元。该项经济业务应编制如下会计分录：

借：销售费用	20 409.90	
贷：应付职工薪酬		15 000
银行存款		5 409.90

2．资产减值损失核算示例

资产减值损失是指因资产的账面价值高于可收回金额而造成的损失。在企业取得资产后持有期间，如果资产不能为企业带来经济利益或者带来的经济利益低于账面价值，则该资产不能再予确认，或者不能再以原账面价值予以确认。企业应当确认资产减值损失，将资产的账面价值减记至可收回金额，以真实反映资产的实际价值。企业资产存在减值迹象的，应当将估计可收回金额与其账面价值比较以确定是否发生减值。资产可收回金额的估计是根据公允价值减去处置费用后的净额与资产预计未来现金流量的现值两者之间较高者确定，如果可收回金额的计量结果表明低于资产账面价值的，应将资产的账面价值减记至可收回金额，减记的金额确认为资产减值损失计入当期损益；同时计提相应的资产减值准备。为正确核算企业资产减值，需要设置的主要账户有“资产减值损失”以及相应的“××资产减值准备”，“资产减值损失”期末结转入“本年利润”账户后本账户无余额。

在市场经济条件下企业所提供的赊销商业信用会带来一定的风险，企业的应收账款、其他应收款等应收款项在未来存在着收不回来的可能，造成企业应收款项资产的减值。应收款项中最终无法收回的款项称为坏账，由此产生的损失称为坏账损失。按照规定，我国企业应收款项发生的减值应采用备抵法核算。各期期末，企业估计无法收回的应收款项，确认应收款项减值并提取坏账准备；对于会计期间确实无法收回的应收款项，按管理权限报经批准后作为坏账损失，转销应收款项，冲减坏账准备。对已确认并转销的应收款项以后又收回的，原确认的坏账损失应当予以转回。除“资产减值损失”账户外，核算应收款项的减值准备还需设置“坏账准备”账户。

【例3-22】甲公司20×5年年末在提取准备金前“坏账准备”账户的贷方余额为9 000元，20×5年年末应收账款余额为300万元，预计未来现金流量现值298.5万元。20×6年7月发生一笔坏账8万元，20×6年年末应收账款余额为350万元，预计未来现金流量现值为349.2万元。20×7年6月又收回已经转销的坏账5万元。20×7年年末应收账款余额为380万元，预计未来现金流量现值为379万元。试计算各年度提取的坏账准备并进行相关的账务处理。

（1）甲公司20×5年年末应提取的坏账准备为6 000（3 000 000−2 985 000−9 000）元。其会计分录为：

借：资产减值损失　　　　6 000
　　贷：坏账准备　　　　　　6 000

（2）20×6年7月发生坏账80 000元。其会计分录为：

借：坏账准备　　　　80 000
　　贷：应收账款　　　　80 000

（3）20×6年年末应计提的坏账准备为73 000［3 500 000−3 492 000+(80 000−15 000)］元。其会计分录为：

借：资产减值损失　　　　73 000
　　贷：坏账准备　　　　　　73 000

（4）20×7年6月收回已经转销的坏账50 000元。其会计分录为：

借：应收账款　　　　50 000
　　贷：坏账准备　　　　50 000
借：银行存款　　　　50 000
　　贷：应收账款　　　　50 000

（5）20×7年年末应冲减的坏账准备为48 000［8 000+50 000−(3 800 000−3 790 000)］元。其会计分录为：

借：坏账准备　　　　48 000
　　贷：资产减值损失　　　　48 000

3．营业外收支核算示例

营业外收支是利润的主要组成内容。营业外收支之间不存在配比关系，两者均属于净收益或净损失。营业外收入反映企业发生的营业利润以外的收益，主要包括债务重组利得、与企业日常营业活动无关的政府补助、盘盈利得、捐赠利得等。营业外支出反映企业发生的营业利润以外的支出，主要包括债务重组损失、公益性捐赠支出、非常损失、盘亏损失、非流动资产毁损报废损失等。

【例 3-23】甲公司 20×5 年 12 月 26 日收到 M 投资人捐赠款项 300 000 元，已存入银行。该项经济业务应编制如下会计分录：

借：银行存款　　　　300 000

　贷：营业外收入　　　　300 000

【例 3-24】甲公司 20×5 年 12 月向灾区捐赠 100 000 元人民币。该项经济业务应编制会计分录如下：

借：营业外支出　　　　100 000

　贷：银行存款　　　　100 000

4．利润核算示例

利润是一定会计期间收入与费用（成本）的差额。平时，企业对于取得的各类收入、费用、成本、税金应该单独设置账户核算，在会计期末，需将收入与费用、成本、税金比较，结计出利润（或损失），企业利润扣除所得税后即为企业的净利润。为了正确核算企业在一定会计期间的经营成果，应当设置“本年利润”和“所得税费用”账户。

“本年利润”账户用来核算企业一定期间的经营成果。企业期（月）末结转利润时，将“主营业务收入”“其他业务收入”“营业外收入”“主营业务成本”“其他业务成本”“税金及附加”“销售费用”“管理费用”“财务费用”“公允价值变动损益”“资产减值损失”“营业外支出”“所得税费用”等损益类账户金额结转入“本年利润”，该账户借贷方金额相抵后，计算净利润。年终结转“利润分配”后该账户无余额。

【例 3-25】假定甲公司 20×5 年 12 月的业务中有关损益类账户金额汇总如表 3-11 所示。

表 3-11　　损益类账户余额汇总表

单位：元

账户名称	借方发生额	贷方发生额
主营业务收入	30 000.00	4 400 000.00
其他业务收入		20 000.00
主营业务成本	3 029 605.00	
其他业务成本	14 000.00	
税金及附加	10 995.60	
销售费用	20 409.90	
管理费用	274 733.33	
财务费用	8 000.00	
营业外收入		300 000.00
营业外支出	100 000.00	
资产减值损失	6 000.00	

根据以上的记录资料，可计算确定甲公司12月份的营业利润和利润总额，其中：

营业利润=(4 400 000−30 000+20 000)−(3 029 605+14 000)−10 995.60
−20 409.90−274 733.33−8 000−6 000=1 026 256.17（元）

利润总额=1 026 256.17+300 000−100 000=1 226 256.17（元）

根据上述资料，应编制会计分录如下：

借：主营业务收入　　4 370 000
　　其他业务收入　　20 000
　　营业外收入　　300 000
　　贷：本年利润　　4 690 000

借：本年利润　　3 463 743.83
　　贷：主营业务成本　　3 029 605
　　　　其他业务成本　　14 000
　　　　税金及附加　　10 995.60
　　　　销售费用　　20 409.90
　　　　管理费用　　274 733.33
　　　　财务费用　　8 000
　　　　营业外支出　　100 000
　　　　资产减值损失　　6 000

经上述结转后，各损益类账户均不再有余额，而“本年利润”账户则汇总反映了甲公司本期除所得税费用以外的全部收支情况，据此可计算出20×5年12月的利润总额为1 226 256.17元。假定甲公司20×5年1—11月实现的利润合计为9 000 000元，则甲公司20×5年度利润总额为10 226 256.17元。

【例3-26】出于简化考虑，假设甲公司本期利润总额即为应纳税所得额，公司所得税税率为25%。

应交所得税=10 226 256.17×25%=2 556 564.04（元）

根据上述资料，应编制会计分录如下：

借：所得税费用　　2 556 564.04
　　贷：应交税费——应交所得税　　2 556 564.04

【例3-27】期末结转时，还应将所得税费用账户的余额结转至“本年利润”账户的借方，经结转后，“所得税费用”账户也无余额。应编制会计分录如下：

借：本年利润　　2 556 564.04
　　贷：所得税费用　　2 556 564.04

至此，“本年利润”账户的结余数为7 669 692.13（10 226 256.17−2 556 564.04）元，反映为甲公司20×5年实现的净利润额。

5．利润分配核算示例

企业实现的净利润属于企业所有者，按照《公司法》规定，企业弥补亏损和提取盈余公积后所余税后利润，可以向投资人分配利润，剩余部分作为未分配利润留待以后年度分配或使用。企业对于利润的分配会导致所有者权益中可供分配利润减少，但是盈余公积和未分配利润作为企业留存收益构成所有者权益的组成部分。企业利润分配核算的核心账户是“利润分配”账户，此外，还需要设置“盈余公积”“应付股利”等账户。“利润分配”账户核算企业利润的分配（或亏损的弥补）和历年利润分配（或弥补亏损）后的余额。

【例 3-28】至年终结转时，应将“本年利润”账户余额转入“利润分配”账户。甲公司年末应编制结转分录如下：

借：本年利润　　　　7 669 692.13

　　贷：利润分配——未分配利润　　　　7 669 692.13

若为亏损，则编制上述相反的会计分录。经结转后，“本年利润”账户不再有余额。

【例 3-29】甲公司根据本期实现的净利润，按 10%的比例提取法定盈余公积金。该项经济业务应编制如下会计分录：

借：利润分配——提取法定盈余公积　　　　766 969.21

　　贷：盈余公积——法定盈余公积　　　　766 969.21

【例 3-30】甲公司股东大会决定按本年净利润的 10%提取任意盈余公积。该项经济业务应编制如下会计分录：

借：利润分配——提取任意盈余公积　　　　766 969.21

　　贷：盈余公积——任意盈余公积　　　　766 969.21

【例 3-31】假设甲公司股东大会决定本期分配现金股利 500 000 元。该项经济业务应编制如下会计分录：

借：利润分配——应付现金股利　　　　500 000

　　贷：应付股利　　　　500 000

【例 3-32】年终结转甲公司各利润分配账户的明细账。应编制会计分录如下：

借：利润分配——未分配利润　　　　2 033 938.42

　　贷：利润分配——提取法定盈余公积　　　　766 969.21

　　　　　　　　——提取任意盈余公积　　　　766 969.21

　　　　　　　　——应付现金股利　　　　500 000

根据以上计算的综合结果，20×5 年 12 月 31 日，甲公司未分配利润账户余额为贷方余额 5 635 753.71（7 669 692.13–2 033 938.42）元，为可供企业以后年度分配的利润；加上企业提取的盈余公积 1 533 938.42 元，企业 20×5 年年末留存收益为 7 169 692.13 元；与例 3-1 中的“实收资本”账户贷方余额 30 000 000 元加总，企业 20×5 年年末合计所有者权益总额为 37 169 692.13 元。至此，甲公司完成了整个会计循环，并且，将在以后可持续经营期间不断循环往复，直至该公司清算。

第三节　财务报表的编制

会计循环的最后环节是编制财务报告，财务报告包括财务报表及其附注。财务报表是对企业财务状况、经营成果和现金流量的结构性表述，企业财务报表至少应当包括资产负债表、利润表、现金流量表和所有者权益变动表（或称为股东权益变动表）。

一、财务报表的种类

财务报表按照不同的标准可以划分为不同的种类，主要分类有：① 按财务报表反映的经济内容分类，可以分为资产负债表、利润表、现金流量表和所有者权益变动表等；② 按财务报表的编制时间分类，可以分为年度报表和中期报表；③ 按财务报表所反映的资金运动形态分类，可以分为静态报表和动态报表。

二、资产负债表

资产负债表是反映企业在某一特定日期财务状况的报表，是静态的会计报表。某一特定日期是指月末、季末、半年末、年末。具体来说，资产负债表能够反映一个企业资产、负债和所有者权益的总体规模以及组成结构。资产负债表根据“资产=负债+所有者权益”公式，按照一定分类和次序将企业某一特定日期的资产、负债和所有者权益项目予以适当排列编制而成。资产负债表将企业的经济资源按照经济性质、用途加以分类，划分为流动资产和非流动资产，再按具体项目列示；按照企业的资金来源分别列示负债和所有者权益两大类，而后又进一步将其详细分类。会计信息使用者据此可以清楚地了解企业在某一特定日期所拥有的资产总量及其资本结构。

（一）资产负债表的格式

资产负债表的结构可分为账户式结构和报告式结构两种，我国的资产负债表采用账户式结构。账户式结构资产负债表分为左右两方，左方为资产项目，右方是负债和所有者权益项目，而且表中数据均列示期初期末数。资产按其流动性大小排列，负债项目一般要按照求偿时间的先后顺序排列，在企业清算之前不需要偿还的所有者权益项目排在最后。

账户式资产负债表中的资产各项目的合计等于负债和所有者权益各项目的合计，即资产负债表左方和右方平衡。因此，通过账户式资产负债表，可以反映资产、负债、所有者权益之间的内在关系，即“资产=负债+所有者权益”。

（二）资产负债表的编制方法

资产负债表信息反映的是某一特定日期的时点信息，因而其基本数据来自账户某日的结存余额。资产负债表的“期末余额”栏需要根据本期期末相关账户的余额情况来填写，具体的填列方法如下：

（1）根据有关总账账户的余额填列。资产负债表中的有些项目，可根据有关总账账户的余额填列，如“短期借款”“持有待售负债”“应付职工薪酬”“应交税费”“实收资本（或股本）”“资本公积”“盈余公积”等项目，应根据有关总账账户的余额填列。

有些项目则需根据几个总账账户的余额计算填列，如“货币资金”项目，需根据“库存现金”“银行存款”“其他货币资金”三个总账账户余额的合计数填列；“其他流动资产”“其他非流动资产”项目，应根据有关账户的期末余额分析填列。

（2）根据有关明细账账户的余额计算填列。例如，“应收账款”项目，应根据“应收账款”“预收账款”账户所属的相关明细账户的期末借方余额合计数减去“坏账准备”账户的贷方余额数填列；“一年内到期的非流动资产”“一年内到期的非流动负债”项目，应根据有关非流动资产或负债项目的明细账户余额分析填列；“未分配利润”项目，应根据“利润分配”总账所属的“未分配利润”明细账户期末余额填列。

（3）根据总账账户和明细账账户的余额分析计算填列。例如，“长期借款”项目，需根据“长期借款”总账账户余额扣除“长期借款”账户所属的明细账户中将在资产负债表日起一年内到期且企业不能自主地将清偿义务推迟的长期借款后的金额计算填列；“长期待摊费用”项目，应根据“长期待摊费用”账户的期末余额减去将于一年内（含一年）摊销的数额后的金额填列；“其他非流动负债”项目，应根据有关账户的期末余额减去将于一年内（含一年）到期偿还后的金额填列。

（4）根据有关账户余额减去其备抵账户余额后的净额填列。例如，“可供出售金融资产”“持有至到期投资”“长期股权投资”等资产项目，已计提减值准备的，应根据相关账户的期末余额扣减相应的减值准备填列；“固定资产”“无形资产”等项目，应根据相关账户的期末余额扣减相关的累计折旧（或摊销、折耗）及相应的减值准备填列；“持有待售资产”项目，应根据“持有待售资产”账户的期末余额减去“持有待售资产减值准备”账户的期末余额填列。

（5）综合运用上述填列方法分析填列。例如，“存货”项目，应根据“材料采购”“原材料”“发出商品”“库存商品”“周转材料”“委托加工物资”“生产成本”“受托代销商品”等账户的期末余额合计，减去“受托代销商品款”“存货跌价准备”账户期末余额后的金额填列；材料采用计划成本核算及库存商品采用计划成本或售价核算的企业，还应按加或减材料成本差异、商品进销差价后的金额填列。

资产负债表“年初余额”栏内各项目的数字，应根据上一年年末资产负债表的“期末余额”栏内所列数字填列。如果上年度资产负债表规定的各个项目的名称和内容与本年度不一致，应对上一年年末资产负债表各项目的名称和数字按照本年度的规定调整填入本表“年初余额”栏内。

（三）资产负债表编制示例

1. 有关资料

ABC 公司为增值税一般纳税人，适用的增值税税率为 16%，其 20×5 年各账户的期初余额如表 3-12 所示。

表 3-12　　20×5 年 1 月 1 日账户余额表

单位：元

账户名称	借方余额	贷方余额
库存现金	18 000	
银行存款	4 000 000	
交易性金融资产	120 000	
应收票据	1 000 000	
应收账款	800 000	
预付账款	600 000	
其他应收款	30 000	
原材料	6 000 000	
周转材料	1 000 000	
库存商品	4 000 000	
长期股权投资	1 200 000	
固定资产	8 000 000	
累计折旧		2 400 000
在建工程	8 000 000	
无形资产	4 000 000	
短期借款		1 800 000
应付票据		1 200 000
应付账款		1 700 000
其他应付款		1 200 000
应付职工薪酬		600 000
应交税费		218 000
长期借款		8 000 000
实收资本		20 750 000
盈余公积		300 000
利润分配——未分配利润		600 000

ABC 公司 20×5 年度发生以下经济业务：

（1）用银行存款支付购买原材料货款 1 000 000 元，以及购入材料支付的增值税 160 000 元，材料已验收入库。

（2）销售产品一批，销售价款 6 000 000 元，增值税为 960 000 元，该批产品已经发出，已收款项 6 960 000 元，存入银行。该公司主营业务成本于期末一次结转。

（3）购入不需安装的设备 2 台，价款共计 1 500 000 元（未取得增值税专用发票），另外支付包装费、运费 6 000 元。全部款项均已用银行存款支付，设备已经交付使用。

（4）年内共领用原材料 3 000 000 元，其中，生产产品领用 2 600 000 元，生产车间一般消耗 400 000 元。

（5）分配应支付的职工工资 4 000 000 元，其中，生产人员工资 2 000 000 元，车间管理人员工资 1 600 000 元，行政管理部门人员工资 400 000 元。

（6）通过银行支付工资 4 000 000 元。

（7）提取应计入本期损益的短期借款利息 70 000 元。

（8）归还短期借款本息 1 570 000 元，其中，利息 70 000 元已预提。

（9）计提固定资产折旧 600 000 元，其中，计入制造费用 450 000 元，管理费用 150 000 元。

（10）收到应收账款 500 000 元，存入银行。

（11）用银行存款支付产品展览费、广告费 400 000 元。

（12）假设该公司本年年初、年末均没有在产品，本年内发生的制造费用已经转入产品成本，生产完工的产品已经全部验收入库。

（13）企业销售产品一批，价款 1 500 000 元，增值税额为 240 000 元，货款尚未收到。

（14）本期应交纳的教育费附加为 10 000 元。

（15）用银行存款缴纳增值税 600 000 元、教育费附加 10 000 元。

（16）向地震灾区捐款 60 000 元，用银行存款支付。

（17）本月销售库存积压的材料一批，售价 200 000 元，增值税 32 000 元，款项已收存银行。

（18）结转已销售库存材料的成本 150 000 元。

（19）结转本期主营业务成本 3 500 000 元。

（20）将各损益账户结转本年利润。

（21）计算并结转本期应交所得税（税率 25%），假设本期利润即为本期应纳税所得额。

（22）提取法定盈余公积金（提取比例为净利润的 10%）。

（23）结转利润分配的明细账户。

2．根据上述资料编制会计分录

（1）借：原材料　　　　　　　　　　　　　　1 000 000

　　　　应交税费——应交增值税　（进项税额）　　160 000

　　　　贷：银行存款　　　　　　　　　　　　　　1 160 000

（2）借：银行存款　　6 960 000
　　贷：主营业务收入　　6 000 000
　　　　应交税费——应交增值税（销项税额）　　960 000
（3）借：固定资产　　1 506 000
　　贷：银行存款　　1 506 000
（4）借：生产成本　　2 600 000
　　制造费用　　400 000
　　贷：原材料　　3 000 000
（5）借：生产成本　　2 000 000
　　制造费用　　1 600 000
　　管理费用　　400 000
　　贷：应付职工薪酬　　4 000 000
（6）借：应付职工薪酬　　4 000 000
　　贷：银行存款　　4 000 000
（7）借：财务费用　　70 000
　　贷：应付利息　　70 000
（8）借：短期借款　　1 500 000
　　应付利息　　70 000
　　贷：银行存款　　1 570 000
（9）借：制造费用——折旧费　　450 000
　　管理费用——折旧费　　150 000
　　贷：累计折旧　　600 000
（10）借：银行存款　　500 000
　　贷：应收账款　　500 000
（11）借：销售费用　　400 000
　　贷：银行存款　　400 000
（12）借：生产成本　　2 450 000
　　贷：制造费用　　2 450 000
　借：库存商品　　7 050 000
　　贷：生产成本　　7 050 000
（13）借：应收账款　　1 740 000
　　贷：主营业务收入　　1 500 000
　　　　应交税费——应交增值税（销项税额）　　240 000
（14）借：税金及附加　　10 000
　　贷：应交税费——应交教育费附加　　10 000

（15）借：应交税费——应交增值税（已交税金）　600 000
　　　应交税费——应交教育费附加　10 000
　　　贷：银行存款　610 000
（16）借：营业外支出　60 000
　　　贷：银行存款　60 000
（17）借：银行存款　232 000
　　　贷：其他业务收入　200 000
　　　　应交税费——应交增值税（销项税额）　32 000
（18）借：其他业务成本　150 000
　　　贷：原材料　150 000
（19）借：主营业务成本　3 500 000
　　　贷：库存商品　3 500 000
（20）借：主营业务收入　7 500 000
　　　其他业务收入　200 000
　　　贷：本年利润　7 700 000
　　借：本年利润　4 740 000
　　　贷：主营业务成本　3 500 000
　　　　其他业务成本　150 000
　　　　税金及附加　10 000
　　　　销售费用　400 000
　　　　管理费用　550 000
　　　　财务费用　70 000
　　　　营业外支出　60 000
（21）本年应交所得税=(7 700 000−4 740 000)×25%=740 000（元）
　　借：所得税费用　740 000
　　　贷：应交税费——应交所得税　740 000
　　借：本年利润　740 000
　　　贷：所得税费用　740 000
　　借：本年利润　2 220 000
　　　贷：利润分配——未分配利润　2 220 000
（22）本年应计提法定盈余公积=2 220 000×10%=222 000（元）
　　借：利润分配——提取法定盈余公积　222 000
　　　贷：盈余公积——法定盈余公积　222 000

（23）结转利润分配的明细账户

借：利润分配——未分配利润　　222 000

　　贷：利润分配——提取盈余公积　　222 000

3．由资料1及相关业务会计分录得出ABC公司20×5年12月31日有关账户余额如表3-13所示

表3-13　　20×5年12月31日账户余额表

单位：元

账户名称	借方余额	贷方余额
库存现金	18 000	
银行存款	2 386 000	
交易性金融资产	120 000	
应收票据	1 000 000	
应收账款	2 040 000	
预付账款	600 000	
其他应收款	30 000	
原材料	3 850 000	
周转材料	1 000 000	
库存商品	7 550 000	
长期股权投资	1 200 000	
固定资产	9 506 000	
累计折旧		3 000 000
在建工程	8 000 000	
无形资产	4 000 000	
短期借款		300 000
应付票据		1 200 000
应付账款		1 700 000
其他应付款		1 200 000
应付职工薪酬		600 000
应交税费		1 430 000
长期借款		8 000 000
实收资本		20 750 000
盈余公积		522 000
利润分配——未分配利润		2 598 000

4. 根据ABC公司20×5年12月31日各账户的期末余额编制资产负债表如表3-14所示

表3-14　　资产负债表

会企01表

编制单位：ABC公司　　20×5年12月31日　　单位：元

资　产	期末余额	上年年末余额	负债和所有者权益（或股东权益）	期末余额	上年年末余额
流动资产：			流动负债：		
货币资金	2 404 000	4 018 000	短期借款	300 000	1 800 000
交易性金融资产	120 000	120 000	交易性金融负债		
衍生金融资产			衍生金融负债		
应收票据	1 000 000	1 000 000	应付票据	1 200 000	1 200 000
应收账款	2 040 000	8 00 000	应付账款	1 700 000	1 700 000
应收款项融资			预收款项		
预付款项	600 000	600 000	合同负债		
其他应收款	30 000	30 000	应付职工薪酬	600 000	600 000
存货	12 400 000	11 000 000	应交税费	1 430 000	218 000
合同资产			其他应付款	1 200 000	1 200 000
持有待售资产			持有待售负债		
一年内到期的非流动资产			一年内到期的非流动负债		
其他流动资产			其他流动负债		
流动资产合计	18 594 000	17 568 000	流动负债合计	6 430 000	6 718 000
非流动资产：			非流动负债：		
债权投资			长期借款	8 000 000	8 000 000
其他债权投资			应付债券		
长期应收款			其中：优先股		
长期股权投资	1 200 000	1 200 000	永续债		
其他权益工具投资			租赁负债		
其他非流动性金融资产			长期应付款		
投资性房地产			预计负债		
固定资产	6 506 000	5 600 000	递延收益		
在建工程	8 000 000	8 000 000	递延所得税负债		
生产性生物资产			其他非流动负债		
油气资产			非流动负债合计	8 000 000	8 000 000

续表

资　　产	期末余额	上年年末余额	负债和所有者权益（或股东权益）	期末余额	上年年末余额
使用权资产			负债合计	14 430 000	14 718 000
无形资产	4 000 000	4 000 000	所有者权益（或股东权益）：		
开发支出			实收资本（或股本）	20 750 000	20 750 000
商誉			其他权益工具		
长期待摊费用			其中：优先股		
递延所得税资产			永续债		
其他非流动资产			资本公积		
非流动资产合计	19 706 000	18 800 000	减：库存股		
			其他综合收益		
			专项储备		
			盈余公积	522 000	300 000
			未分配利润	2 598 000	600 000
			所有者权益（或股东权益）合计	23 870 000	21 650 000
资产总计	38 300 000	36 368 000	负债和所有者权益（或股东权益）总计	38 300 000	36 368 000

三、利润表

利润表是反映企业在一定会计期间经营成果的报表。一定会计期间可以是一个月、一个季度、半年，也可以是一年，因此，利润表属于动态报表。利润表信息可以为企业外部投资者以及债权人做投资决策及贷款决策、为企业内部管理层的经营决策、为企业内部业绩考核提供重要的依据。

（一）利润表的格式

目前通行于世界各国的利润表结构有两种：单步式利润表和多步式利润表。

单步式利润表是将所有收入和所有费用分别加以汇总，用收入合计减去费用合计，从而得出本期利润。单步式利润表的编制方法简单，收入支出归类清楚，但是对收入、费用的性质不加区分，不利于报表分析。

多步式利润表是将收入与费用按同类属性分别加以归集，分别计算营业利润、利润总额，最后计算出所得税后利润。

（二）多步式利润表的编制

利润表数据来源于与利润计算相关的损益类账户一定期间的发生额合计数。多步式利润表的编制分为以下三个步骤：

第一步，以营业收入为基础，减去营业成本、税金及附加、销售费用、管理费用、研发费用、财务费用、资产减值损失，加上公允价值变动收益（损失以“-”填列）、投资收益（损失以“-”号填列）、资产处置收益（损失以“-”号填列）及其他收益计算出营业利润。其中，“营业收入”“营业成本”“税金及附加”等项目应根据相关账户的发生额分析填列，“营业利润”项目按上述项目结果计算填列，如为亏损，“营业利润”项目以“-”号填列。

第二步，以营业利润为基础，加上营业外收入减去营业外支出，计算出利润总额。其中，“营业外收入”“营业外支出”项目根据相关账户的发生额分析填列，“利润总额”项目按上述项目结果计算填列，如为亏损，“利润总额”项目以“-”号填列。

第三步，以利润总额为基础，减去所得税费用，计算出净利润（或净亏损）。其中，“所得税费用”项目根据“所得税费用”账户的发生额分析填列，“净利润”项目按上述项目结果计算填列。

如果企业存在其他综合收益，应在“净利润”基础上加上“其他综合收益税后净额”计算“综合收益总额”。普通股或潜在股已公开交易的企业，以及正处于公开发行普通股或潜在股过程中的企业，还应当在利润中列示每股收益信息，即要计算基本每股收益和稀释每股收益。

（三）利润表编制示例

1．有关资料

根据前述资产负债表编制实例的资料，ABC 公司 20×5 年度利润表账户的累计发生额资料如表 3-15 所示。

表 3-15　　20×5 年度利润表账户本年累计发生额

单位：元

账 户 名 称	借方发生额	贷方发生额
主营业务收入		7 500 000
其他业务收入		200 000
税金及附加	10 000	
主营业务成本	3 500 000	
其他业务成本	150 000	
销售费用	400 000	
管理费用	550 000	
财务费用	70 000	
营业外收入		
营业外支出	60 000	
所得税费用	740 000	

2．根据以上资料编制 ABC 公司 20×5 年度利润表如表 3-16 所示

表 3-16

利润表

20×5 年度

会企 02 表

编制单位：ABC 公司

单位：元

项　目	本期金额	上期金额
一、营业收入	7 700 000	（略）
减：营业成本	3 650 000	
税金及附加	10 000	
销售费用	400 000	
管理费用	550 000	
研发费用		
财务费用	70 000	
其中：利息费用	70 000	
利息收入		
加：其他收益		
投资收益（损失以“-”号填列）		
其中：对联营企业和合营企业的投资收益		
以摊余成本计量的金融资产终止确认收益（损失以“-”号填列）		
净敞口套期收益（损失以“-”号填列）		
公允价值变动损益（损失以“-”号填列）		
信用减值损失（损失以“-”号填列）		
资产减值损失（损失以“-”号填列）		
资产处置收益（损失以“-”号填列）		
二、营业利润（亏损以“-”号填列）	3 020 000	
加：营业外收入		
减：营业外支出	60 000	
三、利润总额（亏损总额以“-”号填列）	2 960 000	
减：所得税费用	740 000	
四、净利润（净亏损以“-”号填列）	2 220 000	
（一）持续经营净利润（净亏损以“-”号填列）		
（二）终止经营净利润（净亏损以“-”号填列）		
五、其他综合收益的税后净额		
（一）不能重分类进损益的其他综合收益		
1．重新计量设定受益计划变动额		
2．权益法下不能转损益的其他综合收益		
3．其他权益工具投资公允价值变动		
4．企业自身信用风险公允价值变动		
……		

续表

项　　目	本期金额	上期金额
（二）将重分类进损益的其他综合收益		
1．权益法下可转损益的其他综合收益		
2．其他债权投资公允价值变动		
3．金融资产重分类计入其他综合收益的金额		
4．其他债权投资信用减值准备		
5．现金流量套期储备		
6．外币财务报表折算差额		
……		
六、综合收益总额		
七、每股收益：		
（一）基本每股收益		
（二）稀释每股收益		

四、现金流量表

现金流量表是反映企业在一定会计期间现金及现金等价物流入和流出的报表，是动态报表。现金流量表按照经营活动、投资活动、筹资活动分别反映其现金流入量及流出量，可以据此客观评价企业整体财务状况，判断其经营周转是否顺畅。其中，经营活动现金净流量本质上代表了企业自我创造现金的能力，能够显示企业支付能力、偿债能力和周转能力。现金流量表补充资料还披露与现金无关的重要投资和筹资活动，这对报表使用者制定合理的投资和信贷决策、评估企业未来的现金流量同样具有重要意义。现金流量表实质是将企业权责发生制下的盈利信息调整为收付实现制下的现金流量信息，便于信息使用者了解企业净利润的质量。

（一）现金流量表的结构和内容

现金是指企业库存现金及可以随时用于支付的存款，包括库存现金、银行存款和其他货币资金（如外埠存款、银行汇票存款、银行本票存款等）。不能随时用于支付的存款不属于现金。现金等价物是指企业持有的期限短、流动性强、易于转换为已知金额、价值变动风险小的投资。企业应根据具体情况确定现金等价物的范围，一经确定不得随意变更。

现金流量是指一定会计期间内企业现金及现金等价物的流入量和流出量。企业从银行提取现金、用现金购买短期内到期的国库券等现金等价物和现金之间的转换不属于现金流量。

企业产生的现金流量主要有以下三类。

1．经营活动产生的现金流量

经营活动是指企业投资活动和筹资活动以外的所有交易和事项。制造企业经营活动产生的现金流量主要包括销售商品或提供劳务、购买商品或接受劳务、支付工资和缴纳税款等流入和流出的现金和现金等价物。经营活动产生的现金流量项目主要有“销售商品、提供劳务收到的现金”“收到的税费返还”“收到其他与经营活动有关的现金”“购买商品、接受劳务支付的现金”“支付给职工以及为职工支付的现金”“支付的各项税费”“支付其他与经营活动有关的现金”等。

2．投资活动产生的现金流量

投资活动是指企业长期资产的购建和不包括在现金等价物范围内的投资及其处置活动。投资活动产生的现金流量主要包括购建固定资产、处置子公司及其他经营单位等流入和流出的现金和现金等价物。投资活动产生的现金流量项目主要有“收回投资收到的现金”“取得投资收益收到的现金”“处置固定资产、无形资产和其他长期资产收回的现金净额”“处置子公司及其他营业单位收到的现金净额”“收到其他与投资活动有关的现金”“购建固定资产、无形资产和其他长期资产支付的现金”“投资支付的现金”“取得子公司及其他营业单位支付的现金净额”“支付其他与投资活动有关的现金”等。

3．筹资活动产生的现金流量

筹资活动是指导致企业资本及债务规模和构成发生变化的活动。筹资活动产生的现金流量主要包括吸收投资、发行股票、分配利润、发行债券、偿还债务等流入和流出的现金和现金等价物。偿付应付账款、应付票据等商业应付款等属于经营活动，不属于筹资活动。筹资活动产生的现金流量项目主要有“吸收投资收到的现金”“取得借款收到的现金”“收到其他与筹资活动有关的现金”“偿还债务支付的现金”“分配股利、利润或偿付利息支付的现金”“支付其他与筹资活动有关的现金”等。

我国企业现金流量表采用正表加补充资料，分类反映经营活动产生的现金流量、投资活动产生的现金流量和筹资活动产生的现金流量，有外币交易的企业还应填列“汇率变动对现金及现金等价物的影响”，最后汇总反映企业某一期间现金及现金等价物的净增加额。在有外币现金流量及境外子公司的现金流量折算为人民币的企业，还应该设置“汇率变动对现金及现金等价物的影响”项目。除现金流量表反映的信息外，企业还应当在补充资料中披露下列信息：① 将净利润调节为经营活动的现金流量；② 不涉及现金收支的重大投资和筹资活动；③ 现金及现金等价物净变动情况。

（二）现金流量表的编制方法

企业经营活动产生的现金流量应当采用直接法列示。直接法是指通过现金收入和现金支出的主要类别列示经营活动产生的现金流量。在直接法下，一般以利润表中的营业收入为起点，调节与经营活动有关的项目的增减变动，计算得出经营活动产生的现金流量。采用直接法编制现金流量表时，企业可以根据业务量的大小及复杂程度，选择采用工作底稿法、T形账户法或直接根据有关账户的记录分析填列现金流量表。现简单介绍用工作底稿法编制现金流量表的程序：

（1）将资产负债表的期初数和期末数过入工作底稿的期初数和期末数；

（2）以利润表项目为基础，从“营业收入”开始，结合资产负债表项目逐一进行分析并编制调整分录；

（3）将调整分录过入工作底稿相关项目；

（4）核对调整分录，借方、贷方合计数相等，资产负债表项目期初数加减调整分录中的借贷金额后，应该等于期末数；

（5）根据工作底稿中的现金流量表项目部分编制正式的现金流量表。

T 形账户法的编制原理与工作底稿法无异，只是将工作底稿中的各项目期初数、期末数以及调整分录引起的变动数记在 T 形账户的借方、贷方。

补充资料中的“将净利润调节为经营活动的现金流量”，实际上是以间接法编制经营活动的现金流量。间接法是以净利润为出发点，对利润表按照权责发生制确定的收入、费用实际中未发生现金流入和流出的项目进行调整，即可将净利润调节为经营活动现金流量。采用间接法将净利润调节为经营活动的现金流量时，需要调整的项目可分为四大类：一是实际没有支付现金的费用，如“资产减值准备”“固定资产折旧、油气资产折耗、生产性生物资产折旧”“无形资产摊销”“递延所得税负债增加（减少以“-”号填列）”“存货的减少（增加以“-”号填列）”等项目；二是实际没有收到现金的收益，如“公允价值变动损失（收益以“-”号填列）”“递延所得税资产减少（增加以“-”号填列）”等项目；三是不属于经营活动的损益，如“处置固定资产、无形资产和其他长期资产的损失（收益以“-”号填列）”“财务费用”“固定资产报废损失（收益以“-”号填列）”“投资损失（减：收益）”等项目；四是经营性应收应付项目的增减变动，如“经营性应收项目的减少（增加以“-”号填列）”“经营性应付项目的增加（减少以“-”号填列）”等项目。

补充资料中的“不涉及现金收支的投资和筹资活动”项目，反映企业一定期间内影响资产或负债但不形成该期间现金收支的所有投资和筹资活动的信息，主要包括：“债务转为资本”“一年内到期的可转换公司债券”“融资租入固定资产”项目。补充资料中的“现金及现金等价物净变动情况”项目，反映企业一定期间内现金及现金等价物的“期末余额”与“期初余额”的差异变动信息，主要包括“货币资金”等项目。

（三）现金流量表编制示例

1．有关资料

根据本章资产负债表和利润表编制实例的资料，采用分析填列法编制 ABC 公司 20×5 年度的现金流量表（现金流量表的补充资料略）。

2．ABC 公司 20×5 年度的现金流量表正表各项目的编制

（1）销售商品、提供劳务收到的现金=7 700 000+7 700 000×16%+(800 000−2 040 000)=7 692 000（元）

（2）购买商品接受劳务支付的现金=1 000 000+160 000=1 160 000（元）

（3）支付给职工以及为职工支付的现金=4 000 000（元）

（4）支付的各项税费=600 000+10 000=610 000（元）

（5）支付的其他与经营活动有关的现金=460 000（元）

（6）购买固定资产、无形资产和其他长期资产支付的现金=1 506 000（元）

（7）偿还债务支付的现金=1 500 000（元）

（8）分配股利、利润或偿付利息支付的现金=70 000（元）

编制现金流量表如表3-17所示，现金流量表补充资料如表3-18所示。

表3-17

现金流量表

20×5年

会企03表

编制单位：ABC公司

单位：元

项目	本期金额	上期金额
一、经营活动产生的现金流量：		
销售商品、提供劳务收到的现金	7 692 000	
收到的税费返还		
收到其他与经营活动有关的现金		
经营活动现金流入小计	7 692 000	
购买商品、接受劳务支付的现金	1 160 000	
支付给职工以及为职工支付的现金	4 000 000	
支付的各项税费	610 000	
支付其他与经营活动有关的现金	460 000	
经营活动现金流出小计	6 230 000	
经营活动产生的现金流量净额	1 462 000	
二、投资活动产生的现金流量：		
收回投资收到的现金		
取得投资收益收到的现金		
处置固定资产、无形资产和其他长期资产收回的现金净额		
处置子公司及其他营业单位收到的现金净额		
收到其他与投资活动有关的现金		
投资活动现金流入小计		
购建固定资产、无形资产和其他长期资产支付的现金	1 506 000	
投资支付的现金		
取得子公司及其他营业单位支付的现金净额		
支付其他与投资活动有关的现金		
投资活动现金流出小计		
投资活动产生的现金流量净额	−1 506 000	

续表

项目	本期金额	上期金额
三、筹资活动产生的现金流量：		
吸收投资收到的现金		
取得借款收到的现金		
收到其他与筹资活动有关的现金		
筹资活动现金流入小计		
偿还债务支付的现金	1 500 000	
分配股利、利润或偿付利息支付的现金	70 000	
支付其他与筹资活动有关的现金		
筹资活动现金流出小计		
筹资活动产生的现金流量净额	−1 570 000	
四、汇率变动对现金及现金等价物的影响		
五、现金及现金等价物净增加额	−1 614 000	
加：期初现金及现金等价物余额	4 018 000	
六、期末现金及现金等价物余额	2 404 000	

表 3-18　　现金流量表的补充资料

编制单位：××公司　　20×5 年　　单位：元

补充资料	本期金额	上期金额
1．将净利润调节为经营活动现金流量：		
净利润		
加：资产减值准备		
固定资产折旧、油气资产折耗、生产性生物资产折旧		
无形资产摊销		
长期待摊费用摊销		
处置固定资产、无形资产和其他长期资产的损失（收益以“−”号填列）		
固定资产报废损失（收益以“−”号填列）		
公允价值变动损失（收益以“−”号填列）		
财务费用（收益以“−”号填列）		
投资损失（收益以“−”号填列）		
递延所得税资产减少（增加以“−”号填列）		
递延所得税负债增加（减少以“−”号填列）		

续表

补充资料	本期金额	上期金额
存货的减少（增加以“-”号填列）		
经营性应收项目的减少（增加以“-”号填列）		
经营性应付项目的增加（减少以“-”号填列）		
其他		
经营活动产生的现金流量净额		
2．不涉及现金收支的投资和筹资活动：		
债务转为资本		
一年内到期的可转换公司债券		
融资租入固定资产		
3．现金及现金等价物净变动情况：		
现金的期末余额		
减：现金的期初余额		
加：现金等价物的期末余额		
减：现金等价物的期初余额		
现金及现金等价物净增加额		

五、所有者权益变动表

所有者权益变动表是反映构成所有者权益的各组成部分当期增减变动情况的会计报表。编制所有者权益变动表的目的，一方面是为了对资产负债表中所有者权益项目进行详细说明，通过对直接计入所有者权益的利得和损失的全面反映，能够体现资产负债表中所有者权益各项目如何由年初数变成期末数的全过程；另一方面是对利润表进行进一步的补充，详细记录利润分配的内容。所有者权益变动表不仅包括所有者权益总量的变动信息，还包括所有者权益增减变动的重要结构性信息，特别是反映了直接计入所有者权益的利得和损失，使报表使用者准确理解所有者权益增减变动的根源，因而非常重要。

（一）所有者权益变动表的结构和内容

所有者权益变动表包括表题、表体两部分。其中，表题说明报表名称、编制单位、编制日期、报表编号、货币名称、计量单位等；表体是所有者权益变动表的主体，以矩阵的形式列示。一方面，列示导致所有者权益变动的交易或事项，按所有者权益变动的来源对一定时期所有者权益变动情况进行全面反映；另一方面，按照所有者权益各组成部分总额列示交易或事项对所有者权益的影响。企业需提供比较所有者权益变动表，因此，所有者权益变动表中所有项目均按照“本年金额”和“上年金额”两栏分别列报。所有者权益变动表具体格式如表3-19所示。

（二）所有者权益变动表的编制

所有者权益变动表各项目应当根据当期综合收益、所有者投入和减少资本、提取盈余公积金、向所有者分配利润等情况分析填列，表中“上年金额”栏内各项数字应根据上年度所有者权益变动表“本年金额”栏内所列数字填列；“本年金额”栏内各项目数字应根据“实收资本（或股本）”“其他综合收益”“资本公积”“盈余公积”“利润分配”“以前年度损益调整”等账户及其明细账户的发生额分析填列。

（1）“上年年末余额”项目，反映企业上年资产负债表中实收资本（或股本）、其他综合收益、资本公积、盈余公积、未分配利润项目的年末余额。

① “会计政策变更”项目，根据企业采用追溯调整法处理的会计政策变更的累积影响金额分析填列。

② “前期差错更正”项目，根据企业采用追溯调整法处理的会计差错更正的累积影响金额分析填列。

（2）为了体现会计政策变更和前期会计差错更正的影响，企业应当在所有者权益上年年末余额的基础上进行调整得出所有者权益“本年年初余额”。

（3）“本年增减变动金额”项目，反映企业本年资产负债表中“实收资本”“其他权益工具”“资本公积”“其他综合收益”“盈余公积”以及“未分配利润”项目的变动金额。

① “综合收益总额”反映企业构成综合收益各项目的本年发生金额，对应“其他综合收益”“未分配利润”项目栏。

② “所有者投入和减少资本”反映当年企业所有者投入的资本和减少的资本金额，应列在“实收资本”和“资本公积”相关栏。

③ “利润分配”下各项目，反映企业当年对所有者（或股东）分配的利润（或股利）金额和按照规定提取的盈余公积金额，应列在“未分配利润”和“盈余公积”栏。

④ “所有者权益内部结转”下各项目，反映不影响当年所有者权益总额的所有者权益各组成部分之间的增减变动，包括资本公积转增资本（或股本）、盈余公积转增资本（或股本）、盈余公积弥补亏损等项金额，应列在“实收资本（或股本）”“盈余公积”和“未分配利润”栏。

（4）“本年年末余额”项目反映企业本年资产负债表中实收资本（或股本）、资本公积、盈余公积、未分配利润的年末余额，根据上述项目计算得出，应列在“实收资本”“其他权益工具”“资本公积”“其他综合收益”“盈余公积”以及“未分配利润”栏。

（三）所有者权益变动表编制示例

运用本章“表 3-14　资产负债表”的资料结合企业利润分配的经济业务，编制该企业 20×5 年度所有者权益变动表如表 3-19 所示。

六、财务报表附注

财务报表附注是对资产负债表、利润表、现金流量表和所有者权益变动表等报表中列示项目的文字描述或明细资料，以及对未能在这些报表中列示项目的说明等，它既是对财务报表的补充说明，又是财务报表的重要组成部分，有助于财务报表使用者理解和使用会计信息。附注相关信息应当与资产负债表、利润表、现金流量表和所有者权益变动表等报表中列示的项目相互参照，以帮助使用者将相关的信息联系起来，并由此从整体上更好地理解财务报表。企业在披露附注信息时应当与定量、定性信息相结合，按照一定的结构对附注信息进行合理的排列和分类，以便于使用者理解和掌握。附注应当按照如下顺序至少披露下列几方面内容。

（一）企业的基本情况

（1）企业注册地、组织形式和总部地址。

（2）企业的业务性质和主要经营活动。

（3）母公司以及集团最终母公司的名称。

（4）财务报告的批准报出者和财务报告批准报出日，或者以签字人及其签字日期为准。

（5）营业期限有限的企业，还应当披露有关营业期限的信息。

（二）财务报表的编制基础

财务报表的编制基础应当说明企业的经营状况是持续经营还是非持续经营。如果是非持续经营，应当说明原因及本财务报表的编制基础。

（三）遵循企业会计准则的声明

企业应当明确说明编制的财务报表符合企业会计准则的要求，真实、公允地反映企业的财务状况、经营成果和现金流量等有关信息，以此明确企业编制财务报表所依据的制度基础。如果企业编制的财务报表只是部分地遵循了企业会计准则，附注中不得做出这种表述。

（四）重要会计政策和会计估计

会计政策是指企业在会计确认、计量和报告中所采用的原则、基础和会计处理方法。企业会计准则规定了企业在进行会计确认、计量和会计报告中的基本原则、基础以及会计处理方法，包括财务报表项目的计量基础和会计政策的确定依据等。会计估计是指企业对不确定的交易或事项的结果以最近可利用的信息为基础所做的判断，包括下一会计期间内很可能导致资产、负债账面价值重大调整的会计估计的确定依据等。企业应当披露所采用的重要的会计政策和会计估计，同时应当披露重要的会计政策的确定依据和财务报表项目的计量基础，以及会计估计中所采用的关键假设和不确定因素中的确定因素。

（五）会计政策和会计估计的变更以及差错更正的说明

企业采用的会计政策在每一会计期间和前后各期应当保持一致，不得随意变更，但是，满足下列条件之一的，可以变更会计政策：

（1）法律、行政法规或者国家统一的会计制度等要求变更。

（2）会计政策变更能够提供更可靠、更相关的会计信息。

会计估计变更是指由于资产和负债的当前状况及预期经济利益和义务发生了变化，从而对资产或负债的账面价值或者资产的定期消耗金额进行调整。

企业应当在附注中披露与会计政策和会计估计变更以及差错更正有关的下列信息：

（1）会计政策变更的性质、内容和原因。

（2）当期和各个列报前期财务报表中受影响的项目名称和调整金额。

（3）无法进行追溯调整的，说明该事实和原因以及开始应用变更后的会计政策的时点、具体应用情况。

（4）会计估计变更的内容和原因。

（5）会计估计变更对当期和未来期间的影响数。

（6）会计估计变更的影响数不能确定的，披露这一事实和原因。

（7）前期差错的性质。

（8）各个列报前期财务报表中受影响的项目名称和更正金额。

（9）无法进行追溯重述的，说明该事实和原因以及对前期差错开始进行更正的时点、具体更正情况。

在以后期间的财务报表中，不需要重复披露在以前期间的附注中已披露的会计政策变更和前期差错更正的信息。

（六）重要报表项目的说明

重要报表项目的说明是对已在资产负债表、利润表、现金流量表和所有者权益变动表中列示的重要项目的进一步说明。企业应当按照以上各报表及其项目列示的顺序，采用文字和数字描述相结合，尽可能以列表的形式披露重要报表项目的构成或当期增减变动情况。报表重要项目的明细金额合计，应当与报表项目金额相衔接。

（七）其他需要说明的重要事项

其他需要说明的重要事项主要包括或有事项、资产负债表日后非调整事项、关联方关系及其交易等。

1．或有事项的说明

或有事项是指过去的交易或者事项形成的，其结果需由某些未来事项的发生或不发生才能决定的不确定事项。常见的或有事项包括：未决诉讼或未决仲裁、债务担保、产品质量保证（含产品安全保证）、亏损合同、重组义务、承诺、环境污染整治等。

企业应当在附注中披露与或有事项有关的下列信息：

（1）或有负债（不包括极小可能导致经济利益流出企业的或有负债）。

① 或有负债的种类及其形成原因，包括已贴现商业承兑汇票、未决诉讼、未决仲裁、对外提供担保等形成的或有负债。

② 经济利益流出不确定性的说明。

③ 或有负债预计产生的财务影响，以及获得补偿的可能性；无法预计的，应当说明原因。

在涉及未决诉讼、未决仲裁的情况下，如果披露全部或部分信息预期对企业会造成重大不利影响，企业无须披露这些信息，但应当披露该未决诉讼、未决仲裁的性质，以及没有披露这些信息的事实和原因。

（2）企业通常不应当披露或有资产，但或有资产很可能会给企业带来经济利益的，应当披露其形成的原因、预计产生的财务影响等。

2．资产负债表日后非调整事项的说明

资产负债表日后事项是指资产负债表日至财务报告批准报出日之间发生的有利或不利的事项。财务报告批准报出日是指董事会或类似机构批准财务报告报出的日期。资产负债表日后事项包括资产负债表日后调整事项和资产负债表日后非调整事项。资产负债表日后调整事项是指对资产负债表日已经存在的情况提供了新的或进一步证据的事项；资产负债表日后非调整事项是指表明资产负债表日后发生的情况的事项。资产负债表日后事项表明持续经营假设不再适用的，企业不应当在持续经营基础上编制财务报表。

企业应当在财务报告附注中披露与资产负债表日后事项有关的下列信息：

（1）财务报告的批准报出者和财务报告批准报出日。按照有关法律、行政法规等规定，企业所有者或其他方面有权对报出的财务报告进行修改的，应当披露这一情况。

（2）每项重要的资产负债表日后非调整事项的性质、内容，及其对财务状况和经营成果的影响，无法做出估计的，应当说明原因。企业在资产负债表日后取得了影响资产负债表日财务状况的新的或进一步的证据，应当调整与之相关的披露信息。

3．关联方关系及其交易的说明

关联方关系的存在以控制、共同控制或重大影响为前提条件，判断时应遵循实质重于形式原则。

（1）下列各方构成企业的关联方：

① 该企业的母公司。

② 该企业的子公司。

③ 与该企业受同一母公司控制的其他企业。

④ 对该企业实施共同控制的投资方。

⑤ 对该企业施加重大影响的投资方。

⑥ 该企业的合营企业。

⑦ 该企业的联营企业。

⑧ 该企业的主要投资者个人及与其关系密切的家庭成员。主要投资者个人，是指能够控制、共同控制一个企业或者对一个企业施加重大影响的个人投资者。

⑨ 该企业或母公司的关键管理人员及与其关系密切的家庭成员。关键管理人员，是指

有权力并负责计划、指挥和控制企业活动的人员。与主要投资者个人或关键管理人员关系密切的家庭成员是指在处理与企业的交易时可能影响该个人或受该个人影响的家庭成员。

⑩ 该企业主要投资者个人、关键管理人员或与其关系密切的家庭成员控制、共同控制或施加重大影响的其他企业。

（2）仅与企业存在下列关系的各方，不构成企业的关联方：

① 与该企业发生日常往来的资金提供者、公共事业部门、政府部门和机构，以及与该企业发生大量交易而存在经济依存关系的单个客户、供应商、特许商、经销商或代理商之间。

② 与该企业共同控制合营企业的合营者之间。

③ 仅仅同受国家控制而不存在控制、共同控制或重大影响关系的企业，不构成关联方。

④ 受同一方重大影响的企业之间，不构成关联方。

（3）存在关联方关系的情况下，关联方之间发生的交易为关联方交易。关联方交易的类型主要有以下几种：

① 购买或销售商品。

② 购买或销售商品以外的其他资产。

③ 提供或接受劳务。

④ 担保。

⑤ 提供资金（贷款或股权投资）。

⑥ 租赁。

⑦ 代理。

⑧ 研究与开发项目的转移。

⑨ 许可协议。

⑩ 代表企业或由企业代表另一方进行债务结算。

⑪ 关键管理人员薪酬。

（4）关联方交易披露包括以下方面：

① 企业无论是否发生关联方交易，均应当在附注中披露与该企业之间存在直接控制关系的母公司和子公司有关的信息，如母公司和子公司的名称、业务性质、注册地、注册资本（或实收资本、股本）及其变化，母公司对该企业或者该企业对子公司的持股比例和表决权比例等。母公司不是该企业的最终控制方，还应当披露最终控制方名称。母公司和最终控制方均不对外提供财务报表的，还应当披露母公司之上与其最相近的对外提供财务报表的母公司名称。

② 企业与关联方发生关联方交易的，应当在附注中披露该关联方交易的性质、交易类型及交易要素。交易要素至少应当包括交易的金额；未结算项目的金额、条款和条件，以及有关提供或取得担保的信息；未结算应收项目的坏账准备金额；定价政策。

③ 对外提供合并财务报表的，对于已经包括在合并范围内的各企业之间的交易不予披露。

关联方交易应当分别将关联方以及交易类型予以披露。类型相似的关联方交易，在不影响财务报表阅读者正确理解关联方交易对财务报表影响的情况下，可以合并披露。

（八）有助于财务报表使用者评价企业管理资本的目标、政策及程序的其他信息

企业如有终止经营，还应当在附注中披露有关终止经营的信息，主要包括：

（1）终止经营的收入、费用、利润总额、所得税费用（收益）和净利润；

（2）终止经营的资产或处置组确认的减值损失及转回金额；

（3）终止经营的处置损益总额、所得税费用（收益）和处置净损益；

（4）终止经营的经营活动、投资活动和筹资活动现金流量净额；

（5）归属于母公司所有者的持续经营损益和终止经营损益。

复习思考题

1．从会计核算角度看，实收资本和资本公积有何不同作用？

2．长期借款与短期借款的核算有何区别与共同之处？

3．材料采购业务核算包括哪些内容？怎样核算？

4．营业外收入和营业外支出主要包括哪些内容？

5．举例说明商业折扣、现金折扣、销售折让与销售退回对收入确认和计量的影响。

6．利润的构成内容是什么？公司实现的净利润应按照什么程序进行分配？

7．生产成本核算包括哪些内容？怎样核算？为什么要设置制造费用账户？

8．什么是收入？商品销售收入确认的条件是什么？

9．企业财务报表包括哪些内容？分别能够提供什么样的财务信息？举例说明它们之间存在哪些钩稽关系？

业务计算题

1．某制造企业为增值税一般纳税公司，20×4 年 12 月购入甲材料 1 000 千克，增值税专用发票注明的买价为 500 000 元，增值税额为 80 000 元，发生运杂费用 1 500 元，在入库前发生挑选整理费用 1 000 元。全部款项均以银行存款支付。

要求：（1）计算材料的实际成本；

（2）编制有关会计分录。

2．某制造企业 6 月 1 日库存某种材料 200 千克，成本为 20 000 元。6 月 7 日购进该种材料 300 千克，每千克买价 105 元，验收入库；6 月 12 日生产领用该种材料 250 千克；6 月 20 日又购进该材料 400 千克，每千克单价 102 元，验收入库。6 月 26 日生产领用该种材料 250 千克。

要求：分别采用先进先出法、一次加权平均法、移动加权平均法计算发出材料的成本和期末库存材料的成本。

3．某公司 20×3 年 1 月 1 日从银行借入长期借款 1 000 万元用于建造厂房，该借款的利率为 7.2%，期限 3 年，每年年末付息一次。工程当即开始。20×4 年 8 月底工程完工交付使用。借款到期归还本金和支付最后一次的利息。

要求：（1）编制取得借款的会计分录；

（2）编制每年年末计息和支付利息的会计分录；

（3）编制到期归还本金的会计分录。

4．某股份有限公司委托某证券公司代理发行普通股 1 000 000 股，每股面值 1 元，每股发行价 4 元。

要求：（1）计算计入资本公积的金额；

（2）编制有关会计分录。

5．某公司购入生产用设备一台，取得增值税专用发票注明买价 200 000 元，增值税 32 000 元。支付设备运杂费 700 元，支付设备安装费 1 300 元，安装完毕交付生产使用，所有款项均以银行存款支付。投入使用当年应计提固定资产折旧金额为 20 000 元。

要求：（1）编制固定资产取得的会计分录；

（2）编制计提固定资产折旧的会计分录。

6．X 公司向 Y 公司赊销一批甲商品，赊销期限为 30 天。甲商品单价为每件 300 元（不含增值税），增值税税率为 16%，单位成本 220 元。Y 公司购买了 1 000 件，可得到 10%的商业折扣。同时，Y 公司可按“2/10，*n*/30”的现金折扣条件付款。商品已发出，分别根据 Y 公司在 10 天内付款及 10 天以后付款的情况下，做出 X 公司的会计处理（假定现金折扣不考虑增值税）。

7．20×4 年 7 月 30 日，X 公司向 Y 公司销售一批甲商品，增值税专用发票上注明价款 600 000 元，增值税税率为 16%，该批商品成本 450 000 元，商品已发出款项未收到。8 月 5 日，Y 公司在验收商品时发现 50%的商品质量存在问题，要求退货，X 公司同意退货且已收到所退商品。8 月 6 日，Y 公司对余款开出一张三个月期的不带息商业承兑汇票。三个月后票据到期，Y 公司承兑付款。假设该销售退回允许扣减增值税，做出 X 公司相关会计分录。

8．X 公司 20×4 年度取得主营业务收入 8 000 万元，其他业务收入 2 000 万元，投资收益 500 万元，营业外收入 280 万元；发生主营业务成本 5 500 万元，其他业务成本 1 600 万元，税金及附加 320 万元，管理费用 400 万元，销售费用 800 万元，财务费用 120 万元，营业外支出 480 万元。X 公司按净利润的 10%提取盈余公积金，宣告向投资人分派现金股利 300 万元。X 公司所得税税率为 25%，本年度无应纳税调整项目。做出 X 公司有关利润形成及其分配的会计分录。

9. 20×3年5月6日，甲公司支付价款1 016万元（含交易费用1万元和已宣告未发放现金股利15万元），购入乙公司发行的股票200万股，占乙公司有表决权股份的0.5%。甲公司将其划分为交易性金融资产。

20×3年5月10日，甲公司收到乙公司发放的现金股利15万元。

20×3年6月30日，该股票市价为每股5.2元。

20×3年12月31日，甲公司仍持有该股票；当日，该股票市价为每股4.8元。

20×4年5月9日，乙公司宣告发放股利4 000万元。

20×4年5月13日，甲公司收到乙公司发放的现金股利。

20×4年5月20日，甲公司以每股4.9元的价格将股票全部转让。

要求：做出与上述业务相关的会计处理（假定不考虑其他因素）。

10. S公司为增值税一般纳税人，适用16%的增值税税率。S公司在商品销售的同时结转销售成本。20×3年11月30日，S公司相关科目的余额见表3-20。

表3-20　科目余额表

单位：万元

科目名称	借方余额	贷方余额
主营业务成本	1 080	
税金及附加	15	
其他业务成本	10	
销售费用	34	
管理费用	21	
财务费用	52	
营业外支出	20	
主营业务收入		1 550
其他业务收入		16
投资收益		22
营业外收入		50

20×3年12月份，S公司发生以下经济业务：

（1）销售商品一批，增值税专用发票上注明的售价60万元，增值税税率为16%。款项尚未收到。该批商品的实际成本为42万元。

（2）计提本月工资及福利费。其中，生产工人工资120万元，车间管理人员工资10万元，企业行政管理人员工资14万元，专设销售机构人员工资30万元。计提福利费比例为14%。

（3）本月摊销销售部门固定资产折旧费6.4万元。

（4）本月业务应交城建税5万元、教育费附加0.5万元。

（5）该公司适用的所得税税率为25%，假定无纳税调整事项。

要求：

（1）编制 S 公司 12 月份相关会计分录。

（2）编制 S 公司 20×3 年度利润表。

11．S 公司 20×2 年有关财务报表和补充资料如表 3-21 和 3-22 所示。

表 3-21　资产负债表部分资料

单位：万元

项目	期末余额	年初余额
应收票据及应收账款	800	810
预收账款	200	100
存货	7 850	9 760
应付票据及应付账款	1 430	1 405

表 3-22　利润表部分资料

单位：万元

项目	本期金额
主营业务收入	5 100
主营业务成本	2 700

补充资料：

（1）本期计提坏账准备 10 万元。

（2）本期增值税的销项税额为 8 160 万元，进项税额为 465 万元。

（3）“营业成本”项目中包括计提车间折旧费 20 万元，分配生产车间工人薪酬 82 万元。

要求：根据上述资料，不考虑其他因素，计算：

（1）现金流量表的“销售商品、提供劳务收到的现金”金额。

（2）现金流量表的“购买商品、接受劳务支付的现金”金额。

业务计算题参考答案

第四章　筹资与对外投资管理

本章导读

本章主要阐述了企业筹资和对外投资管理两大问题。在筹资部分，本章简单介绍企业筹资的方式和渠道，重点介绍筹资成本以及资本结构问题。在对外投资管理部分，本章介绍了对外投资的种类以及企业股票和债券投资的决策方法。通过本章的学习，让初学者在理解企业筹资和对外投资概念的基础上能够计算企业不同筹资方式下的筹资成本，掌握经营杠杆、财务杠杆、综合杠杆的运用和最优资本结构的确定方法。对外投资部分，重点掌握股票投资、债券投资的估值方法以及投资收益率的计算。

学习目标

1. 了解筹资的分类、渠道和方式。
2. 掌握企业筹资成本的计算。
3. 掌握经营杠杆、财务杠杆以及联合杠杆。
4. 掌握每股收益法和平均资本成本法。
5. 了解企业对外投资的种类。
6. 掌握债券的估值方法和投资收益率的计算。
7. 掌握股票的估值方法和投资收益率的计算。
8. 理解证券投资组合风险和收益率的计算。

问题导引

在第二次世界大战期间，宾夕法尼亚大学的普雷斯波 · 艾克特和约翰 · 莫奇带领一个小组从事计算机研制工作。1946 年，他们开发出了第一台具有工作用途的计算机，紧接着成立了艾克特-莫奇公司，将计算机商业化，并在 1948 年推向市场，这比 IBM 公司的第一台商用计算机整整早了 6 年。但由于艾克特-莫奇公司承担不了庞大的研究开发费用，缺乏财务资源的支持，最终被其他公司兼并。

美国在 20 世纪 80 年代曾做过一项统计，24%的新企业在 2 年内倒闭，52%的新企业在 4 年内倒闭，63%的企业在 6 年内倒闭，在倒闭的企业中近 90%是由于经济因素和财务原因导致的。资金是企业中流动的“血液”，企业的设立、成长、获利都离不开资金的支持，然而，如何筹集到满足生存发展的资金是每家企业都需要面对的问题。

2006年，中国电商公司京东的创始人刘强东寻求200万美元的资金支持，为此，他向中国私募资本公司今日资本（Capital Today）寻求帮助。今日资本最后决定向京东投资 1 000万美元。这笔增至5倍的投资最终被证明是一个明智的选择。当京东在2014年上市的时候，今日资本的股权价值已达24亿美元。

2000年，日本电信巨头SoftBank给阿里巴巴投资了2 000万美元，持有其34%的股份。2014年，阿里巴巴在美国纽约挂牌上市时市值达到了2 310亿美元，而SoftBank在阿里持有的股份价值也超过了600亿美元。

第一节 筹资管理

一、筹资的含义及分类

（一）筹资的含义

筹资是指企业为了满足其经营活动、投资活动、资本结构调整等需要，运用一定的筹资方式，筹措和获取所需资金的一种行为。资金是企业的血液，是企业设立、生存和发展的物质基础，是企业开展生产经营业务活动的基本前提。任何一个企业，为了形成生产经营能力、保证生产经营正常运行，必须拥有一定数量的资金。

筹资是企业一项重要的财务活动。一方面，筹资活动能够为企业生产经营活动的正常开展提供财务保障，以满足企业生产经营活动的需要；另一方面，也为企业扩大生产经营规模或对外投资提供大量资金，满足其投资发展的资金需求。

（二）筹资的分类

筹资可以按不同的标准进行分类。

（1）按所取得资金的权益性质不同，企业筹资分为股权筹资、债务筹资及衍生工具筹资，这也是企业筹资方式最常见的分类方法。

股权筹资形成股权资本，是企业依法长期拥有、能够自主调配运用的资本。企业可以通过吸收直接投资、发行股票、留存收益等方式取得股权资本。股权资本不用归还本金，因而又称为企业自有资金。企业采用股权筹资方式筹集到的资金不需要偿还，因而财务风险比较小，但付出的资金成本相对较高。

债务筹资是企业通过借款、发行债券、融资租赁以及赊销商品或服务等方式取得的资金并形成在规定期限内需要清偿的债务。由于债务筹资到期要归还本金和支付利息，对企业的经营状况不承担责任，因而具有较大的财务风险，但付出的资本成本相对较低。

衍生工具筹资包括兼具股权与债务特性的混合融资和其他衍生工具融资。我国上市公司目前最常见的混合融资是可转换债券融资，最常见的其他衍生工具融资是认股权证融资。

（2）按是否以金融机构为媒介，企业筹资分为直接筹资和间接筹资两种类型。

直接筹资是企业直接与资金供应者协商融通资本的一种筹资活动。直接筹资方式主要有吸收直接投资、发行股票、发行债券等。企业通过直接筹资既可以筹集股权资金，也可以筹集债务资金。

间接筹资是企业借助银行等金融机构融通资本的筹资活动。间接筹资的基本方式是向银行借款，此外还有融资租赁等筹资方式。间接筹资形成的主要是债务资金，主要用于满足企业资金周转的需要。

（3）按资金的来源范围不同，企业筹资分为内部筹资和外部筹资两种类型。

内部筹资是指企业通过利润留存而形成的筹资来源。内部筹资数额的大小主要取决于企业可分配利润的多少和利润分配政策（股利政策），一般无须花费筹资费用，从而降低了资本成本。

外部筹资是指企业向外部筹措资金而形成的筹资来源，如发行股票、债券，取得商业信用，向银行借款等。企业向外部筹资大多需要花费一定的筹资费用，从而提高了筹资成本。

（4）按所筹集资金的使用期限不同，企业筹资分为长期筹资和短期筹资两种类型。

长期筹资是指企业筹集使用期限在 1 年以上的资金筹集活动。长期筹资通常采取吸收直接投资、发行股票、发行债券、取得长期借款、融资租赁等方式，所筹集的长期资金主要用于购建固定资产、形成无形资产、进行对外长期投资、垫支流动资金、进行产品和技术研发等。从资金权益性质来看，长期资金可以是股权资金，也可以是债务资金。

短期筹资是指企业筹集使用期限在 1 年以内的资金筹集活动。短期筹资经常利用商业信用、短期借款、保理业务等方式来筹集，主要用于企业的流动资产和日常资金周转。

二、筹资渠道与筹资方式

（一）筹资渠道

筹资渠道是指筹措资金的来源和通道，体现资金的来源和供应量。我国目前的筹资渠道主要有以下几种。

（1）国家财政资金。国家对企业的直接投资是国有企业最主要的资金来源渠道，对于某些关系国计民生的大型重点企业和骨干企业，国家可以采用参股、控股的方式向企业注入资金。国家财政资金今后仍然会是国有企业权益资金的主要筹集渠道。

（2）银行信贷资金。银行对各类企业的贷款是企业筹集资金的主要来源渠道。我国的银行包括中央银行、商业银行和政策性银行。商业银行是以营利为主要目标的信用机构，主要包括国有商业银行、股份制商业银行和合作商业银行，它为各类企业提供商业贷款。

政策性银行是国务院直属的政策性金融机构，是以贯彻国家产业政策和区域性发展战略为基本职能的政府金融机构，其资金主要投向那些社会发展急需的、社会效益好但经济效益不高的项目。

（3）非银行金融机构资金。非银行金融机构主要指信托投资公司、保险公司、租赁公司、证券公司、企业集团财务公司等。它们所提供的金融服务既包括信贷资金投放，也包括物资的融通，还包括为企业承销证券等金融服务。

（4）其他法人资金。企业在经营过程中往往会有一部分暂时闲置的资金，为了充分地利用这部分资金，企业愿意以直接投资或购买其他企业发行的股票或债券等形式对其他企业进行投资，以获得更多的投资收益。

（5）民间资金。企业可以通过发行股票和债券等形式，将企业职工和城乡居民个人闲置的资金筹集起来形成民间资金来源渠道。随着证券市场的发展，民间资金已成为股份制企业的一条广阔的筹资渠道。

（6）企业自留资金。企业自留资金是企业内部形成的资金，是企业内部积累资金，主要是企业留存收益转换的生产经营资金，包括计提的折旧、提取的公积金和未分配利润等。企业自留资金是直接由企业内部自动生成或转移而来，没有筹资费用。

（7）境外资金。境外资金是指由我国大陆境外投资者，包括我国香港、澳门、台湾地区和外国投资者投入的资金。通过引入境外的资金，可以提升企业的资金实力和竞争力。

（二）筹资方式

筹资方式是指企业筹集资金所采取的具体形式。目前我国企业筹资方式主要有吸收直接投资、发行普通股股票、留存收益、银行借款、发行公司债券、融资租赁、可转换债券以及认股权证等。

1．吸收直接投资

吸收直接投资是指企业按照“共同投资、共同经营、共担风险、共享收益”的原则，直接吸收国家、法人、个人和外商投入资金的一种筹资方式。吸收直接投资是非股份制企业筹集权益资本的基本方式，采用吸收直接投资的企业，资本不分为等额股份，无须公开发行股票。

企业可以通过吸收国家投资、吸收法人投资、吸收外商直接投资、吸收社会公众投资等取得直接投资。在直接投资下，投资人可以采取货币出资、实物资产出资、知识产权出资、土地使用权出资等多种出资方式。

吸收直接投资筹资具有以下几个特点。

（1）能够尽快形成生产能力。吸收直接投资不仅可以取得一部分货币资金，而且能够直接获得所需的先进设备和技术，尽快形成生产经营能力。

（2）容易进行信息沟通。吸收直接投资的投资者比较单一，股权没有社会化、分散化，甚至有的投资者直接担任公司管理层职务，公司与投资者易于沟通。

（3）吸收直接投资的手续相对比较简便，筹资费用较低，但筹资成本较高。

（4）企业控制权集中，不利于企业治理。如果某个投资者的投资额比例较大，则该投资者对企业的经营管理就会有相当大的控制权，容易损害其他投资者的利益。

（5）不利于产权交易。吸收的投入资本由于没有证券为媒介，不利于产权交易，难以进行产权转让。

2. 发行普通股股票

股票是股份有限公司为筹措股权资本而发行的有价证券，是公司签发的证明股东持有公司股份的凭证。股票只能由股份有限公司发行，它是一种所有权凭证。持有股票的股东依法享有公司收益分享权、公司重大决策参与权、选择公司管理者的权利、股份转让权、优先认购权、剩余财产分配权，并以其所持股份为限对公司承担责任。

相关链接 4-1

股票的种类

1. 按股东权利和义务，分为普通股股票和优先股股票

普通股股票简称普通股，是公司发行的代表着股东享有平等的权利、义务，不加特别限制的，股利不固定的股票。普通股是最基本的股票，股份有限公司通常情况只发行普通股。

优先股股票简称优先股，是公司发行的相对于普通股具有一定优先权的股票，其优先的权利主要表现在股利分配优先权和分取剩余财产优先权上。优先股股东在股东大会上无表决权，在参与公司经营管理上受到一定限制，仅对涉及优先股权利的问题有表决权。

2. 按票面有无记名，分为记名股票和无记名股票

记名股票是在股票票面上记载有股东姓名或将名称记入公司股东名册的股票，无记名股票不登记股东名称，公司只记载股票数量、编号及发行日期。

我国《公司法》规定，公司向发起人、国家授权投资机构、法人发行的股票为记名股票；向社会公众发行的股票，可以为记名股票，也可以为无记名股票。

3. 按发行对象和上市地点，分为A股、B股、H股、N股和S股等。

A股即人民币普通股股票，由我国境内公司发行，境内上市交易，它以人民币标明面值，以人民币认购和交易。B股即人民币特种股票，由我国境内公司发行，境内上市交易，它以人民币标明面值，以外币认购和交易。H股是注册地在内地、在香港上市的股票，依此类推，在纽约和新加坡上市的股票就分别称为N股和S股。

发行普通股筹资具有以下几个特点。

（1）所有权与经营权相分离，公司的日常经营管理事务主要由公司的董事会和经理层

负责，有利于公司自主管理、自主经营。

（2）筹资费用较高，但没有固定的股息负担，资本成本较低。企业可以根据盈利状况决定支付股利的时机和多少，相对于吸收直接投资来说，普通股筹资的资本成本较低。

（3）能增强公司的社会声誉。普通股筹资使得股东大众化，由此给公司带来了广泛的社会影响。特别是上市公司，其股票的流通性强，有利于市场确认公司的价值。

（4）促进股权流通和转让。普通股筹资以股票作为媒介的方式便于股权的流通和转让，有利于吸收新的投资者。

（5）公司控制权分散，容易被经理人控制。同时，流通性强的股票交易，也容易被恶意收购。

3．留存收益

留存收益是指企业从历年实现的利润中提取或形成的留存于企业的内部积累，包括盈余公积和未分配利润两类。

（1）留存收益的性质。从性质上看，企业通过合法有效的经营所实现的税后净利润都属于企业的所有者。企业将本年度的利润部分甚至全部留存下来的原因很多，主要包括以下几点：第一，收益的确认和计量是建立在权责发生制基础上的，企业有利润，但企业不一定有相应的现金净流量的增加，因而企业不一定有足够的现金将利润全部或部分派给所有者。第二，法律法规从保护债权人利益和企业可持续发展等角度出发，限制企业将利润全部分配出去。《公司法》规定，企业每年的税后利润必须提取 10%的法定盈余公积金。第三，企业基于自身扩大再生产和筹资的需求，也会将一部分利润留存下来。企业可以通过提取盈余公积金和保留未分配利润的形式进行留存收益筹资。

（2）留存收益筹资具有以下几个特点。

① 不用发生筹资费用。与企业从外界筹集长期资本、普通股筹资相比，留存收益筹资不需要发生筹资费用，资本成本较低。

② 维持公司的控制权分布。利用留存收益筹资不用对外发行新股或吸收新投资者，由此增加的权益资本不会改变公司的股权结构，不会稀释原有股东的控制权。

③ 筹资数额有限。留存收益的最大数额是企业到期的净利润和以前年度未分配利润之和，不像外部筹资一次性可以筹集大量资金。如果企业发生亏损，那么当年就没有利润留存。另外，股东和投资者从自身期望出发，往往希望企业每年发放一定的利润，保持一定的利润分配比例。

4．银行借款

银行借款是指企业向银行或其他非银行金融机构借入的、需要还本付息的款项，包括偿还期限超过 1 年的长期借款和不足 1 年的短期借款，主要用于企业购建固定资产和满足流动资金周转的需要。

相关链接 4-2

银行贷款的种类

1. 按提供贷款的机构不同，分为政策性银行贷款、商业银行贷款和其他金融机构贷款

政策性银行贷款是指执行国家政策性贷款业务的银行向企业发放的贷款，通常为长期贷款，如国家开发银行、中国进出口信贷银行、中国农业发展银行等提供的贷款。商业银行贷款是指由各商业银行，如中国工商银行、中国建设银行、中国农业银行、中国银行等，向工商企业提供的贷款，用以满足企业生产经营的资金需要，包括短期贷款和长期贷款。其他金融机构贷款，如从信托投资公司、财务公司、保险公司等取得的贷款，其他金融机构贷款一般较商业银行贷款的期限要长，要求的利率较高，对借款企业的信用要求和担保的选择比较严格。

2. 按机构对贷款有无担保要求，分为信用贷款和担保贷款

信用贷款是指以借款人的信誉或保证人的信用为依据而获得的贷款。企业取得这种贷款，无须以财产作抵押。这种贷款由于风险较高，银行通常要收取较高的利息，往往还附加一定的限制条件。担保贷款是指由借款人或第三方依法提供担保而获得的贷款。担保贷款包括保证贷款、抵押贷款和质押贷款。保证贷款是指按《担保法》规定的保证方式，以第三人作为保证人承诺在借款人不能偿还借款时，按约定承担一定保证责任或连带责任而取得的贷款。抵押贷款是指以借款人或第三人的财产作为抵押物而取得的贷款。抵押物必须是能够变现的资产，当债务人不履行债务时，债权人有权将该财产折价或者以拍卖、变卖的价款优先受偿。质押贷款是指以借款人或第三人的动产或财产权利作为质押物而取得的贷款。质押是指债务人或第三人将其动产或财产权利移交给债权人占有，将该动产或财务权利作为债权的担保，债务人不履行债务时债权人有权以该动产或财产权利折价或者以拍卖、变卖的价款优先受偿。作为贷款担保的质押品，可以是汇票、支票、债券、存款单、提单等信用凭证，可以是依法可以转让的股份、股票等有价证券，也可以是依法可以转让的商标专用权、专利权、著作权中的财产权等。

3. 按企业取得贷款的用途不同，分为基本建设贷款、专项贷款和流动资金贷款

基本建设贷款是指企业因从事新建、改建、扩建等基本建设项目需要资金而向银行申请借入的款项。专项贷款是指企业因为专门用途而向银行申请借入的款项，包括更新改造技改贷款、大修理贷款、研发和新产品研制贷款等。流动资金贷款是指企业为满足流动资金的需求而向银行申请借入的款项，包括流动基金借款、生产周转借款、临时借款、结算借款和卖方信贷。

银行借款筹资具有以下几个特点。

（1）筹资速度快。与发行债券、融资租赁等债权筹资方式相比，银行借款的程序相对简单，所花时间较短，公司可以迅速获得所需资金。

（2）资本成本较低。利用银行借款筹资，比发行债券和融资租赁的利息负担要低，而且无须支付证券发行费用、租赁手续费用等筹资费用。

（3）筹资弹性较大。公司可以根据财务状况的变化与银行协商，变更借款数量、时间和条件，或提前偿还本息。因此，借款筹资对公司具有较大的灵活性，特别是短期借款更是如此。

（4）限制条款多。与债券筹资相比，银行借款合同对借款用途有明确规定，对公司资本支出额度、再筹资、股利支付等行为有严格的约束，借款以后公司的生产经营活动和财务政策必将受到一定程度的影响。

（5）筹资数额有限。银行借款的数额往往受到贷款机构资本实力的制约，不可能像发行债券、股票那样一次筹集到大笔资金，无法满足公司大规模筹资的需要。

5．发行公司债券

企业债券又称公司债券，是企业依照法定程序发行的、约定在一定期限内还本付息的有价证券。债券是持有人拥有公司债权的书面证书，它代表持券人同发债公司之间的债权债务关系。

相关链接 4-3

发行债券的条件

在我国，根据《公司法》的规定，股份有限公司、国有独资公司和两个以上的国有公司或者两个以上的国有投资主体投资设立的有限责任公司，具有发行债券的资格。

根据《证券法》规定，公开发行公司债券，应当符合下列条件：① 股份有限公司的净资产不低于人民币 3 000 万元，有限责任公司的净资产不低于人民币 6 000 万元；② 累计债券余额不超过公司净资产的 40%；③ 最近 3 年平均可分配利润足以支付公司债券 1 年的利息；④ 筹集的资金投向符合国家产业政策；⑤ 债券的利率不超过国务院限定的利率水平；⑥ 国务院规定的其他条件。

公开发行公司债券筹集的资金必须用于核准的用途，不得用于弥补亏损和非生产性支出。

根据《证券法》规定，公司申请公司债券上市交易，应当符合下列条件：① 公司债券的期限为 1 年以上；② 公司债券实际发行额不少于人民币 5 000 万元；③ 公司申请债券上市时仍符合法定的公司债券发行条件。

发行公司债券筹资具有以下几个特点。

（1）一次筹资数额大。发行公司债券筹资能够筹集大额的资金，满足公司大规模筹资的需要。

（2）提高公司的社会声誉。公司债券的发行主体有严格的资格限制，发行公司债券往往是股份有限公司和有实力的有限责任公司所为。通过发行公司债券，一方面为公司筹集了大量资金，另一方面也扩大了公司的社会影响。

（3）筹集资金的使用限制条件少。与银行借款相比，债券筹资的使用具有相对的灵活性和自主性，有利于满足公司固定资产和基本建设投资的需求。

（4）发行资格要求高、手续复杂。发行公司债券，国家对发债公司的资格有严格的限制，从申报、审批、承销到取得资金，需要经过众多环节和较长时间。

（5）资本成本较高。相对于银行借款筹资，发行债券的利息负担和筹资费用都比较高，而且债券不能像银行借款一样进行债务展期，再加上大额的本金和较高的利息，在固定的到期日，将会对公司现金流量产生巨大的财务压力。

6. 融资租赁

租赁是指通过签订资产出让合同的方式，使用资产的一方（承租方）通过支付租金，向出让资产的一方（出租方）取得资产使用权的一种交易行为。在这项交易中，承租方通过得到所需资产的使用权，完成筹集资金的行为。租赁分为经营租赁和融资租赁。

经营租赁是由租赁公司向承租单位在短期内提供设备，并提供维修、保养、人员培训等服务性业务。经营租赁的租赁期一般较短，租赁期满或合同中止以后，出租资产由租赁公司收回。经营租赁比较适用于租用技术过时较快的生产设备。

融资租赁是由租赁公司按承租单位要求出资购买设备，在较长合同期内提供给承租单位使用的融资信用业务，它是以融通资金为主要目的的租赁。融资租赁下由承租企业负责设备的维修、保养，租赁期满可以采取退还租赁公司、继续租赁或企业留购等处理方式。

租赁筹资具有以下几个特点。

（1）所有权与使用权相分离。租赁资产的所有权与使用权分离是租赁的主要特点之一。银行信用虽然也是所有权与使用权相分离，但其载体是货币资金，租赁则是在资金与实物相结合基础上的分离。

（2）融资与融物相结合。租赁是以商品形态与货币形态相结合提供的信用活动，出租人在向企业出租资产的同时解决了企业的资金需求，具有信用和贸易双重性质。它不同于一般的借钱还钱、借物还物的信用形式，而是借物还钱，并以分期支付租金的方式来体现。租赁的这一特点将银行信贷和财产信贷融合在一起，成为企业融资的一种新形式。

（3）租金的分歧归流。在租金的偿还方式上，租金与银行信用到期还本付息不一样，采取了分期回流的方式。出租方的资金一次投入，分期收回。对于承租方而言，通过租赁可以提前获得资产的使用价值，分期支付租金便于分期规划未来的现金流出量。

7. 可转换债券

可转换债券是一种混合型证券，是公司普通债券与证券期权的组合体。可转换债券的持有人在一定期限内，可以按照事先规定的价格或者转换比例，自由地选择是否转换为公司普通股。可转换债券给予债券持有者未来的选择权，在事先约定的期限内，投资者可以选择将债券转换为普通股票，也可以放弃转换权利，持有至债券到期还本付息。可转换债券在正常持有期，属于债权性质，转换成股票后，属于股权性质。可转换债券一般都会有赎回条款，发债公司在可转换债券转换前，可以按一定条件赎回债券。同样，可转换债券一般也会有回售条款，债券持有人可按事先约定的价格将所持债券回卖给发行公司。

相关链接 4-4

可转换债券的发行条件

发行可转换债券要具备以下条件:

（1）最近 3 年连续盈利，且最近 3 年净资产收益率平均在 10%以上；属于能源、原材料、基础设施类的公司可以略低，但是不得低于 7%。

（2）可转换债券发行后，公司资产负债率不高于 70%。

（3）累计债券余额不超过公司净资产额的 40%。

（4）上市公司发行可转换债券，还应当符合关于公开发行股票的条件。

发行分离交易的可转换公司债券，除符合公开发行证券的一般条件外，还应当符合以下条件：公司最近一期末经审计的净资产不低于人民币 15 亿元；最近 3 个会计年度实现的年均可分配利润不少于公司债券 1 年的利息；最近 3 个会计年度经营活动产生的现金流量净额平均不少于公司债券 1 年的利息；本次发行后累计公司债券余额不超过最近一期末净资产额的 40%，预计所附认股权全部行权后募集的资金总量不超过拟发行公司债券金额等。分离交易的可转换公司债券募集说明书应当约定，上市公司改变公告的募集资金用途的，赋予债券持有人一次回售的权利。

所附认股权证的行权价格应不低于公告募集说明书日前20个交易日公司股票均价和前1个交易日的均价；认股权证的存续期间不超过公司债券的期限，自发行结束之日起不少于 6 个月；募集说明书公告的权证存续期限不得调整；认股权证自发行结束至少已满 6 个月起方可行权，行权期间为存续期限届满前的一段期间，或者是存续期限内的特定交易日。

可转换债券筹资具有以下几个特点。

（1）筹资灵活。可转换债券在筹资性质和时间上具有灵活性。债券发行企业先以债务方式取得资金，到了债券转换期，如果股票市价较高，债券持有人将会按约定的价格转换为股票，避免了企业还本付息的负担。如果公司股票价格长期低迷，投资者不愿意将债券转换为股票，企业需即时还本付息清偿债务，也能避免未来长期的股权资本成本负担。

（2）资本成本较低。可转换债券的利率低于同一条件下普通债券的利率，降低了公司的筹资成本；此外，在可转换债券转换为普通股时，公司无须另外支付筹资费用，节约了股票的筹资成本。

（3）筹资效率高。可转换债券在发行时，规定的转换价格往往高于当时本公司的股票价格。如果这些债券将来都转换成了股权，这相当于在债券发行之际，就以高于当时股票市价的价格新发行了股票，以较少的股份代价筹集了更多的股权资金。因此，在公司发行新股时机不佳时，可以先发行可转换债券，以期将来变相发行普通股。

（4）存在不转换和回售的财务压力。如果在转换期内公司股价处于恶化性的低位，持券者到期不会转股，这会造成公司的集中兑付债券本金的财务压力。在设计有回售条款的情况下，若投资者集中在一段时间内将债券回售给发行公司，则会加大公司的财务支付压力。

（5）股价大幅度上扬风险。如果债券转换时公司股票价格大幅度上扬，公司只能以较低的固定转换价格换出股票，会降低公司的股权筹资额。

8．认股权证

认股权证全称为股票认购授权证，是一种由上市公司发行的证明文件，持有人有权在一定时间内以约定价格认购该公司发行的一定数量的股票。广义的权证是指持有人有权于某一特定期间或到期日，按约定的价格，认购或沽出一定数量的标的资产的期权。按买或卖的不同权利，权证可分为认购权证和认沽权证，又称为看涨权证和看跌权证。

认股权证本质上是一种股票期权，属于衍生金融工具，具有实现融资和股票期权激励的双重功能。但认股权证本身是一种认购普通股的期权，它没有普通股的红利收入，也没有普通股相应的投票权。投资者可以通过购买认股权证获得市场价与认购价之间的股票差价收益，因此，它是一种具有内在价值的投资工具。

认股权证筹资具有以下几个特点。

（1）认股权证是一种融资促进工具。它能促使公司在规定的期限内完成股票发行计划，顺利实现融资。

（2）有助于改善上市公司的治理结构。在认股权证有效期间，上市公司管理层及其大股东任何有损公司价值的行为都可能降低上市公司的股价，从而降低投资者执行认股权证的可能性，这将损害上市公司管理层及其大股东的利益。因此，认股权证将有效约束上市公司的败德行为，并激励它们更加努力地提升上市公司的市场价值。

（3）作为激励机制的认股权证有利于推进上市公司的股权激励机制。通过给予管理者和重要员工一定的认股权证，可以把管理者和员工的利益与企业价值成长紧密联系在一起，建立一个管理者与员工通过提升企业价值实现自身财富增值的利益驱动机制。

三、企业筹资决策方法

企业以何种方式筹资，不仅要考虑每种方式的筹资成本，还要考虑科学的资本结构。资本结构优化是企业筹资管理的基本目标，也会对企业生产经营产生制约性的影响。资本成本是资本结构优化的标准，而资本所具有的差异化成本特性，给企业带来了不同的杠杆效应。

（一）资本成本的含义及作用

资本成本是衡量资本结构优化程度的标准，也是对投资获得经济效益的最低要求。企业筹得的资本付诸使用以后，只有投资报酬率高于资本成本，才能表明所筹集的资本取得了较好的经济效益。

1．资本成本的含义

资本成本是指企业为筹集和使用资本而付出的代价，包括筹资费用和占用费用。

筹资费用是指企业在资本筹集过程中为获得资本而付出的代价，如支付的银行借款手续费，发行股票、债券而支付的发行费等。筹资费用通常在资本筹集时一次性发生，在资本使用过程中不再发生。

占用费用是指企业在资本使用过程中因占用资本而付出的代价，如向银行支付的借款利息、为股东支付的股利等。占用费用是因为占用了他人资金而必须支付的，是资本成本的主要内容。

2．资本成本的作用

（1）资本成本是比较筹资方式、选择筹资方案的依据。企业在进行筹资时一般要考虑的因素包括对企业控制权的影响、对投资者吸引力的大小、融资的难易和风险、资本成本的高低等，而资本成本是其中的重要因素。在评价各种筹资方式时，在其他条件相同的情况下，企业筹资应选择资本成本最低的方式。

（2）平均资本成本是衡量资本结构是否合理的依据。企业财务管理的目标是企业价值最大化，企业价值是企业资产带来的未来经济利益的现值。计算现值时采用的贴现率通常会选择企业的平均资本成本，当平均资本成本率最小时，企业价值最大，此时的资本结构是企业理想的最佳资本结构。

（3）资本成本是评价投资项目可行性的主要标准。资本成本通常用相对数表示，它是企业对投入资本所要求的报酬率（或收益率），即最低必要报酬率。任何投资项目，如果它预期的投资报酬率超过该项目使用资金的资本成本率，则该项目在经济上就是可行的。因此，资本成本率是企业用以确定项目要求达到的投资报酬率的最低标准。

（4）资本成本是评价企业整体业绩的重要依据。一定时期企业资本成本的高低，不仅反映企业筹资管理的水平，还可作为评价企业整体经营业绩的标准。企业的生产经营活动，实际上就是所筹集资本经过投放后形成的资产营运，企业的总资产报酬率只有高于其平均资本成本率才能带来剩余收益。

（二）资本成本的计算

1．资本成本计算的基本模式

（1）一般模式。为了便于分析比较，资本成本通常不考虑时间价值的一般通用模型计算，用相对数即资本成本率表达。计算时，将初期的筹资费用作为筹资额的一项扣除，扣除筹资费用后的筹资额称为筹资净额，通用的计算公式是

$$资本成本率=\frac{每年的用资费用}{筹资总额-筹资费用}$$

（2）折现模式。对于金额大、时间超过一年的长期资本，更准确一些的资本成本计算方式是采用折现模式，即将债务未来还本付息或股权未来股利分红的折现值与目前筹资净额相等时的折现率作为资本成本率，即

$$筹资净额现值-未来资本清偿额现金流量现值=0$$

得

$$资本成本率=所采用的折现率$$

2．个别资本成本的计算

个别资本成本是指单一融资方式的资本成本，包括银行借款资本成本、公司债券资本成本、普通股资本成本和留存收益成本等，其中前两类是债务资本成本，后两类是权益资本成本。

（1）银行借款资本成本的计算。银行借款资本成本包括借款利息和借款手续费用。利息费用税前支付，可以起到抵税的作用，一般计算税后资本成本率，税后资本成本率与权益资本成本率具有可比性。银行借款的资本成本率按一般模式计算为

$$k_l=\frac{I(1-T)}{L(1-F)}$$

式中：k_l为银行借款资本成本率；I为银行借款年利息额；L为银行借款的筹资额；F为筹资费用率；T为所得税税率。

对于长期借款，考虑时间价值问题，还可以用折现模式计算资本成本率。

【例4-1】某企业取得3年期长期借款200万元，年利率10%，每年付息一次，到期一次还本，借款费用率0.5%，企业所得税税率25%，该项借款的资本成本率为

$$k_l=\frac{200\times10\%\times(1-25\%)}{200\times(1-0.5\%)}=7.54\%$$

考虑时间价值，该项长期借款的资本成本计算如下（M为债务面值）：

$$M(1-F)=\sum_{t=1}^{n}\frac{I_t(1-T)}{(1+k_l)^t}+\frac{M}{(1+k_l)^n}$$

即 $200\times(1-0.5\%)=200\times10\%\times(1-25\%)\times(P/A,k_l,3)+200\times(P/F,k_l,3)$

当 k_l=7%时：

$200\times10\%\times(1-25\%)\times(P/A,7\%,3)+200\times(P/F,7\%,3)$=202.624 5

当 k_l=8%时：

$200\times10\%\times(1-25\%)\times(P/A,8\%,3)+200\times(P/F,8\%,3)$=197.416 5

采用插值法：$k_l=7\%+\dfrac{199-202.624\,5}{197.416\,5-202.624\,5}\times(8\%-7\%)$=7.70%

（2）公司债券资本成本的计算。公司债券资本成本包括债券利息和债券发行费用。债券可以溢价发行，也可以折价发行，其资本成本率按一般模式计算为

$$k_b=\frac{I(1-T)}{B(1-F)}$$

式中：k_b表示债券资本成本；I为公司债券年利息；B为公司债券筹资总额；T为所得税税率；F为筹资费用率。

【例 4-2】某企业以 1 155 元的价格，溢价发行面值为 1 000 元、期限 10 年、票面利率为 8%的公司债券一批。每年付息一次，到期一次还本，发行费用率 3%，所得税税率 25%。该批债券的资本成本率为

$$k_b=\frac{1\,000\times8\%\times(1-25\%)}{1155\times(1-3\%)}=5.36\%$$

考虑时间价值，该项公司债券的资本成本计算如下：

$1155\times(1-3\%)=1\,000\times8\%\times(1-25\%)\times(P/A,k_b,10)+1\,000\times(P/F,k_b,10)$

当 k_b=5%时：

$1\,000\times8\%\times(1-25\%)\times(P/A,5\%,10)+1\,000\times(P/F,5\%,10)$=1 077.202

当 k_b=4%时：

$1\,000\times8\%\times(1-25\%)\times(P/A,4\%,10)+1\,000\times(P/F,4\%,10)$=1162.254

采用插值法：$k_b=4\%+\dfrac{1120.35-1162.254}{1\,077.202-1162.254}\times(5\%-4\%)$=4.49%

（3）普通股资本成本的计算。普通股资本成本主要是向股东支付的各期股利。由于各期股利并不一定固定，它随企业各期收益波动，因此，普通股的资本成本只能按贴现模式计算，并假定各期股利的变化具有一定的规律性。如果是上市公司普通股，其资本成本还可以根据该公司的股票收益率与市场收益率的相关性，按资本资产定价模型法估计。

① 股利增长模型法。假定资本市场有效，股票市场价格与价值相等。假定某股票本期支付的股利为 D_0，未来各期股利按 g 速度增长，普通股的筹资费用率为 F，目前股票市场价格为 P_0，则普通股资本成本 k_s 为

$$k_s=\frac{D_0(1+g)}{P_0(1-F)}+g=\frac{D_1}{P_0(1-F)}+g$$

【例 4-3】某公司普通股市价 50 元，筹资费用率 3%，本年发放现金股利每股 0.8 元，预期股利年增长率为 8%，则

$$k_s = \frac{0.8\times(1+8\%)}{50\times(1-3\%)} + 8\% = 9.78\%$$

② 资本资产定价模型法。假定资本市场有效，股票市场价格与价值相等。假定无风险报酬率为 R_f，市场平均报酬率为 R_m，某股票贝塔系数为 β，则普通股资本成本率为

$$k_s = R_s = R_f + \beta(R_m - R_f)$$

【例 4-4】某公司普通股 β 系数为 1.8，此时一年期国债利率 3%，市场平均报酬率 8%，则该普通股资本成本率为

$$k_s = 3\% + 1.8\times(8\% - 3\%) = 12\%$$

（4）留存收益资本成本的计算。留存收益是企业税后净利润形成的，是一种所有者权益，其实质是所有者向企业的追加投资，是普通股股东出资额的机会成本。留存收益的资本成本率，表现为股东追加投资要求的报酬率，其计算与普通股成本相同，也分为股利增长模型法和资本资产定价模型法，不同点在于留存收益资本成本不考虑筹资费用。

3．平均资本成本的计算

平均资本成本是指多元化融资方式下的综合资本成本，反映了企业资本成本整体水平的高低。在衡量和评价单一融资方案时，需要计算个别资本成本；在衡量和评价企业筹资总体的经济性时，需要计算企业的平均资本成本。平均资本成本用于衡量企业资本成本水平，确立企业理想的资本结构。

企业平均资本成本是以各项个别资本在企业总资本中的比重为权数，对各项个别资本成本率进行加权平均而得到的总资本成本率。计算公式为

$$K_w = \sum_{j=1}^{n} K_j w_j$$

式中：K_w 为平均资本成本；K_j 为第 j 种个别资本成本；w_j 为第 j 种个别资本在全部资本中的比重。

如何确定个别资本在总资本中所占的比值，是正确计算平均资本成本的关键。一般有三种价值形式可供选择：账面价值法、市场价值法、目标价值法等。

（1）账面价值法。账目价值权数是以各项个别资本的会计报表账面价值为基础来计算资本权数，确定各类资本占总资本的比重。其优点是资料容易取得，可以直接从资产负债表中得到，而且计算结果比较稳定。其缺点是当债券和股票的市价与账面价值差距较大时，导致按账面价值计算出来的资本成本不能反映目前从资本市场上筹集资本的现时机会成本，不适合评价现时的资本结构。

（2）市场价值法。市场价值权数是以各项个别资本的现行市价为基础来计算资本权数，确定各类资本占总资本的比重。其优点是能够反映现时的资本成本水平，有利于进行资本结

构决策。但现行市价处于经常变动之中，不容易取得，而且现行市价反映的只是现时的资本结构，不适用于未来的筹资决策。

（3）目标价值法。目标价值权数是以各项个别资本预计的未来价值为基础来确定资本权数，确定各类资本占总资本的比重。理论上，每个公司都有其目标资本结构，公司按照目标资本结构筹集新的资本，对于反映预期资本结构是有益的，但目标价值的确定难免具有主观性，会对计算结果产生一定的影响。

【例 4-5】弘景公司 2××9 年期末的长期资本账面总额为 2 000 万元，其中：银行长期贷款 400 万元，占 20%；长期债券 500 万元，占 25%；普通股 1 100 万元，占 55%。长期贷款、长期债券和普通股的个别资本成本分别为 6%、8%和 10%。普通股市场价值为 2 000 万元，债务市场价值等于账面价值。该公司的平均资本成本为

按账面价值计算：

$$K_w = 6\% \times 20\% + 8\% \times 25\% + 10\% \times 55\% = 8.7\%$$

按市场价值计算：

$$K_w = \frac{6\% \times 400 + 8\% \times 500 + 10\% \times 2\,000}{400 + 500 + 2\,000} = 9.1\%$$

4．边际资本成本的计算

边际资本成本是企业追加筹资的成本。企业的个别资本成本和平均资本成本，是企业过去筹集的单项资本的成本和目前使用全部资本的成本。然而，企业在追加筹资时，不能仅仅考虑目前所使用资本的成本，还要考虑新筹集资金的成本，即边际资本成本。边际资本成本，是企业进行追加筹资的决策依据。筹资方案组合时，边际资本成本的权数采用目标价值权数。

【例 4-6】某公司设定的目标资本结构为：银行借款 30%，公司债券 20%，普通股 50%。现拟追加筹资 500 万元，按此资本结构来筹资。个别资本成本率预计分别为：银行借款 6%，公司债券 9%，普通股 12%。追加筹资 500 万元的边际资本成本如表 4-1 所示。

表 4-1　　边际资本成本计算表

资本种类	目标资本结构	追加筹资额/万元	个别资本成本	边际资本成本
银行借款	30%	150	6%	1.8%
公司债券	20%	100	9%	1.8%
普通股	50%	250	12%	6%
合计	100%	500	—	9.6%

（三）杠杆效应

杠杆效应是指由于特定固定支出或费用的存在，当某一财务变量以较小幅度变动时，另一相关变量会以较大幅度变动。杠杆效应包括经营杠杆、财务杠杆和联合杠杆三种效应形式。杠杆效应既可以产生杠杆利益，也可能带来杠杆风险。

1．经营杠杆效应

（1）经营杠杆效应。经营杠杆是指由于固定性经营成本的存在，而使得企业息税前利润变动率大于产销量变动率的现象。经营杠杆反映了资产报酬的波动性，用以评价企业的经营风险。息税前利润的计算公式为

$$\text{EBIT}=S-V-F=(P-V_c)Q-F=M-F$$

式中：EBIT为息税前利润；S为销售额；V为变动性经营成本；F为固定性经营成本；P为销售单价；V_c为单位变动成本；Q为产销业务量；M为边际贡献，即销售收入扣除变动成本后的差额。

当产品成本中存在固定成本时，如果其他条件不变，产销业务量的增加虽然不会改变固定成本总额，但会降低单位产品分摊的固定成本，从而提高单位产品利润，使息税前利润的增长率大于产销业务量的增长率，进而产生经营杠杆效应。

（2）经营杠杆系数。只要企业存在固定性经营成本，就存在经营杠杆效应。通常用经营杠杆系数来度量经营杠杆效应程度。经营杠杆系数是息税前利润变动率与产销业务量变动率的比值，计算公式为

$$\text{DOL}=\frac{\text{息税前利润变动率}}{\text{产销量变动率}}=\frac{\Delta\text{EBIT}}{\text{EBIT}}\Bigg/\frac{\Delta Q}{Q}$$

式中：DOL为经营杠杆系数；ΔEBIT为息税前利润变动额；ΔQ为产销业务量变动值。

上式经整理，经营杠杆系数的计算也可以简化为

$$\text{DOL}=\frac{\text{基期边际贡献}}{\text{基期息税前利润}}=\frac{M}{M-F}=\frac{\text{EBIT}+F}{\text{EBIT}}$$

【例4-7】泰华公司产销某种服装，固定成本为500万元，变动成本率为70%。年产销额为5 000万元时，变动成本为3 500万元，固定成本为500万元，息税前利润为1 000万元；年产销额为7 000万元时，变动成本为4 900万元，固定成本仍为500万元，息税前利润为1 600万元。可以看出，该公司产销量增长了40%，息税前利润增长了60%，产生了1.5倍的经营杠杆效应。

$$\text{DOL}=\frac{\Delta\text{EBIT}}{\text{EBIT}}\Bigg/\frac{\Delta Q}{Q}=\frac{600}{1\,000}\Bigg/\frac{2\,000}{5\,000}=1.5$$

$$\text{DOL}=\frac{M}{\text{EBIT}}=\frac{5\,000\times30\%}{1\,000}=1.5$$

（3）经营杠杆与经营风险。经营风险是指企业由于生产经营上的原因而导致的资产报酬波动的风险。引起企业经营风险的主要原因是市场需求和生产成本等因素的不确定性，经营杠杆本身并不是资产报酬不确定的根源，只是资产报酬波动的表现。但是，经营杠杆放大了市场和生产等因素变化对利润波动的影响。只要固定经营成本存在，经营杠杆效应就一定存在。在固定成本不变的情况下，销售额越大，经营杠杆系数越小，经营风险也就越小；反

之，销售额越小，经营杠杆系数越大，经营风险也就越高。一般来说，在其他因素不变的情况下，固定成本越高，经营杠杆系数越大，经营风险也就越高。

【例 4-8】某企业生产 A 产品，固定成本为 100 万元，变动成本率为 60%，当销售额分别为 1 000 万元、500 万元、250 万元时，经营杠杆系数分别为

$$DOL_{1000}=\frac{1000-1\,000\times60\%}{1\,000-1\,000\times60\%-100}=1.33$$

$$DOL_{500}=\frac{500-500\times60\%}{500-500\times60\%-100}=2$$

$$DOL_{250}=\frac{250-250\times60\%}{250-250\times60\%-100}=\infty$$

上例计算结果表明：在其他因素不变的情况下，销售额越小，经营杠杆系数越大，经营风险也就越高，反之亦然。例如，销售额为 1 000 万元时，DOL 为 1.33，销售额为 500 万元时，DOL 为 2，显然后者的不稳定性大于前者，经营风险也大于前者。在销售额处于盈亏临界点 250 万元时，经营杠杆系数趋于无穷大，此时企业销售额稍有减少便会导致更大的亏损。

2．财务杠杆效应

（1）财务杠杆。财务杠杆是指由于固定性资本成本的存在而使得企业每股收益变动率大于息税前利润变动率的现象。财务杠杆反映了股权资本报酬的波动性，用以评价企业的财务风险。每股收益的计算公式为

$$EPS=\frac{(EBIT-I)(1-T)}{N}$$

式中：EPS 为每股收益；I 为债务资本利息；T 为所得税税率；N 为普通股股数。

当有固定利息费用等资本成本存在时，如果其他条件不变，息税前利润的增加会降低每 1 元息税前利润分摊的利息费用，从而提高每股收益，使得普通股收益的增长率大于息税前利润的增长率，进而产生财务杠杆效应。

（2）财务杠杆系数。只要企业融资方式中存在固定性资本成本，就存在财务杠杆效应。通常用财务杠杆系数来衡量财务杠杆效应程度，财务杠杆系数（DFL）是每股收益变动率相对于息税前利润变动率的倍数，计算公式为

$$DFL=\frac{\text{每股收益变动率}}{\text{息税前利润变动率}}=\frac{\Delta EPS/EPS}{\Delta EBIT/EBIT}$$

上式经整理，财务杠杆系数的计算也可以简化为

$$DFL=\frac{\text{息税前利润总额}}{\text{息税前利润总额}-\text{利息}}=\frac{EBIT}{EBIT-I}$$

【例 4-9】红星公司资本总额为 8 000 万元，其中，债券为 3 000 万元，年利率为 10%，今年的息税前利润为 1 500 万元，则红星公司的财务杠杆系数计算如下

$$\text{DFL}=\frac{1\,500}{1\,500-3\,000\times10\%}=1.25$$

上述计算结果表明，当财务成本固定不变时，息税前利润增长 10%，每股收益将以 12.5%的幅度增长，也就是每股收益的增长幅度是息税前利润增长幅度的 1.25 倍；同样，当息税前利润下降 10%，每股收益将以 12.5%的幅度下降。可见，财务杠杆在此对每股收益起到了放大 1.25 倍的作用。

（3）财务杠杆与财务风险。财务风险是指企业由于筹资不当等因素使公司可能丧失偿债能力，从而导致每股收益波动的可能性。由于财务杠杆的作用，当企业的息税前利润下降时，企业仍然需要支付固定的资本成本，导致每股收益以更快的速度下降。财务杠杆系数越高，表明每股收益的波动程度越大，财务风险也就越大。只要有固定性资本成本存在，财务杠杆系数总是大于 1。

3．联合杠杆效应

（1）联合杠杆。经营杠杆和财务杠杆既可以独自发挥作用，也可以综合发挥作用，联合杠杆是用来反映两者之间共同作用结果的，即由于固定生产经营成本和固定财务成本的存在，使得每股收益变动率远远大于销售量变动率的现象。

（2）联合杠杆系数。通常用联合杠杆系数（DTL）表示联合杠杆效应程度。联合杠杆系数是经营杠杆系数和财务杠杆系数的乘积，是普通股每股收益变动率相对于销售量变动率的倍数，其计算公式为

$$\text{DTL}=\frac{\text{普通股每股收益变动率}}{\text{销售量变动率}}$$

上式经整理，联合杠杆系数的计算也可以简化为

$$\text{DTL}=\text{DOL}\times\text{DFL}=\frac{\text{基期边际贡献}}{\text{基期利润总额}}=\frac{M}{M-F-I}$$

【例 4-10】红星公司的经营杠杆系数是 1.5，财务杠杆系数是 1.25，则红星公司的联合杠杆系数为

$$\text{DTL}=\text{DOL}\times\text{DFL}=1.5\times1.25=1.875$$

计算结果表明，产销量增长 10%，每股收益将以 18.75%的幅度增长；同样，产销量下降 10%，每股收益将以 18.75%的幅度下降。可见，联合杠杆在此对每股收益起到了放大 1.875 倍的作用。

（3）联合杠杆与公司风险。公司风险包括企业的经营风险和财务风险。联合杠杆系数反映了经营杠杆和财务杠杆之间的关系，用以评价企业的整体风险水平。在总杠杆系数一定的情况下，经营杠杆系数与财务杠杆系数此消彼长。当企业经营杠杆系数较高，经营风险较大时，企业应扩大权益资本筹资，以保持较小的财务杠杆系数和财务风险。当经营杠杆系数较低，经营风险较小时，企业可以扩大债权筹资，以在较高程度上利用财务杠杆效应。

（四）资本结构

资本结构及其管理是企业筹资管理的核心问题。企业应综合考虑有关影响因素，运用适当的方法确定最佳资本结构，提升企业价值。如果企业现有资本结构不合理，应通过筹资活动优化调整资本结构，使其趋于科学合理。

1．资本结构的含义

资本结构是指企业资本总额中各种资本的构成及其比例关系。资本结构有广义和狭义之分，广义的资本结构包括全部债务与股东权益的构成比率；狭义的资本结构则指长期负债与股东权益资本构成比率。本书所指的资本结构通常是狭义的资本结构，也就是债务资本在企业全部资本中所占的比重。

不同的资本结构会给企业带来不同的后果。企业利用债务资本进行举债经营具有双重作用，既可能发挥财务杠杆效应，也可能带来财务风险。因此，企业必须权衡财务风险和资本成本的关系，来确定最佳的资本结构。所谓最佳资本结构，是指在一定条件下使企业平均资本成本率最低、企业价值最大的资本结构。资本结构优化的目标是降低平均资本成本率或提高普通股每股收益。

2．最优资本结构的决策方法

最优资本结构决策就是要求企业权衡负债的低资本成本和高财务风险的关系，确定合理的资本结构，以实现降低平均资本成本率或提高普通股每股收益的目标。

（1）每股收益分析法。每股收益分析法是比较各种资本结构下的每股收益大小，认为较高每股收益所对应的资本结构较优。通常采用每股收益无差别点进行资本结构决策。

所谓每股收益无差别点是指不同筹资方式下每股收益都相等时的息税前利润和销售额。根据每股收益无差别点，可以分析判断在什么样的息税前利润水平或产销业务量水平前提下，适于采用何种筹资组合方式，进而确定企业的资本结构安排。

在每股收益无差别点上，无论是采用债务还是股权筹资方案，每股收益都是相等的。当预期息税前利润或业务量水平大于每股收益无差别点时，应当选择财务杠杆效应较大的筹资方案，当预期息税前利润或业务量水平小于每股收益无差别点时，应当选择财务杠杆效应较小的筹资方案。图 4-1 中的 $\overline{EBIT}$ 表示无差别点时的息税前利润。

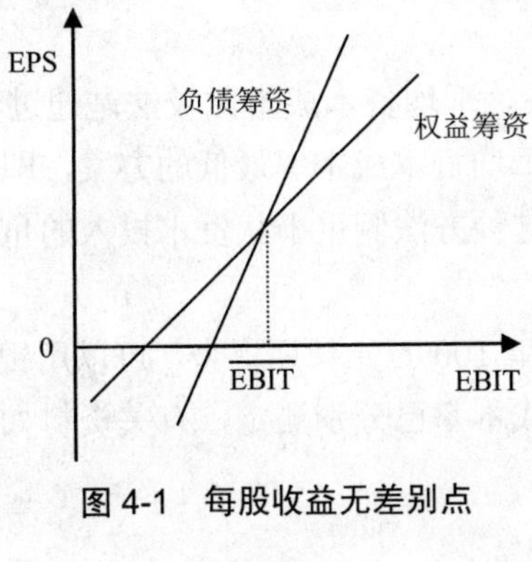

图 4-1　每股收益无差别点

在每股收益无差别点时，不同筹资方案的EPS是相等的，用公式表示如下

$$\frac{(\overline{\text{EBIT}}-I_1)(1-T)}{N_1}=\frac{(\overline{\text{EBIT}}-I_2)(1-T)}{N_2}$$

$$\overline{\text{EBIT}}=\frac{I_1\times N_2-I_2\times N_1}{N_2-N_1}$$

式中：$\overline{\text{EBIT}}$为息税前利润平衡点，即每股收益无差别点；I_1、I_2为两种筹资方式下的债务利息；N_1、N_2为两种筹资方式下普通股股数；T为所得税税率。

【例 4-11】光华公司目前资本结构为：总资本1 000万元，其中，债务资本400万元（年利息40万元），普通股资本600万元（600万股，面值1元，市价5元）。企业由于有一个较好的新投资项目，需要追加筹资300万元，有两种筹资方案：

甲方案：向银行取得长期借款300万元，利息率16%。

乙方案：增发普通股100万股，每股发行价3元。

根据财务人员测算，追加筹资后销售额有望达到1 200万元，变动成本率60%，固定成本为200万元，所得税税率20%，不考虑筹资费用因素。根据上述数据，代入无差别点公式

$$\frac{(\overline{\text{EBIT}}-40)\times(1-20\%)}{600+100}=\frac{(\overline{\text{EBIT}}-40-48)\times(1-20\%)}{600}$$

得

$$\overline{\text{EBIT}}=\frac{40\times600-(40+48)\times(600+100)}{600-(600+100)}=376\text{（万元）}$$

这里，$\overline{\text{EBIT}}$为376万元是两个筹资方案的每股收益无差别点。在此点上，两个方案的每股收益相等，均为0.384元。企业预期追加筹资后销售额1 200万元，预期获利280万元，低于无差别点376万元，应当采用财务风险较小的乙方案，即增发普通股方案。在1 200万元销售额水平上，甲方案的EPS为0.256元，乙方案的EPS为0.274元。

当企业需要的资本额较大时，可能会采用多种筹资方式组合融资。这时，需要详细比较分析各种组合筹资方式下的资本成本及其对每股收益的影响，选择每股收益最高的筹资方式。

（2）平均资本成本比较法。平均资本成本比较法是通过计算和比较各种可能的筹资组合方案的平均资本成本，选择平均资本成本率最低的方案，即能够降低平均资本成本的资本结构，就是合理的资本结构。这种方法侧重于从资本投入的角度对筹资方案和资本结构进行优化分析。

【例 4-12】长达公司需筹集100万元长期资金，可以用银行借款、发行债券、发行普通股三种方式筹集，其个别资本成本率已分别测定，有关资料如表4-2所示。

表 4-2　　　　长达公司资本成本与资本结构数据表

筹资方式	资本结构			个别资本成本率
	A 方案	B 方案	C 方案	
银行借款	40%	30%	20%	6%
发行债券	10%	15%	20%	8%
发行普通股	50%	55%	60%	9%
合计	100%	100%	100%	

首先，分别计算三个方案的综合资本成本 K。

A 方案：K=40%×6%+10%×8%+50%×9% =7.7%

B 方案：K=30%×6%+15%×8%+55%×9% =7.95%

C 方案：K=20%×6%+20%×8%+60%×9% =8.2%

其次，根据企业筹资评价的其他标准，考虑企业的其他因素，对各个方案进行修正之后，再选择其中成本最低的方案。本例中，我们假设其他因素对方案选择的影响甚小，则 A 方案的综合资本成本最低。这样，该公司的资本结构为贷款 40 万元，发行债券 10 万元，发行普通股 50 万元。

（3）公司价值分析法。每股收益分析法与平均资本成本比较法都是从账面价值的角度进行资本结构优化分析，没有考虑市场反应，也没有考虑风险因素。公司价值分析法则是在考虑市场风险的基础上，以公司市场价值为标准进行资本结构优化，即能够提升公司价值的资本结构，就是合理的资本结构。这种方法主要用于对现有资本结构进行调整，适用于资本规模较大的上市公司资本结构优化分析。同时，在公司价值最大的资本结构下，公司的平均资本成本率也是最低的。

设：V 表示公司价值，B 表示债务资本价值，S 表示权益资本价值。公司价值应该等于资本的市场价值，即

$$V = S + B$$

为简化分析，假设公司各期的 EBIT 保持不变，债务资本的市场价值等于其面值，权益资本的市场价值可通过下列公式计算

$$S = \frac{(\text{EBIT} - I)(1 - T)}{K_S}$$

且
$$K_s = R_s = R_f + \beta(R_m - R_f)$$

此时
$$K_w = K_b \frac{B}{V}(1 - T) + K_s \frac{S}{V}$$

【例 4-13】某公司息税前利润为 400 万元，资本总额账面价值 2 000 万元。假设债务账面价值等于市场价值，无风险报酬率为 6%，证券市场平均报酬率为 10%，所得税税率为 40%。经测算，不同债务水平下的权益资本成本率和债务资本成本率如表 4-3 所示。

表 4-3　　不同债务水平下的债务资本成本率和权益资本成本率

债务市场价值 B/万元	税前债务利息率 K_b	股票 β 系数	权益资本成本率
0		1.50	12.0%
200	8.0%	1.55	12.2%
400	8.5%	1.65	12.6%
600	9.0%	1.80	13.2%
800	10.0%	2.00	14.0%
1 000	12.0%	2.30	15.2%
1 200	15.0%	2.70	16.8%

根据表 4-3 中的资料，可计算出不同资本结构下的企业总价值和综合资本成本，如表 4-4 所示。

表 4-4　　公司价值和平均资本成本率

债务市场价值/万元	股票市场价值/万元	公司总价值/万元	债务税后资本成本	普通股资本成本	平均资本成本
0	2 000	2 000	—	12.0%	12.0%
200	1 889	2 089	4.80%	12.2%	11.5%
400	1 743	2 143	5.10%	12.6%	11.2%
600	1 573	2 173	5.40%	13.2%	11.0%
800	1 371	2 171	6.00%	14.0%	11.1%
1 000	1 105	2 105	7.20%	15.2%	11.4%
1 200	786	1 986	9.00%	16.8%	12.1%

可以看出，在没有债务资本的情况下，公司的总价值等于股票的市场价值。当公司增加一部分债务时，财务杠杆开始发挥作用，股票市场价值大于其账面价值，公司总价值上升，平均资本成本率下降。在债务达到 600 万元时，公司总价值最高，平均资本成本率最低。债务超过 600 万元后，随着利息率的不断上升，财务杠杆作用逐步减弱甚至出现副作用，公司总价值下降，平均资本成本率上升。因此，债务为 600 万元时的资本结构是该公司的最优资本结构。

四、企业筹资案例分析

天地公司是一家上市公司，专业生产、销售小家电产品。近年来，随着消费水平的提高，居民对不同类型小家电需求旺盛，公司销售收入增长迅速。为了满足市场需求，天地公司决定在 2020 年年底前建成一座新厂。天地公司为此需要筹措资金 2.5 亿元，其中，0.5 亿元可以通过公司自有资金解决，剩余的 2 亿元需要从外部筹措。2016 年 10 月 31 日，天地公司总经理张宇召开总经理办公会议研究筹资方案，并要求财务负责人刘华提出具体计划，以提交董事会会议讨论。天地公司在 2016 年 10 月 31 日的有关财务数据如下：

（1）资产总额为 26 亿元，资产负债率为 50%，每年平均利息支出 1 000 万元，借款合同规定公司资产负债率不得超过 60%。

（2）公司对外发行普通股 3 亿股。

另外，天地公司建厂后，预计年销售额将达到 4 亿元，毛利率为 12%。天地公司适用的所得税税率为 25%。

随后，公司财务经理刘华根据总经理的要求设计了两套筹资方案，具体如下：

方案一：以增发股票的方式筹资 2 亿元。天地公司目前的普通股每股市价为 7 元，拟增发股票每股定价为 5.3 元，扣除发行费用后预计净价为 5 元。为此，天地公司需要增发 4 000 万股股票以筹集 2 亿元资金。为了给公司股东以稳定的回报，维护其良好的市场形象，天地公司仍将维持其设定的每股 0.25 元的固定股利率分配政策。

方案二：以发行公司债券的方式筹资 2 亿元。鉴于目前银行存款利率较低，天地公司拟发行公司债券。设定债券年利率为 4%，期限为 10 年，每年付息一次，到期一次还本，天地公司预期采用平价发行，发行费用率为 3%。

请分析上述两种筹资方案，帮企业做出筹资决策。

【案例分析】

1．两种筹资方案成本比较

$$股票资本成本=\frac{0.25}{5}=5\%$$

不考虑货币时间价值的情况下，$债券资本成本=\dfrac{2\times10^8\times4\%\times(1-25\%)}{2\times10^8\times(1-3\%)}=3.16\%$

就融资成本看，债券筹资成本低于股票融资成本。

2．考虑资本结构情况，采用每股收益无差别点分析两种筹资方案

$$\frac{(\overline{\text{EBIT}}-1\,000-0.3\times4\,000)(1-25\%)}{30\,000+4\,000}=\frac{(\overline{\text{EBIT}}-1\,000-20\,000\times4\%-20\,000\times3\%)(1-25\%)}{30\,000}$$

解得：$\overline{\text{EBIT}}$=3 900 万，此时每股收益为 0.05 元。

新工厂投产后预期销售额为 4 亿元，毛利率为 12%，因此天地公司预期获利 4 800（40 000×12%）万元，4 800 万元大于每股收益无差别点 3 900 万元，因此，如果预期获利 4 800 万元，则债券融资的每股收益高于股权融资的每股收益，因此，应采用发行债券的方式进行筹资。此外采用债券筹资，还有以下好处：

（1）可以相对减轻公司现金支付压力。由于公司当务之急是解决当前的资金紧张问题，而在近期，发行公司债券相对于增发股票可以少支出现金，该公司每年支付利息的现金支出为 800 万元，比增发股票方式少支出 200 万元，从而可以减轻公司的支付压力。

（2）公司发行债券所承担的利息费用还可以为公司带来纳税利益。天地公司发行公司债券的实际资金成本仅为 3.16%，远远低于股票融资成本。

（3）保证普通股股东的控制权。

（4）可以发挥财务杠杆作用。

筹资建议：将上述两种筹资方案进行权衡比较，天地公司采用发行公司债券的方式较佳。

第二节　企业对外投资管理

一、对外投资的概念和种类

对外投资就是企业在其本身经营的主要业务以外，以现金、实物、无形资产的方式，或者以购买股票、债券等有价证券的方式向境内外的其他单位进行投资，以期在未来获得投资收益的经济行为。

1．按照企业所拥有权益的不同，对外投资可分为股权投资和债权投资

股权投资形成被投资企业的资本金，并使投资企业拥有被投资企业的股权。股权投资可以采用购买上市公司的股票、兼并投资、联营投资等形式。

债权投资形成被投资单位的负债，而投资企业是被投资单位的债权人。债权投资可以采用购买各种债券和租赁投资等形式。

2．按照投资方式的不同，对外投资可分为实物投资与证券投资

实物投资是指直接用现金、实物、无形资产等投入其他企业，并直接形成生产经营活动的能力，为被投资企业的某种生产经营活动创造必要条件。

证券投资是指用现金、实物、无形资产等购买或折价取得其他企业有价证券（如股票、债券等）的对外投资。

3．按照投出资金回收期限的不同，对外投资可分为短期投资和长期投资

短期投资是指能够随时变现，持有时间不超过 1 年的有价证券，以及不超过 1 年的其他投资。

长期投资是指购进不准备随时变现、持有时间在 1 年以上的有价证券，以及超过 1 年的其他对外投资。

二、企业对外投资方式

投资方式，又称“出资方式”，是指投入资本所采取的形式，企业对外投资主要有以下两种方式。

1．直接投资

直接投资是将资本直接投入生产经营中，拥有全部或一定数量的被投资企业资产及经营的所有权，直接或间接地控制被投资企业的经营和管理活动。其主要形式有：① 投资者开办独资企业，独自经营；② 与当地企业合作开办合资企业或合作企业，从而取得各种直接经营企业的权利，并派人员进行管理或参与管理；③ 投资者投入资本，不参与经营，必要时可派人员任顾问或指导；④ 投资者在股票市场上买入现有企业一定数量的股票，通过股权获得全部或相当部分的经营权，从而达到控制该企业的目的。

2．间接投资

间接投资是指购买公司债券、公司股票等各种有价证券，以期获取一定收益的投资。由于其投资形式主要是购买各种有价证券，因此也被称为证券投资。与直接投资相比，间接投资的投资者除股票投资外，一般只享有定期获得一定收益的权利，而无权干预被投资企业对这部分投资的具体运用及其经营管理决策；间接投资的资本运用比较灵活，可以随时调用或转卖，更换其他资产，谋求更大的收益；可以减少因政治经济形势变化而承担的投资损失风险；也可以作为中央银行为平衡银根松紧而采取公开市场业务时购买或抛售的筹码。

企业对外投资具体可以采用货币或其他非货币性资产进行出资，《公司法》规定股东可以用货币出资，也可以用实物、知识产权、土地使用权等依法转让的非货币财产作价出资。

（1）货币。公司设立与运营必然需要一定数量的流动资金以支付创建公司时的开支和启动公司运营，因此，股东可以用货币出资。

（2）实物。实物出资一般是以机器设备、原料、零部件、货物、建筑物和厂房等作为出资。

（3）知识产权。所谓知识产权是指人们对其智力劳动成果所享有的民事权利。传统的知识产权包括商标权、专利权和著作权。

（4）土地使用权。公司取得土地使用权的方式有两种，一种是股东以土地使用权作价后向公司出资而使公司取得土地使用权；另一种是公司向所在地的县市级土地管理部门提出申请，经过审查批准后，通过订立合同而取得土地使用权，公司依照规定缴纳场地使用费。前者为股东的出资方式，但必须依法履行有关手续。

（5）劳务和信用出资。有些大陆法系国家，还允许股东以劳务和信用出资，但仅限于无限公司、两合公司和股份两合公司，而有限责任公司和股份有限公司则不允许股东以劳务和信用出资。

三、企业对外投资决策方法

对外投资是企业获取收益的主要方式之一，本部分内容仅探讨股票投资和债券投资。企业在资金量一定的情况下是否进行股票和债券投资，具体取决于股票和债券的投资风险与收益。

（一）股票投资

股票投资是指企业购买其他企业发行的股票作为投资，如购买普通股、优先股股票。股票投资风险较大，但通常收益也较高。企业进行股票投资一方面能够获取收益，包括获取的股利收入和股票买卖价差；另一方面可以形成控制权，达到控制目标企业的目的。在进行股票投资时，企业要了解股票投资的特点，以便进行股权投资的决策。

1．股票投资的特点

（1）投资收益较高。股票投资收益主要来自资本利得和红利，优质股票的长期价格趋势总是上涨的居多，只要选择得当，就能取得优厚的投资回报。

（2）投资风险较大。股票投资是一项高风险的投资，投资者不能要求企业偿还本金，只能在二级市场进行转让，而股票既受宏观经济状况的影响，也受行业、公司经营状况的影响；既承受商品市场的风险，又承受资本市场的风险等。因此，股票价格变动频繁，波动性较大。

（3）可以参与发行公司的经营管理。普通股股东是股份公司的所有者，他有权监督和控制企业的生产经营情况，并督促其优化资源、整合资产。随着企业收益的增加，股东收益也会随之增加。

（4）求偿权居后。普通股股东对企业资产与盈利的求偿权均居于最后。企业清算时，普通股的求偿权居于债权人、优先股股东之后，因此，普通股股东相应的投资可能得不到全额补偿，甚至有可能血本无归。

2．股票内在价值的估算

进行股票投资，就要测算股票的价值，以决定是否值得投资。股票未来现金流入量的现值就是股票的内在价值。股票投资带给投资人的现金流入量包括两部分：股利收入和出售时的资本利得。股票内在价值是进行股票投资决策时使用的一项主要指标。

（1）短期持有，未来准备出售的股票。

$$V=\sum_{t=1}^{n}\frac{d_t}{(1+k)^t}+\frac{V_n}{(1+k)^n}$$

式中：V为股票价值；V_n为未来出售时预计的股票价格；k为投资者要求的必要报酬率；d_t为第t期的预计股利；n为预计股票持有的期数。

【例 4-14】2015 年 1 月，A 公司准备投资购买 B 公司普通股，短期持有，然后出售以获取价差收益。预计 B 公司普通股两年后股价将上升到每股 10 元，A 公司将在两年后按照该价格出售该股票；在持有股票的两年中，A 公司估计 B 公司会于 2015 年 12 月和 2016 年 12 月两次分配股利，分别为每股 0.8 元和 0.9 元。经过分析，A 公司认为，必须得到 10%的期望收益率，投资购买 B 公司股票才划算。根据以上内容，则 B 公司普通股的内在价值为

$$
\begin{aligned}
V &= 10\times(P/F,10\%,2)+0.8\times(P/F,10\%,1)+0.9\times(P/F,10\%,2)\\
&= 10\times0.8264+0.8\times0.9091+0.9\times0.8264\\
&= 9.74\text{（元）}
\end{aligned}
$$

B 公司普通股购买日的内在价值为 9.74 元。当 B 公司现行股价低于 9.74 元时，A 公司可以购买其股票，否则应放弃购买。

（2）长期持有，股利每年不变的股票价值估算。在每年股利稳定不变且投资人持有时间很长的情况下，股票内在价值的计算公式可以简化为

$$V=\frac{D}{K}$$

式中：V 为股票内在价值；D 为每年获得的固定股利；K 为投资人要求的必要投资报酬率。

【例 4-15】 A 公司准备购买某公司股票，该公司普通股预计年股利为每股 1.2 元，期望收益率为 12%，A 公司准备长期持有，则该股票价格为多少时才能购买？

$$V=\frac{1.2}{12\%}=10\text{（元）}$$

该股票的内在价值为 10 元。如果现行市价高于 10 元，即股票现行市价高于其内在价值，则不适宜投资；如果现行市价低于 10 元，即股票现行市价低于其内在价值，说明该股票还有上涨空间，A 公司此时应该投资购买。

【例 4-16】 假设某公司股票预期每年股利为每股 2 元，若投资者要求的投资必要收益率为 16%，则该股票的每股内在价值为

$$V=\frac{2}{16\%}=12.5\text{（元）}$$

（3）长期持有，股利固定增长的股票价值的估算。如果一个公司的股利不断增长，投资人的投资期限又非常长，则股票的估价就比较困难了，只能计算其近似数。在股利按固定的年增长率增长的情况下，设：D_0 为上年股利，K 为股票期望收益率，股利增长率为 g，则股票价值表示为

$$V=\frac{D_1}{K-g}=\frac{D_0(1+g)}{K-g}$$

式中：D_1 为预计第 1 年的股利。

【例 4-17】 A 公司准备投资购买某股票，该普通股上年股利为 0.6 元，估计年增长率为 5%，A 公司期望得到 14%的收益率，则该种股票的内在价值应为

$$V=\frac{0.6\times(1+5\%)}{14\%-5\%}=7\text{（元）}$$

当该公司股票低于7元时，A公司才值得投资购买。

3．股票投资收益率的衡量

（1）短期股票投资收益率。短期股票投资因持有期限短，通常不用考虑资金的时间价值和通货膨胀因素，主要计算持有期收益率。股票的持有期收益率是指股票持有人在持有期间得到的收益率，其中，股票的持有期是从购入股票到出售股票的时间，通常以年为单位表示（持有期的时间天数除以360）。股票持有期收益率可以根据实际情况换算为年均收益率。

$$持有期收益率=\frac{股票持有期间的股利收入+(股票卖出价-股票买入价)}{股票买入价}\times 100\%$$

【例4-18】2015年4月1日，甲公司购买A上市公司股票，每股市价40元。2016年2月1日，甲公司所持有的该股票每股分派了现金股利5元。2016年7月1日，甲公司以每股55元的价格将该股票出售。要求计算甲公司持有A公司股票的收益率。

$$持有期收益率=\frac{5+(55-40)}{40}\times 100\%=50\%$$

$$持有期年均收益率=\frac{50\%}{15/12}=40\%$$

（2）长期股票投资收益率。计算长期股票投资收益率要考虑资金的时间价值因素。企业进行股票投资，每年获得的股利是经常变动的，当企业出售股票时，也可收回一定的收益。长期股票投资收益率的计算也就是计算股票投资的内含报酬率，这是股票的真实收益率，可采用以下公式

$$P=\sum_{t=1}^{n}\frac{d_t}{(1+k)^t}+\frac{F}{(1+k)^n}$$

式中：P为股票的购买价格；d_t为每年获得的股利；F为股票的出售价格；k为股票投资收益率；n为投资期限。

【例4-19】A公司投资某股票，投资价格为每股10元，持有3年，每年分别获得现金股利为0.5元、0.6元、0.8元，3年后以每股15元的价格将其出售。要求计算投资该股票的收益率。

$10=0.5\times(P/F,k,1)+0.6\times(P/F,k,2)+(15+0.8)\times(P/F,k,3)$

当$k=18\%$时：

$0.5\times(P/F,18\%,1)+0.6\times(P/F,18\%,2)+(15+0.8)\times(P/F,18\%,3)=10.471$

当$k=20\%$时：

$0.5\times(P/F,20\%,1)+0.6\times(P/F,20\%,2)+(15+0.8)\times(P/F,20\%,3)=9.976$

采用插值法：$k=18\%+\dfrac{10-10.471}{9.976-10.471}\times(20\%-18\%)=19.9\%$

4．股票投资决策

股票投资决策是非常复杂的，包括投资对象的选择、投资时机的选择等。一般而言，股

票投资决策方法有两种：一种是计算股票价值，然后将股票价值与股票市价比较以确定是否购买股票；另一种是计算股票投资的内含报酬率，并将之与股票必要报酬率比较以做出合理的投资决策。

（二）债券投资

债券投资是指企业将资金投入各种债券，如国债、公司债和短期融资券等，相对于股票投资，债券投资一般风险较小，能获得稳定收益，但要注意投资债券的信用等级。

1. 债券投资的特点

（1）本金安全性较高。与股票相比，债券投资的风险较小。政府债券有国家财力做保障，其本金的安全性非常高，通常可被视为无风险证券；政府债券的信用度高，一般也不存在本金不能偿还的问题。企业债券有优先求偿权或其他的保证措施，其本金损失的可能性也较小。

（2）收入稳定性较高。债券有固定的票面利率，债券发行人有按时支付利息的法定义务，一般情况下，债券投资人都能获得比较稳定的利息收入。政府债券投资收益相对较低，但是免交所得税；企业债券能够获得比政府债券和金融债券高的收益，但要缴纳所得税；金融债券的收益则介于政府债券和企业债券之间。

（3）市场流动性好。流动性是指债券具有能够按市场价格出售的属性。发行债券的企业一般资产条件较好、信用度高，其发行的债券一般能在金融市场上出售或抵押，流动性强。政府债券和金融债券更是如此。

（4）购买力风险较大。债券的面值和利率在发行时就已确定，如果投资期间通货膨胀率较高，则本金和利息的购买力都将受到影响，会产生购买力的损失。

（5）没有经营管理权。投资债券是一种债权投资行为，投资人不能对债券发行企业施加影响和控制。

2. 债券内在价值的测算

进行债券投资就要估算债券的内在价值。债券的内在价值是指投资者投资于某一债券按其要求的期望收益率折算的未来利息收入和收回本金的折现价值。债券的内在价值是债券投资决策时使用的一项主要指标，只有债券内在价值高于市价才值得投资。

我国债券利息支付方法主要有两种，由此也形成了两种不同的债券内在价值测算方法。

（1）单利计算，到期一次还本付息的债券内在价值测算，其测算公式为

$$V=(M+M\times r\times n)\times(P/F,i,m)$$

式中：V 为债券内在价值；M 为债券面值；r 为票面利率；n 为债券的期限；i 为投资人要求的必要报酬率；m 为债券持有的期限。

【例 4-20】甲公司于 2017 年 1 月 1 日购入另一家公司发行的面值 1 000 元，票面利率 8%，票面期限为 5 年的债券，债券发行日为 2016 年 1 月 1 日，到期日为 2021 年 1 月 1 日，甲公司准备持有该债券至到期，债券到期时本息一次性支付。甲公司要求的投资报酬率为

10%。计算该债券的内在价值。

$$债券的内在价值=(1\,000+1\,000\times8\%\times5)\times(P/F,10\%,4)$$
$$=1\,400\times0.683\,0=956.20（元）$$

该债券的内在价值为956.2元，只有当市价低于债券的内在价值时，甲公司才值得投资该债券。

（2）按期付息，到期还本的债券内在价值测算。债券如果按期支付利息，到期偿还本金，债券内在价值的测算公式为

$$V=\sum_{t=1}^{n}\frac{I_t}{(1+i)^t}+\frac{M}{(1+i)^n}$$

如果每年利息保持不变时，则

$$V=I\times(P/A,i,n)+M\times(P/F,i,n)$$

式中：V为债券内在价值；I为每年的利息；M为债券面值；i为折现率，一般为市场利率或投资人要求的必要报酬率；n为债券到期前的期数。

【例4-21】甲公司准备购买另一家公司面值1 000元，票面利率8%，期限为5年的债券。该债券每年年末支付一次利息，3年后的12月31日到期。投资人要求的报酬率为10%，则该债券的内在价值为

$$V=1\,000\times8\%\times(P/A,10\%,3)+1\,000\times(P/F,10\%,3)$$
$$=80\times2.486\,9+1\,000\times0.751\,3$$
$$=950.25（元）$$

该债券的内在价值是950.25元。如果该债券的市场价值小于950.25，说明债券被低估，值得购买；如果债券市场价值大于950.25，则说明债券被高估，不应该购买。

3．债券投资收益率的衡量

债券投资收益率是一定时期内债券投资收益与投资额的比率。其中，债券收益主要包括债券利息收入、债券买卖价差的收益；投资额包括购买债券时的买价、佣金、手续费等。

（1）短期债券投资收益率。短期债券投资收益率的计算一般比较简单，因为期限短，通常不超过一年，所以不用考虑时间价值因素和通货膨胀因素。对短期债券的计算主要是持有期收益率。

债券的持有期收益率是指债券持有人在持有期间得到的收益率。其中，债券的持有期是从购入债券至售出债券或者债券到期清偿之间的时间，通常以年为单位表示（持有期的实际天数除以360）。由于利息率、收益率指标多数以年利率的形式出现，债券持有期收益率可以根据实际情况换算为年平均收益率。

$$持有期收益率=\frac{债券持有期间的利息收入+(卖出价-买入价)}{债券买入价}\times100\%$$

【例4-22】某企业2015年1月1日以950元价格购买某上市公司债券，该债券面值1 000元，票面年利率为10%，每半年付息一次，期限为5年，当年7月1日收到上半年利息50

元，9 月 30 日以 980 元的价格卖出。要求计算该债券的收益率。

$$持有期收益率=\frac{50+(980-950)}{950}\times100\%=8.42\%$$

$$持有期年均收益率=\frac{8.42\%}{9/12}=11.23\%$$

（2）长期债券投资收益率。长期债券持有期限较长，至少一年，应考虑时间价值，按每年复利计算持有期年均收益率，即计算使债券带来的现金流入量净现值为零的折现率，也就是计算债券的内含报酬率，这是债券投资的真实收益率。

① 到期一次还本付息的债券。

$$持有到期年均收益率=\sqrt[n]{\frac{M}{P}}-1$$

式中：P 为债券买入价；M 为债券卖出价或到期兑付金额；n 为债券实际持有的期限（年）。

【例 4-23】某企业 2016 年 1 月 1 日购入 Q 公司同日发行的 3 年期，到期按单利一次还本付息的债券，面值 10 000 元，票面利率 6%，买入价 9 000 元，则债券持有期年均收益率为

$$持有期收益率=\sqrt[3]{\frac{10\,000+10\,000\times6\%\times3}{9\,000}}-1=9\%$$

② 每年按期付息，到期还本的债券。

$$P=\sum_{t=1}^{n}\frac{I_t}{(1+K)^t}+\frac{M}{(1+K)^n}$$

$$P=I\times(P/A,K,n)+M\times(P/F,K,n)$$

式中：K 为债券持有期年均收益率；P 为债券买入价；I 为持有期每期收到的利息额；M 为售价或到期兑付的金额；N 为债券实际持有的期限（年）。

【例 4-24】A 企业以 10 500 元购入某企业债券，该债券面值 10 000 元，票面利率为 12%，每年支付一次利息，期限为 8 年，A 企业准备持有至到期，计算债券持有期年平均收益率。

根据债券持有期年均收益率的计算公式有

$$10\,500=10\,000\times12\%\times（P/A,K,8)+10\,000\times(P/F,K,8)$$

因为票面利率是 12%，而购买价格高于面值，因此 $K<12\%$。

如果$K=11\%$，则净现值$=10\,000\times12\%\times(P/A,11\%,8)+10\,000\times(P/F,11\%,8)-10\,500$
$=1\,200\times5.146\,1+10\,000\times0.433\,9-10\,500=14.32$

如果$K=12\%$，则净现值$=10\,000\times12\%\times(P/A,12\%,8)+10\,000\times(P/F,12\%,8)-10\,500$
$=1\,200\times4.967\,6+10\,000\times0.403\,9-10\,500=-499.88$

由此可见，年均收益率，即内含报酬率为 10%～12%。

利用插值法可计算求得

$$k = 11\% + \frac{14.32}{14.32 + 499.88} \times (12\% - 11\%) = 11.03\%$$

4．债券投资的决策

债券投资决策的方法之一是计算确定债券的内在价值，将债券的内在价值与债券市价进行比较。债券内在价值是投资者购买该债券时可接受的最高市价，若前者大于后者，说明投资者认为债券的市场价格还有可能上涨，现在购买可以获得价差利益；若前者小于后者，说明投资者认为债券的价值被高估，其价格随时可能下跌，此时不宜购买该债券。这种债券投资决策的关键是计算确定债券价值所需要的折现率。

债券投资决策的方法之二就是确定债券的投资收益率，将债券的投资收益率与企业要求的最低收益率对比来决定是否进行投资。当债券的投资收益率高于企业要求的最低收益率时，可以投资；反之，则不宜投资。

（三）证券投资组合

证券投资组合是指由两种或两种以上的证券按照不同的比例构成的投资组合。有效投资组合是指在既定的风险程度上，实现的预期收益率最高，或在既定的预期收益率水平上，带来的风险最低的投资组合。

1．系统性风险与非系统性风险

证券投资中风险与收益是对应的，即风险越大，收益也就越大，但我们往往希望取得收益的同时降低风险。根据风险能否降低，证券投资风险可分为两种：系统性风险和非系统性风险。

（1）系统性风险。系统性风险是由于外部经济环境因素变化对证券市场上所有证券都产生影响的共同性风险。系统性风险无法通过投资多样化的证券组合而加以避免，也称为不可分散风险。它主要包括：利息率风险、再投资风险和购买力风险。

（2）非系统性风险。非系统性风险是由于特定经营环境或特定事件变化引起的不确定性，从而对个别证券产生影响的特有性风险。非系统性风险可以通过持有证券的投资多样化来抵消，也称为可分散风险。它主要包括：履约风险、变现风险、破产风险等。

对于非系统性风险，可以通过投资多样化来分散。当投资组合中各单个项目预期报酬存在正相关时，其组合不会产生任何风险分散效应，它们之间正相关的程度越小，其组合可产生的风险分散效应越大；当投资组合中各单个项目预期报酬存在负相关时，其组合可使其总体的风险趋近于 0，它们之间负相关的程度越小，则其组合可产生的风险分散效应越小。

2．证券投资组合风险

现代证券投资组合理论表明，证券投资组合的预期收益率是投资组合中各个证券预期收益率的加权平均数；而组合的风险不是各个证券风险的加权平均数，一般低于加权平均数。

假定两种证券的预期收益率分别为 K_A 和 K_B，每种证券在证券投资组合中所占的比重分别为 W_A 和 W_B，方差分别为 σ_A^2 和 σ_B^2，则证券投资组合的预期收益率 K_{AB} 为单个证券预期收

益率的加权平均数，其计算公式为

$$K_{AB}=W_A\times K_A+W_B\times K_B$$

投资组合的总风险由投资组合收益率的方差和标准离差来衡量。由两种资产组合而成的投资组合收益率方差的计算公式为

$$\sigma_{AB}^2=W_A^2\sigma_A^2+W_B^2\sigma_B^2+2W_AW_B\sigma_A\sigma_Br_{AB}$$

式中：r_{AB}为证券 A 与 B 的相关系数。

当$r_{AB}=1$时，$\sigma_{AB}=W_A+W_B$。

当$r_{AB}=0$时，$\sigma_{AB}^2=W_A^2\sigma_A^2+W_B^2\sigma_B^2$。

当$r_{AB}=-1$时，$\sigma_{AB}=W_A-W_B$。

当$W_A=\dfrac{\sigma_A}{\sigma_A+\sigma_B}$，$W_B=\dfrac{\sigma_B}{\sigma_A+\sigma_B}$时，证券投资组合的风险为 0，即两种证券的风险完全抵消。

3．风险的不可分散程度

系统性风险指的是由于某些因素给市场上所有的证券都带来经济损失可能性的风险，它的不可分散程度通常用β系数来计量。如果将市场上全部证券看作一个市场证券组合，某个证券系数的计量公式为

$$\beta_i=\frac{\text{某种证券的风险收益率}}{\text{证券市场所有证券的平均市场收益率}}$$

通常β系数由一些投资服务机构定期计算并公布，整个证券市场的β系数为 1；当β=0.5，说明该股票风险只有整个市场风险的一半；当 β=1，说明该股票风险等于整个市场股票的风险；当 β=2.0，说明该股票的风险是整个市场股票风险的两倍。证券组合 β 系数的计量公式为

$$\beta_p=\sum_{i=1}^{n}W_i\beta_i$$

式中：β_p为证券投资组合的系数；W_i为第 i 种证券在证券投资组合中所占的比重；β_i为第 i 种证券的β系数；n 为证券投资组合中所包含的证券数目。

4．证券组合的必要报酬率

$$K_i=R_F+\beta_p(R_M-R_F)$$

式中：K_i为证券投资组合的必要报酬率；R_F为无风险收益率；β_p为证券投资组合的β系数；R_M为整个证券市场的平均收益率。

【例 4-25】某企业持有 A、B、C、D 四种股票组成的证券组合，该组合中它们所占的比例分别为① 40%、30%、20%、10%；② 40%、10%、20%、30%。β系数分别为 1.2、0.5、

1.5、2，若股票市场的平均收益率为14%，无风险收益率为8%，则该股票组合的β系数和必要收益率为

① β_{ABCD}=40%×1.2+30%×0.5+20%×1.5+10%×2

=1.13

K_{ABCD}=8%+1.13×(14%−8%)

=8%+6.78%

=14.78%

② β_{ABCD}=40%×1.2+10%×0.5+20%×1.5+30%×2

=1.43

K_{ABCD}=8%+1.43×(14%−8%)

=8%+8.58%

=16.58%

四、对外投资案例分析

七星公司是一家从事电子节能控制技术且集相关产品研发、生产、销售和服务于一体的国家高新技术企业，其产品远销海内外。近年来，随着公司的不断发展，企业规模不断扩大，销售利润逐年上升。为了提高公司资产收益率，公司董事会经讨论决定，将公司一笔长期闲置资金6 000万元进行对外投资，投资期为3年。为了分散风险，七星公司决定将4 000万元用于购买债券，2 000万元用于购买股票，该公司只准备投资其中一家公司的股票和一家公司的债券。

七星公司经过对市场的考察分析发现：

（1）现有A、B、C三家公司股票可供选择，已知A公司股票现行市价为每股3.5元，上年每股收益为0.2元，股利支付率为75%，假设留存收益均用于投资，新增投资报酬率为24%。B公司股票现行市价为每股7元，上年每股收益为0.6元，股利支付率为100%，预期未来不增长。C公司股票现行市价为4元，上年每股收益为0.4元，股利支付率为50%不变，预计该公司未来三年净利润第1年增长14%，第2年增长14%，第3年增长5%，第4年及以后将保持每年2%的固定增长率水平。

（2）现有同日发行的E、F两家公司债券，其中，E公司债券面值为100元，期限为3年期，票面利率为12%，到期一次还本付息，发行价100元；F公司债券100元，期限为3年，票面利率为10%，每半年付息一次，发行价98元。

假设七星公司要求的必要报酬率为10%，请帮助七星公司做出股票和债券的投资决策。

（1）首先，先分析A、B、C三支股票的内在价值。

$$A\text{公司股利增长率}=\frac{0.2\times25\%\times24\%\times75\%}{0.2\times75\%}=6\%$$

则，A公司股票内在价值$V_A=\dfrac{0.2\times75\%\times(1+6\%)}{10\%-6\%}=3.98$（元）

B公司股票内在价值$V_B=\dfrac{0.6}{10\%}=6$（元）

C 公司预期第 1 年的股利=0.4×50%×(1+14%)=0.23（元）

C 公司预期第 2 年的股利=0.23×(1+14%)=0.26（元）

C 公司预期第 3 年的股利=0.26×(1+5%)=0.27（元）

C 公司股票的内在价值

$$\begin{aligned}V_C&=0.23\times(P/F,10\%,1)+0.26\times(P/F,10\%,2)+0.27\times(P/F,10\%,3)\\&\quad+\frac{0.27\times(1+2\%)}{10\%-2\%}\times(P/F,10\%,3)\\&=3.21\text{（元）}\end{aligned}$$

由于 A 公司股票价值（3.98 元）高于其市价 3.5 元，故 A 公司的股票值得投资购买。B 公司股票价值（6 元）低于其市价（7 元），C 公司股票价值（3.21 元）低于其市价（4 元），故 B 公司和 C 公司的股票都不值得投资。

（2）其次，分析 E、F 公司债券的内在价值。

E公司债券的内在价值$=(100\times12\%\times3+100)\times(P/F,10\%,3)=102.177$（元）

F公司债券的内在价值$=100\times10\%\times\dfrac{1}{2}\times(P/A,10\%,6)+100\times(P/F,10\%,6)=96.907$（元）

由于 E 公司债券的内在价值（102.177 元）>发行价（100 元），而 F 公司债券的内在价值（96.907 元）<发行价（98 元），因此投资 E 公司债券更有利。

延伸阅读

货币时间价值

一、货币时间价值的终值和现值

（1）货币时间价值是指货币随着时间的推移而发生的增值，也称为资金时间价值。货币时间价值的主要理念是同样金额的资金，在不同的时点上，其价值是不一样的。

（2）终值又称为将来值或本利和，是指现在某一期一定数额的资金折合成未来时点货币量的价值，通常用 F 表示。

（3）现值又称为折现值，是指未来某一时期一定数额的现金折合成现在时点货币量的价值，通常用 P 表示。

（4）复利，是以当期期末本利和为下期计息基础来计算下期利息，即利上加利或利滚利。

复利终值的一般计算公式为

$$F=P(1+i)^n=P(F/P,i,n)$$

复利现值的一般计算公式为

$$P=F(1+i)^{-n}=F(P/F,i,n)$$

式中：F 为复利终值；P 为复利现值；i 为利息率；n 为计息期数；$(1+i)^n$ 为复利终值系数，可用$(F/P,i,n)$来表示；$(1+i)^{-n}$ 为复利现值系数，可用$(P/F,i,n)$表示。

二、年金

年金是指一定时期内每隔相同时期等额收付的系列款项，通常记作 A，按发生时间的不同，年金分为普通年金、预付年金、递延年金、永续年金等四种。

1. 普通年金

普通年金又称后付年金，是指各期期末收付的年金。

普通年金终值是指最后一次支付时的本利和，它是每次支付的复利终值之和，即 $F=A(F/A,i,n)$，其中，$(F/A,i,n)$ 为普通年金终值系数。

普通年金现值是指为了在每期期末取得相等金额的款项现在需要投入的金额，即 $P=A(P/A,i,n)$，其中，$(P/A,i,n)$ 是普通年金现值系数。

2. 预付年金

预付年金是指在每期期初支付的年金，又称即付年金或先付年金。

（1）预付年金终值可以用以下两种方法计算：

方法一：可先套用普通年金的终值公式，再将其往后调整一期得到，即 $F=A\times(F/A,i,n)\times(1+i)$。

方法二：可用计算（n+1）期的普通年金的终值，再把多算的 A 减掉，即 $F=A\times[(F/A,i,n+1)-1]$。

（2）预付年金现值可以用以下两种方法计算：

方法一：套用普通年金现值的计算公式，再将其往后调整一期，即 $P=A\times(P/A,i,n)\times(1+i)$。

方法二：假设 0 时点没有等额的支付 A，计算（n−1）期的普通年金的现值，再把 0 时点 A 加上，即 $P=A\times[(P/A,i,n-1)+1]$。

3. 递延年金

递延年金是指第一次支付发生在第二期或第二期以后的年金。

递延年金的终值与普通年金的计算方法相似，但要考虑“期数”，递延年金终值与递延期无关。

递延年金的现值有两种计算方法：

方法一：先把递延年金视为 n 期普通年金，求出递延年金在递延期（m 期）期末的现值，再将此现值换算为第 1 期的期初，就是递延年金的现值。即

$$P = A\times(P/A,i,n)\times(P/F,i,m)$$

方法二：假设递延期也有等额普通年金，先求出 $m+n$ 期的普通年金现值，再减去假设的递延期（m 期）的普通年金现值，就可以得到递延年金的现值，即

$$P = A\times(P/A,i,m+n) - A\times(P/F,i,m)$$

4．永续年金

无限期定额支付的年金称为永续年金。永续年金没有终止的时间，也就没有终值。

永续年金的现值：

$$P = A\sum_{t=1}^{n}(1+i)^{-t} = \frac{A}{i}$$

复习思考题

1．企业筹资渠道和筹资方式有哪些？
2．什么是资本成本？资本成本的作用是什么？
3．简述经营杠杆与经营风险的关系。
4．简述财务杠杆与财务风险的关系。
5．如何确定最优的资本结构？
6．比较股票投资和债券投资的特点。
7．什么是证券投资组合？证券投资组合风险包括哪些？

业务计算题

1．某公司拟筹资 6 000 万元投资一条新的生产线，准备采用以下三种方式：

（1）向银行借款 2 000 万元，借款年利率为 5%，借款手续费为 1%；

（2）按面值发行债券 3 000 万元，债券年利率为 8%，债券发行费用占发行总额的 5%；

（3）按面值发行普通股 1 000 万元，预计第一年股利率为 8%，以后年增长为 2%，股票发行费用 100 万元。

该公司所得税税率为 25%，预计该项目投产后，每年可获得收益额 500 万元。

要求：（1）计算个别资本成本；

（2）计算该方案的加权平均资本成本；

（3）分析此方案的可行性。

2．某公司20×6年年初的负债及所有者权益总额为9 000万元，其中，公司债券为1 000万元（按面值发行，票面年利率为8%，每年年末付息，3年后到期）；普通股股本为4 000万元（面值1元，4 000万股）；资本公积为2 000万元；其余为留存收益。20×6年该公司为扩大生产规模，需要再筹集1 000万元资金，有以下两个筹资方案可供选择。

方案一：增加发行普通股，预计每股发行价格为5元；

方案二：增加发行同类公司债券，按面值发行，票面年利率为8%。

预计20×6年可实现息税前利润2 000万元，该公司适用的企业所得税税率为25%。

要求：（1）计算增发股票方案的下列指标：20×6年增发普通股股份数，20×6年全年债券利息（小数点后保留2位）；

（2）计算增发公司债券方案下的20×6年全年债券利息；

（3）计算每股利润的无差异点，并据此进行筹资决策。

3．某公司20×6年销售产品10万件，单价50元，单位变动成本30元，固定成本总额100万元。该公司负债60万元，年利息率为12%，所得税税率为25%。

要求：（1）计算20×6年边际贡献；

（2）计算20×6年息税前利润；

（3）计算该公司复合杠杆系数。

4．已知某企业只生产一种产品，年销售量5万件，每件单价100元，变动成本率为70%，固定成本总额为50万元。企业总资产为80万元，负债30万元，利率为10%，普通股50万股，每股面值1元，若公司所得税税率为25%。

要求：（1）计算息税前利润（EBIT）；

（2）计算每股收益（EPS）；

（3）计算经营杠杆系数（DOL）；

（4）计算财务杠杆系数（DFL）；

（5）计算总杠杆系数（DTL）。（计算结果保留小数点后两位）

5．某公司进行一项股票投资，需要投入资金200 000元，该股票准备持有5年，每年可获得现金股利10 000元，根据调查分析，该股票的β系数为1.5，目前市场上国库券的利率为6%，股票市场上的股票市场风险报酬率为4%。

要求：计算该股票5年后市价大于多少时，才值得购买。

6．甲公司持有A、B、C三种股票，在由上述股票组成的证券投资组合中，各股票所占的比重分别为50%、30%和20%，其β系数分别为2.0、1.0和0.5。市场收益率为15%，无风险收益率为10%。A股票当前每股市价为12元，刚收到上一年度派发的每股2元的现金股利，预计股利以后每年将增长 8%。

要求：（1）计算甲公司证券组合的 β 系数；

（2）计算甲公司证券组合的风险收益率；

（3）计算甲公司证券组合的必要投资收益率；

（4）计算投资 A 股票的必要投资收益率；

（5）利用股票估价模型分析以当前价格出售 A 股票是否对甲公司有利。

7. A 企业于 20×6 年 1 月 5 日以每张 1 020 元的价格购买 B 企业发行的利随本清的企业债券。该债券的面值为 1 000 元，期限为 3 年，票面年利率为 10%，不计复利。购买时市场年利率为 8%，不考虑所得税。

要求：（1）利用债券估价模型评价 A 企业购买此债券是否划算。

（2）如果 A 企业于 20×7 年 1 月 5 日将该债券以 1 130 元的市价出售，计算该债券的投资收益率。

8. 20×6 年 7 月 1 日，甲企业打算购买 W 公司 2015 年 1 月 1 日以 960 元折价发行的、每张面值为 1 000 元的债券，票面利率为 10%，4 年到期，到期一次还本付息。

要求：（1）假定 20×6 年 7 月 1 日 W 公司债券的市价为 1 100 元，甲企业购买后准备持有至债券到期日，计算甲企业的到期收益率；

（2）若甲企业 20×6 年 7 月 1 日以 1 100 元的价格购买该债券，于 20×7 年 1 月 1 日以 1 300 元的价格将该债券出售，计算甲企业持有债券期间的收益率。

业务计算题参考答案

第五章　经营决策与全面预算

本章导读

本章主要阐述了经营决策的概念、分类、程序和方法，介绍了全面预算的编制程序和方法。通过本章的学习，能够运用本量利分析的基本模型进行盈亏平衡点分析、实现目标利润的保利分析以及本量利分析中敏感性分析；能够分析解决短期经营决策中的实际问题，能够熟练运用项目投资决策的财务评价方法。了解全面预算的内容和编制流程，掌握企业销售预算、生产预算、直接材料预算以及直接人工预算等的编制。

学习目标

1. 理解本量利分析的概念、基本模型及其假设。
2. 运用本量利分析方法进行短期经营决策。
3. 掌握项目投资决策的评价方法。
4. 掌握全面预算的编制程序和方法。

问题导引

A公司是一家服装生产企业，有三条生产线，同时生产并销售西服、女装和童装，产品的成本核算资料比较完善。根据目前掌握的资料，西服属于亏损产品，女装和童装属于盈利产品。作为公司的总经理，面临日益激烈的市场竞争，请思考以下三个问题：

（1）如何确定公司的盈亏平衡点？如何实现目标利润？

（2）公司应如何解决亏损产品的问题？亏损产品一定要停产吗？

（3）在新的经营年度开始之前，为了保证生产经营活动的顺利进行，公司应如何根据“以销定产”的现代市场经营管理理念做好销售预算、生产预算、财务预算等编制工作？

第一节 经营决策

一、经营决策概述

（一）经营决策的概念与分类

经营决策是指企业为了实现一定的目标，在占有完备资料的基础上充分考虑各种可能的情况，运用科学的理论和方法进行必要的计算、分析和判断以后，从若干备选方案中选取一个最优方案的过程。按照不同的标准，可将经营决策分为不同的种类。

（1）按决策影响时间长短的不同分为短期决策和长期决策。短期决策是指决策方案对企业经济效益的影响在1年以内，通常只涉及1年（或1个营业周期）以内的收支和盈亏，包括产品品种最优组合的决策，零部件自制还是外购的决策等。长期决策是指那些对企业生产经营活动产生影响的时间超过1年（或1个营业周期），并在较长时期内对企业的收支和盈亏产生影响的决策。长期决策一般是指需要投入大量资金的决策，涉及企业的发展方向和规模，资金回收时间长，对企业发展具有战略意义，如对原固定资产进行更新或改造的决策。

（2）按决策的重复程度不同分为程序化决策和非程序化决策。程序化决策是指呈现重复和例行状态的决策，即当一个问题发生时不需要重新再实施新的决策，只要按照事先规定好的一个系统化的程序、规则或政策去做即可。非程序化决策是指复杂的、不是经常重复出现的、非例行的决策，即当决策人员遇到新出现的问题时，没有事先准备好的解决方法可以参照遵循，需要按照程序重新进行决策。例如，新产品的开发、产品的出售或进一步加工的选择等决策就属于非程序化决策。

（3）按决策方案之间的不同关系可以将决策分为接受或拒绝方案决策、互斥方案决策和组合方案决策。接受或拒绝方案决策只需要对一个备选方案做出接受或拒绝的选择，因而又称“单一方案决策”或“采纳与否决策”。这种类型的决策各自独立存在，不受其他任何方案影响，如亏损产品是否停产的决策。互斥方案决策是指在两个或两个以上相互排斥的备选方案中选出唯一的一个方案的决策，属于多方案决策，如零部件是自制还是外购的决策、新产品品种选择的决策等。组合方案决策是指在多个备选方案中选出一组最优的组合方案，属于多方案决策。这种类型的决策主要适用于在企业资源总量受到一定限制时，选择一组最优的组合方案，使企业的综合经济效益达到最大。在进行长期投资决策时，组合方案决策应用较为普遍。

（二）经营决策的一般程序

经营决策的过程，一般按以下步骤进行：

（1）明确决策目标。决策目标是决策分析的出发点和归宿点，经营决策是为了解决企业已经发生或者将要发生的问题，决策首先需要弄清要解决什么问题，要达到何种目的。决策的目标应该具体，以便主管人员考虑和采取相应方案。

（2）设计备选方案。为了得到最优的决策，必须根据决策目标设计出各种在技术上先进、经济上合理的可行方案，以便进行比较并从中选择最优方案。

（3）收集与备选方案有关的资料。在收集与决策方案相关的信息时，可以将定量信息与定性信息相结合，将财务信息与非财务信息相结合。

（4）比较和评价备选方案。在提出备选方案以后，要利用收集的相关资料对各种备选方案采用定量方法进行可行性分析，从不同的侧面论证各方案在技术上和经济上的先进性、合理性与可能性，对各方案做出初步评价。

（5）选择最优方案。选择最优方案是经营决策的关键环节。在初步评价的基础上，还要进一步对各方案进行定性分析，考虑各种非计量或非财务性因素的影响，确定最优方案。一般情况下，最优方案是优点最多、缺点最少的方案。

（6）方案的实施与反馈。在组织实施决策方案的过程中，可能会出现未预料到的情况与问题，因此需要建立信息反馈系统。如果在方案实施中，主、客观条件发生了变化，决策者就需要根据反馈信息，对原定方案进行必要的修正，以尽量防止或减少失误，保证决策目标的顺利实现。

（三）影响企业经营决策的因素

企业必须充分考虑影响经营决策的各种因素，并根据市场需求来确定生产组织方式、产品的品种、产量和价格等经营方向与方针，才能做出正确有效的决策。通常情况下，影响企业经营决策的因素主要包括以下几个方面。

1．相关收入

相关收入是指与特定决策方案相联系，能对决策产生重大影响，决策时必须予以充分考虑的收入。如果某项收入只属于某个经营决策方案，即若有这个方案存在就会发生这项收入，若该方案不存在就不会发生这项收入，那么，这项收入就是相关收入。如果某决策方案无论是否存在均会发生某项收入，则该项收入是与决策方案无关的收入。在短期经营决策中不考虑无关收入，否则可能导致决策失误，而在长期经营决策中，则需要考虑无关收入。

2．相关成本

相关成本是指与特定决策方案相关联的成本。与决策相关联的成本是未来将发生的成本，也是一种有差别的未来成本。只有可供选择的不同方案存在预计成本差异时，这项成本才是与决策有关的相关成本，如差量成本、边际成本、专属成本等均属于相关成本。

3．相关业务量

相关业务量是指在短期经营决策中必须重视的与特定决策方案相联系的产量或销量。在是否增加某种产品的生产决策中，相关业务量是指增产的数量。在半成品深加工的决策中，如果半成品与产成品的投入产出关系不是一比一，则两个方案的相关产量就会不一样，因此不能忽视相关业务量的确定。

二、短期经营决策

（一）短期经营决策的依据

短期经营决策是指企业为了有效地组织现有生产经营活动，合理利用经济资源，以期在不远的将来取得最佳经济效益而进行的决策。企业短期经营决策一般不改变企业现有的生产能力，不增加或少量增加固定资产的投资，侧重于从资金、成本、业务量以及利润等方面分析，探讨如何充分利用现有资源以取得尽可能多的经济效益。企业短期经营决策最基本的依据是本量利模型。

本量利模型（Cost Volume Profit，CVP）的全称是成本—业务量—利润之间的数量模型，是指在成本性态分类的基础上，通过数学模型和图解的方式来揭示成本、业务量（销售量或销售额）、销售单价和利润等变量之间的内在规律性关系。在短期经营决策中利用本量利模型进行定量分析，可帮助企业进行生产决策、定价决策和投资决策等，为企业预测、决策、规划、控制和业绩考评提供依据。本量利的基本模型为

目标利润=销售收入总额-总成本

企业总成本按照成本性态可以划分为固定成本和变动成本。成本性态（Cost Behavior）反映一定条件下成本总额的变动与业务量之间的关系。固定成本是指在一定时期和一定业务量范围内成本总额不随业务量的变动而发生变动，但是单位固定成本会随着业务量的增加而相应减少；变动成本是指在一定时期和业务量范围内成本总额随着业务量的变动而成正比例变动，但是单位变动成本保持不变。因此，本量利分析的基本模型进一步变换为

目标利润=销售收入总额-(变动成本总额+固定成本总额)

=销售单价×销售量-单位变动成本×销售量-固定成本总额

=(销售单价-单位变动成本)×销售量-固定成本总额

需要注意的是，本量利分析是在一定的基本假定前提下进行的，这些基本假定包括：① 成本性态分析的假定，是指企业能够按照成本性态将总成本划分为固定成本和变动成本；② 相关范围假定，是指在相关业务量范围内，固定成本总额不随产量变动而变动，变动成本总额随产量变动而变动；③ 线性模型假定，是指假定在一定时期和业务量范围内，成本函数表现为线性方程；④ 产销平衡和品种结构的假定，是指假定产品的生产量与销售量平衡，而且各种产品销售额在企业总销售额中所占比重不变；⑤ 营业利润假定，是指本量利分析中计算的利润仅仅为营业利润，并未考虑营业外收支及所得税费用的影响。在现实的市场经济条件下，企业生产经营活动会面临各种各样的变数，短期经营决策必须在考虑各种变数的基础上进行本量利分析。

（二）企业短期经营决策的主要内容

企业短期经营决策主要包括生产决策和定价决策。

1．生产决策

在激烈的市场竞争中，如何进行产品生产决策，是确保企业在激烈竞争中立于不败之地的重要环节。生产决策是指在生产领域中，对生产什么、生产多少以及如何生产等几个方面的问题做出的决策，如盈亏平衡点决策、目标利润决策、产品品种决策等。

（1）盈亏平衡点决策。盈亏平衡点（Break Even Point，BEP）是指企业利润为零的业务量点。盈亏平衡点通常表现为盈亏平衡销售量或盈亏平衡销售额。

相关链接 5-1

贡献毛益

（1）贡献毛益（也称边际贡献）是销售收入减去变动成本后的余额，具体表现为贡献毛益总额和单位贡献毛益。

贡献毛益总额=销售收入总额-变动成本总额

单位贡献毛益=销售单价-单位变动成本

贡献毛益总额=单位贡献毛益×销售量

（2）贡献毛益率是指贡献毛益总额占销售收入总额的百分比。

$$\text{贡献毛益率}=\frac{\text{贡献毛益总额}}{\text{销售收入总额}}\times 100\%=\frac{\text{单位贡献毛益}}{\text{销售单价}}\times 100\%$$

单位贡献毛益反映的是单位产品的创利能力，也就是每增加一个单位产品的销售量可提供的创利额。根据本量利模型，贡献毛益、固定成本及营业利润三者之间的关系可用下式表达

营业利润=贡献毛益总额-固定成本总额

贡献毛益是企业获得营业利润的源泉。从上述公式可以看出，销售的产品如果不能提供足够的贡献毛益，企业就不能获得营业利润。但是企业销售的产品所提供的贡献毛益并非企业的营业利润，它首先要用来弥补企业的固定成本，弥补固定成本后的剩余贡献毛益才是企业的营业利润。

与贡献毛益率密切相关的一个指标是变动成本率。变动成本率是指变动成本总额占销售收入总额的百分比，或单位变动成本占销售单价的百分比，计算公式如下

$$\text{变动成本率}=\frac{\text{变动成本总额}}{\text{销售收入总额}}\times 100\%=\frac{\text{单位变动成本}}{\text{销售单价}}\times 100\%$$

贡献毛益总额加上变动成本总额等于销售收入，则贡献毛益率加上变动成本率等于100%，故它们的关系如下

贡献毛益率+变动成本率=1

① 单一品种条件下盈亏平衡点的确定。在单一品种生产条件下，企业生产并销售该产品在盈亏平衡状态的利润为零，同时也是贡献毛益总额与固定成本总额相等的状态，则根据本量利模型可得盈亏平衡点的公式如下

$$盈亏平衡点销售量=\frac{固定成本总额}{单位售价-单位变动成本}$$

$$盈亏平衡点销售额=单位售价\times 盈亏平衡点销售量=\frac{固定成本总额}{单位贡献毛益率}$$

在单一品种条件下，企业产品的单位售价、单位变动成本、固定成本因素的变动都会对盈亏平衡点产生影响。

【例 5-1】佳佳乐公司开发的一种新产品即将投放市场，预计市场售价为 20 元/件，生产该产品年固定成本总额是 3 万元，单位变动成本是 14 元/件。

A．计算该产品的盈亏平衡点销售量和盈亏平衡点销售额。

B．假定佳佳乐公司将产品的单位售价从原来的 20 元提高到 21.5 元，其他因素保持不变，试计算提价后的盈亏平衡点。

C．假定由于原材料采购成本上升，导致产品单位变动成本从 14 元/件上升到 15 元/件，其他因素不变，试计算单位变动成本上升后的盈亏平衡点。

D．假定公司进行固定资产的更新改造，使得生产该产品的年固定成本总额从 3 万元上升到 3.6 万元，其他因素不变，试计算固定成本上升后的盈亏平衡点。

根据题意，解答如下：

A．目前该产品的盈亏平衡销售量和盈亏平衡销售额如下：

$$盈亏平衡点销售量=\frac{30\,000}{20-14}=5\,000（件）$$

盈亏平衡销售额= 20×5 000=100 000（元）

B．其他因素不变，提高销售单价后：

$$盈亏平衡点销售量=\frac{30\,000}{21.5-14}=4\,000（件）$$

盈亏平衡销售额= 21.5×4 000=86 000（元）

C．其他因素不变，单位变动成本上升后：

$$盈亏平衡点销售量=\frac{30\,000}{20-15}=6\,000（件）$$

盈亏平衡点销售额=20×6 000=120 000（元）

D．其他因素不变，固定成本上升后：

$$盈亏平衡点销售量=\frac{36\,000}{20-14}=6\,000（件）$$

盈亏平衡点销售额=20×6 000=120 000（元）

上述分析都是假定单一因素变动的前提下进行的，在实际工作中，企业可能会采取多种措施，通过同时改变多种因素来调整盈亏平衡点。

② 多品种条件下盈亏平衡点的确定。在多种产品生产条件下，由于不同品种的盈亏平衡销售量不能直接相加，企业通常是假定产品品种结构不变的前提（即各种产品销售额在企业总销售额中所占权重不变）下，先计算盈亏平衡点总的销售额，然后再计算各种产品的盈亏平衡销售量。多品种条件下盈亏平衡点计算常用的方法有综合贡献毛益率法。

综合贡献毛益率法下，假设各种产品的销售额在全部产品销售总额中所占的比重保持不变，根据企业的综合贡献毛益率计算多种产品盈亏平衡点。计算步骤如下：

第一步，计算企业的综合贡献毛益率。

$$综合贡献毛益率=\sum(各产品的贡献毛益率\times各产品的销售比重)$$

第二步，计算企业的综合盈亏平衡点销售额。

$$综合盈亏平衡点销售额=\frac{固定成本总额}{综合贡献毛益率}$$

第三步，计算各产品的盈亏平衡销售额。

某产品的盈亏平衡销售额=综合盈亏平衡点销售额×该产品的销售比重

第四步，计算各产品的盈亏平衡点销售量。

$$某产品的盈亏平衡点销售量=\frac{该产品的盈亏平衡点销售额}{该产品的单位售价}$$

【例 5-2】天天企业 20×7 年生产甲、乙、丙三种产品，其有关资料如表 5-1 所示。

表 5-1 天天企业产品资料表

项目	甲产品	乙产品	丙产品
预计产销数量（件）	6 000	4 000	1 500
产品单位售价（元）	10	20	40
预计产品销售额（元）	60 000	80 000	60 000
单位变动成本（元）	6	15	32
固定成本总额（元）	28 000		

根据上述资料，用贡献毛益率法计算该企业的综合盈亏平衡点销售额和各产品的盈亏平衡销售量，相关计算步骤如下：

第一步，计算企业的综合贡献毛益率。

$$甲产品的贡献毛益率=\frac{10-6}{10}\times100\%=40\%$$

$$乙产品的贡献毛益率=\frac{20-15}{20}\times 100\%=25\%$$

$$丙产品的贡献毛益率=\frac{40-32}{40}\times 100\%=20\%$$

$$甲产品的销售比重=\frac{60\,000}{60\,000+80\,000+60\,000}\times 100\%=30\%$$

$$乙产品的销售比重=\frac{80\,000}{60\,000+80\,000+60\,000}\times 100\%=40\%$$

$$丙产品的销售比重=\frac{60\,000}{60\,000+80\,000+60\,000}\times 100\%=30\%$$

$$\begin{aligned}综合贡献毛益率&=\sum(各产品的贡献毛益率\times 各产品的销售比重)\\&=40\%\times 30\%+25\%\times 40\%+20\%\times 30\%=28\%\end{aligned}$$

第二步，计算企业的综合盈亏平衡点销售额。

$$综合盈亏平衡点销售额=\frac{28\,000}{28\%}=100\,000（元）$$

第三步，计算各产品的盈亏平衡点销售额。

甲产品的盈亏平衡点销售额=100 000×30%=30 000（元）

乙产品的盈亏平衡点销售额=100 000×40%=40 000（元）

丙产品的盈亏平衡点销售额=100 000×30%=30 000（元）

第四步，计算各产品的盈亏平衡点销售量。

$$甲产品的盈亏平衡点销售量=\frac{30\,000}{10}=3\,000（件）$$

$$乙产品的盈亏平衡点销售量=\frac{40\,000}{20}=2\,000（件）$$

$$丙产品的盈亏平衡点销售量=\frac{30\,000}{40}=750（件）$$

相关链接 5-2

安全边际与保本作业率

安全边际是指盈亏平衡点以上的销售水平，即现有销售量（或销售额）超过盈亏平衡点销售量（或销售额）的差额。安全边际越大，企业的抗风险能力越强，发生亏损的可能性越小，其经营越安全；反之，安全边际越小，其抗风险能力越差，发生亏损的可能性也越高，经营的安全程度越低。安全边际的计算公式如下

安全边际量（额）=实际或预计销售量（额）−盈亏平衡点销售量（额）

$$安全边际率=\frac{安全边际量}{实际（或预计）销售量}\times100\%=\frac{安全边际额}{实际（或预计）销售额}\times100\%$$

在实际工作中，评价企业生产经营安全与否，通常采用安全边际率这一指标。表5-2为安全边际率与评价企业经营安全程度的一般标准。

表5-2　安全边际率与评价企业经营安全程度的一般标准

安全边际率	10%以下	10%～20%	20%～30%	30%～40%	40%以上
安全程度	危险	不安全	较安全	安全	很安全

保本作业率，又称盈亏平衡点作业率，它是由盈亏平衡点销售量（额）与正常经营（或开工）情况下的销售量（额）之比构成。其计算公式如下

$$保本作业率=\frac{盈亏平衡点销售量（额）}{正常营业销售量（额）}\times100\%$$

保本作业率表明企业保本的业务量在正常业务量中所占的比重，保本作业率与安全边际率之和等于1，即

保本作业率+安全边际率=1

（2）目标利润决策。目标利润决策（也称为保利点决策），是指在保证目标利润实现的前提下展开的本量利分析决策。为便于简化分析，在揭示任何一个因素与目标利润之间的关系时，通常假定其他因素是已知或不变。

① 目标利润下的业务量决策。目标利润下的业务量是指实现目标利润应完成的业务量，又称保利点业务量。它通常有下述两种表现形式，即实现目标利润的销售量和实现目标利润的销售额。其计算公式如下

$$实现目标利润的销售量=\frac{固定成本总额+目标利润}{单位售价-单位变动成本}$$

$$实现目标利润的销售额=\frac{固定成本总额+目标利润}{单位贡献毛益率}$$

或

实现目标利润的销售额=单位售价×实现目标利润的销售量

【例5-3】 红星公司生产了A产品，其单位售价为40元/件，单位变动成本为25元/件，固定成本总额为20 000元。若将年度目标利润确定为100 000元，则可以计算出企业为实现目标利润应完成的销售量和销售额，具体计算结果如下：

$$实现目标利润的销售量=\frac{20\,000+100\,000}{40-25}=8\,000（件）$$

实现目标利润的销售额=40×8 000=320 000（元）

② 目标利润下的成本决策。在企业目标利润已定的情况下，假设产品的单位售价与销售量受到市场的约束而无法改变，则应考虑将变动成本与固定成本控制在一定的水平，以保证目标利润的实现。其计算公式如下

$$目标利润下的单位变动成本=\frac{销售收入总额-固定成本总额-目标利润}{销售量}$$

目标利润下的固定成本=销售收入总额−变动成本总额−目标利润

【例 5-4】以例 5-3 的资料为例，并假定该公司当期最大产量仅为 7 500 件，其他有关单位售价、固定成本及销售利润情况不变。

根据上述资料，可以计算实现目标利润应控制的单位变动成本水平。计算如下：

$$目标利润下的单位变动成本=\frac{40\times 75\ 00-20\ 000-100\ 000}{7\ 500}=24（元/件）$$

假如该公司生产 A 产品的单位变动成本已无法降低，则：

目标利润下的固定成本=(40−25)×7 500−100 000=12 500（元）

③ 目标利润下的价格决策。在企业目标利润一定的情况下，如果销售量与成本分别受到市场需求与企业生产条件的约束而无法改变，此时就应考虑以怎样的销售价格才可以实现目标利润。

$$目标利润下的产品销售单价=\frac{变动成本总额+固定成本总额+目标利润}{销售数量}$$

【例 5-5】以例 5-3 的资料为例，假定该公司因受市场萎缩的影响当期只能销售产品 7 500 件，其他有关单位变动成本、固定成本及目标利润等情况不变。则：

$$目标利润下的产品销售单价=\frac{25\times 7\ 500+20\ 000+100\ 000}{7\ 500}=41（元/件）$$

相关链接 5-3

利润的敏感性分析

在盈亏平衡点和目标利润决策分析中，都假设销售单价、单位变动成本和固定成本等因素在相关范围内保持不变，但实际并非如此，各个因素都是会发生变化的，并且这些因素的变化对利润变化影响的敏感程度存在差异。只有分析利润受各个因素影响的敏感程度，才能帮助管理人员做出相应的决策。在利润的敏感性分析中，有些因素只要略有变化就会使利润发生很大的变动，称之为强敏感因素，而有的因素虽然变动幅度较大，却只对利润产生微小的影响，称之为弱敏感因素。测定各因素敏感程度的指标被称为敏感系数，其计算公式为

$$某因素的敏感系数=\frac{利润的变动率}{该因素的变动率}$$

【例 5-6】 佳士乐公司生产一种产品，预计单位售价为 30 元/件，单位变动成本为 20 元/件，固定成本总额 200 000 元，全年计划销售 100 000 件，预计全年利润 800 000 元。假设产品的单位售价、单位变动成本、销售量和固定成本均上升 10%，各因素对利润的敏感系数如下：

（1）假设单位售价上升 10%。

$$\begin{aligned}利润的变动率&=\frac{利润的变动额}{基期利润}\times100\%\\&=\frac{[30\times(1+10\%)\times100\,000-20\times100\,000-200\,000]-800\,000}{800\,000}\times100\%\\&=37.5\%\end{aligned}$$

$$销售单价的敏感系数=\frac{利润变动率}{销售单价的变动率}=\frac{37.5\%}{10\%}=3.75$$

即单位售价变动 1%，利润就会变动 3.75%，可见该产品单位售价对利润的影响非常大，属于强敏感因素。因此，提高单位售价是增加企业利润的有力手段，同时，降价将使企业面临巨大的威胁。

（2）假设单位变动成本上升 10%。

$$\begin{aligned}利润的变动率&=\frac{利润的变动额}{基期利润}\times100\%\\&=\frac{[30\times100\,000-20\times(1+10\%)\times100\,000-200\,000]-800\,000}{800\,000}\times100\%\\&=-25\%\end{aligned}$$

$$单位变动成本的敏感系数=\frac{利润变动率}{单位变动成本的变动率}=\frac{-25\%}{10\%}=-2.5$$

即单位变动成本变动 1%，利润就会变动 2.5%，可见该产品单位变动成本对利润的影响也比较大，属于强敏感因素。

（3）假设销售量上升 10%。

$$\begin{aligned}利润的变动率&=\frac{利润的变动额}{基期利润}\times100\%\\&=\frac{[(30-20)\times100\,000\times(1+10\%)-200\,000]-800\,000}{800\,000}\times100\%\\&=12.5\%\end{aligned}$$

$$销售量的敏感系数=\frac{利润变动率}{销售量的变动率}=\frac{12.5\%}{10\%}=1.25$$

即销售量变动 1%，利润就会变动 1.25%，可见该产品销售量对利润的影响也比较大，属于强敏感因素。

（4）假设固定成本上升 10%。

$$利润的变动率=\frac{利润的变动额}{基期利润}\times100\%$$

$$=\frac{[(30-20)\times100\,000-200\,000\times(1+10\%)]-800\,000}{800\,000}\times100\%$$

$$=-2.5\%$$

$$固定成本的敏感系数=\frac{利润变动率}{固定成本的变动率}=\frac{-2.5\%}{10\%}=0.25$$

即固定成本变动 1%，利润只变动 0.25%，可见该产品固定成本对利润的影响比较弱，属于弱敏感因素。

将上述四个因素按敏感系数绝对值排列，其顺序依次是单位售价（3.75）、单位变动成本（2.5）、销售量（1.25）、固定成本（0.25），即对利润影响较大的因素是单位售价和单位变动成本，然后才是销售量和固定成本。

上述仅是一例，实际上不同企业各因素的敏感系数是不同的，但在企业正常盈利的条件下，各因素敏感系数的绝对值大小顺序及相关关系有如下规律：

（1）单位售价的敏感系数总是最高且大于 1；

（2）单位售价的敏感系数与单位变动成本的敏感系数之差等于销售量的敏感系数；

（3）销售量的敏感系数与固定成本的敏感系数之差等于 1。

企业经常通过降价扩大销售来增加利润，抢占市场份额，但其效果对于不同类型的企业却并不相同。资本密集的企业由于固定成本高，单位变动成本低，降价销售后单位产品利润虽有所降低，但销售量的增长可使企业营业利润大幅度提高。对于劳动密集型的企业来说，固定成本低，单位变动成本高，采用降价销售往往不会提高企业的利润，甚至还会使利润下降。

（3）产品品种决策。在通常情况下，企业的机器设备可以用于生产多种产品，产品品种决策是指在现有生产条件下应选择生产什么产品，才能取得最大经济效益的决策问题。产品品种决策可采用的方法比较多，主要有边际贡献法、利润总额对比法等。

【例 5-7】某公司现有生产设备可用于 A、B、C 三种产品的生产，相关资料如表 5-3 所示。该公司为获取最大的经济效益应选择哪种产品进行生产呢？

表 5-3　　　　产品生产资料

项目	A 产品	B 产品	C 产品
销售量（件）	10 000	14 000	6 500
单位售价（元）	8	6	12
单位变动成本（元）	5	4	8
固定成本总额（元）		12 000	

根据上述资料，分别按照不同的方法进行产品品种决策。

① 使用边际贡献法计算。

A 产品边际贡献总额=10 000×(8−5)=30 000（元）

B 产品边际贡献总额=14 000×(6−4)=28 000（元）

C 产品边际贡献总额=6 500×(12−8)=26 000（元）

由计算结果可知 A 产品所创造的边际贡献最大，应选择 A 产品进行生产。

② 按照利润总额对比法计算。

A 产品的利润总额=10 000×(8−5)−12 000=18 000（元）

B 产品的利润总额=14 000×(6−4)−12 000=16 000（元）

C 产品的利润总额=6 500×(12−8)−12 000=14 000（元）

由计算结果可知生产 A 产品的利润总额最大，应选择 A 产品进行生产。

（4）新产品开发决策。新产品开发决策是指利用企业现有的剩余生产能力开发某种在市场上有销路的新产品的决策问题。这种决策不涉及资金的长期投入，仅以充分利用现有生产能力获取短期最大利润为目标。此类决策主要使用边际贡献法进行分析，在不增加专属成本的情况下，选择边际贡献最大的产品进行生产。

【例 5-8】某企业现有用于新产品生产的剩余生产工时 2 000 小时，有甲、乙、丙三种新产品可供投入生产，均不需追加专属成本。但由于剩余生产能力有限，企业只能选择一种新产品进行生产。有关产品销售单价、单位变动成本和单位标准机器工时的预测资料如表 5-4 所示。

表 5-4　　产品生产资料表

项目	甲产品	乙产品	丙产品
单位机器标准工时（小时）	20	10	5
销售单价（元/件）	100	60	35
单位变动成本（元/件）	65	45	25
固定成本总额（元）		2 200	

在本例中，生产甲、乙、丙三种新产品均不增加专属成本，应该选择边际贡献最大的产品进行生产。采用边际贡献法编制计算表如表 5-5 所示。

表 5-5　　边际贡献计算表

项目	甲产品	乙产品	丙产品
最大产量（件）	2 000÷20=100	2 000÷10=200	2 000÷5=400
销售单价（元/件）	100	60	35
单位变动成本（元/件）	65	45	25
单位边际贡献（元/件）	35	15	10
边际贡献总额（元）	3 500	3 000	4 000

由计算结果可知，丙产品的边际贡献大于甲产品和乙产品的边际贡献，所以应该生产丙产品。

如果开发新产品需要增加专属固定成本，在决策时就应该以各种产品的边际贡献总额减去专属固定成本后的剩余边际贡献总额为依据。

（5）产品深加工决策。在产品生产决策中，企业往往会面临对半成品或联产品究竟是直接出售还是进一步加工后再出售的决策问题。由于可以直接出售的半成品成本属于与决策无关的沉没成本，因此决策分析中只需要考虑的是进一步加工成为产成品后所增加的收入（差量收入）能否超过进一步加工时所追加的成本（差量成本）。如果差量收入大于差量成本，应选择进一步加工再出售的方案；反之，应选择直接出售半成品或联产品的方案。

【例 5-9】某企业每年生产 A 半成品 2 000 件，销售价格为每件 100 元，单位变动生产成本为 60 元，全年固定成本总额为 60 000 元。A 半成品也可以进一步加工为 B 产成品。如果把 A 半成品加工为 B 产成品，则每件需追加变动成本 35 元，B 产成品的销售单价为 150 元。目前企业具备进一步加工 2 000 件 A 半成品的能力，该能力无其他用途。若将 A 半成品进一步加工为 B 产成品还需购置一台专用设备，该设备购置成本为 30 000 元，预计寿命为 5 年，预计净残值为零，此设备按照年限平均法计提折旧。

根据上述资料进行分析计算，编制差量利润分析表，如表 5-6 所示。

表 5-6　　差量利润分析表

单位：元

项目	进一步加工为 B 产成品	直接出售 A 半成品	差异额
相关收入	150×2 000=300 000	100×2 000=200 000	100 000
相关成本			
变动成本	35×2 000=70 000		70 000
专属成本	30 000÷5=6 000		6 000
差量利润			24 000

由表 5-6 可知，差量利润=24 000 元>0。因此，应该将 A 半成品进一步加工成 B 产成品，这样可以使该企业多获利 24 000 元。

（6）亏损产品决策。一般认为亏损产品应该停产，但是，从管理会计的角度分析，若亏损产品的固定成本无法转移出去，只要亏损产品的边际贡献大于零，就不应该停产；如果亏损产品的边际贡献小于零，就应该停产。这是因为亏损产品停产只能减少变动成本，而不能减少其负担的固定成本。在亏损产品的固定成本无法转移的情况下，亏损产品一旦停产，其固定成本全部需要由其他产品产生的边际贡献来负担，此时，企业总的营业利润不仅不会增加，反而会减少。

【例 5-10】某公司本年度同时生产 A、B、C 三种产品，其中，固定成本按各种产品的销售额比例进行分配，有关资料如表 5-7 所示。

表 5-7　　损益计算表（C 产品停产前）

单位：元

项目	A 产品	B 产品	C 产品	合计
销售收入	22 000	18 000	20 000	60 000
变动成本	8 000	7 000	10 500	25 500
边际贡献	14 000	11 000	9 500	34 500
固定成本	11 000	9 000	10 000	30 000
净利润	3 000	2 000	−500	4 500

本例中，C 产品亏损额为 500 元，那么是否应该停产 C 产品呢？假定其固定成本无法转移，停产 C 产品后的损益计算如表 5-8 所示。

表 5-8　　损益计算表（C 产品停产后）

单位：元

项目	A 产品	B 产品	合计
销售收入	22 000	18 000	40 000
变动成本	8 000	7 000	15 000
边际贡献	14 000	11 000	25 000
固定成本	16 500	13 500	30 000
净利润	−2 500	−2 500	−5 000

计算结果表明，如果停止生产 C 产品，企业将由盈利 4 500 元转为亏损 5 000 元，原因在于尽管 C 产品是亏损产品，但能为公司提供 9 500 元的边际贡献，补偿一部分固定成本。如果停止生产 C 产品，则无法转移的固定成本总额 30 000 元全部由 A、B 两种产品分摊，使这两种产品的利润额相应减少，整个企业的利润也相应减少。因此，不应该停产 C 产品。

（7）零部件自制或外购决策。生产企业常常面临所需零部件是自制还是外购的决策问题。无论是自制还是外购，所需零部件的数量都是一样的，产生的收益相同。生产决策中的零部件自制或外购决策是在现有设备闲置且没有更好用途的前提下进行的，要解决的是剩余生产能力的利用问题，不涉及新设备的购买等长期投资问题。面临这种决定问题时，一般通过比较自制和外购方案的相关成本，选择成本较低的方案。其中，自制方案的相关成本主要包括生产过程中的变动成本、可能发生的专属成本和机会成本等；外购方案的相关成本为购买零部件而支付的买价、订货费、运费等。

【例 5-11】某电视机厂生产电视机每年需要 A 零件 3 000 个，若从市场上购买，每个 A

零件的购买成本为 50 元，若该厂的生产车间自制 A 零件，预计每个 A 零件的生产需要耗费直接材料 20 元、直接人工 10 元、变动制造费用 8 元以及固定制造费用 6 元。

① 如果该厂具备生产 A 零件的能力，且无法转移，则固定制造费用为无关成本。

自制零件单位变动成本=20+10+8=38（元）

外购零件单位成本=50（元）

自制 A 零件可节约成本=(50−38)×3 000=36 000（元）

因此，应该选择自制零件方案。

② 如果该厂具备生产 A 零件的能力，但生产能力可以转移用于生产 B 零件，每年可节约 B 零件的购买成本 30 000 元。若选择自制 A 零件，该厂必须考虑失去的 B 零件购买成本 30 000 元，将此作为自制 A 零件的机会成本。

自制零件总成本=38×3 000+30 000=144 000（元）

外购零件总成本=50×3 000=150 000（元）

因此，自制总成本<外购总成本，应该选择自制零件方案。

③ 如果该厂尚不具备生产 A 零件的能力，若自制 A 零件需要投入相关专用设备，专属成本为 45 000 元。选择自制零件方案，决策时必须考虑投入专用设备的专属成本 45 000 元。

自制零件相关总成本=38×3 000+45 000=159 000（元）

外购零件总成本=50×3 000=150 000（元）

因此，自制总成本>外购总成本，应该选择外购零件方案。

2．定价决策

市场经济条件下产品和劳务价格的确定是一项重要的决策，直接影响到企业的利润。为了做出正确的定价决策，企业决策者应充分考虑影响价格的各种因素，采用不同的定价策略和方法为产品和劳务制定出合理、适当的价格。

（1）以成本为导向的定价决策。成本是产品定价决策的基本依据，也是价格的最低经济界限。以成本为导向的定价决策原理是价格必须首先补偿成本，然后再考虑利润等其他因素。以成本为导向的定价决策的主要方法是成本加成定价法，其计算公式为

$$\text{单位产品价格}=\text{单位产品成本}\times(1+\text{成本加成率})$$

$$\text{成本加成率}=\frac{\text{单位产品销售毛利}}{\text{单位产品完全成本（或单位变动成本）}}$$

其中，单位产品成本可以是单位产品的完全成本，包括直接材料、直接人工、变动制造费用和固定制造费用；也可以是单位产品的变动成本，包括直接材料、直接人工、变动制造费用、变动销售费用及变动管理费用。

【例 5-12】某公司新投产 A、B 两种产品，其中，A 产品预计年产销量 1 000 件，单位产品生产耗用直接材料费 200 元，直接人工费 60 元，制造费用 40 元；B 产品预计年产销量 800 件，单位产品生产耗用直接材料费 65 元，直接人工费 35 元，变动制造费用 20 元。经过

研究分析确定，A 产品采用完全成本加成法定价，成本加成率为 30%；B 产品采用变动成本加成法定价，成本加成率 100%。分析计算结果如下：

A 产品目标售价=(200+60+40)×(1+30%)=390（元）

B 产品目标售价=(65+35+20)×(1+100%)=240（元）

成本加成定价法思路清晰，应用简单，易于理解。但是这种方法只根据产品成本确定价格，没有考虑到其他影响价格的因素，如市场对产品的接受程度、消费者的反应等。因此，在实际应用中，应该在考虑影响价格的其他因素的基础上，对采用成本加成定价法确定的产品价格进行适当调整，使定价结果更符合实际情况。

（2）以市场为导向的定价决策。以市场为导向的定价决策就是通过分析产品价格与销售量之间的关系来确定产品最优销售价格的一种决策方法。以市场为导向的定价决策确定最优价格的方法有公式法和列表法两种。

① 公式法是指通过对价格和销售量之间的关系进行预测，建立收入和成本与销售量之间的函数关系方程式，当收入函数与成本函数均是产销量的连续可导函数时，通过对收入和成本方程式求导来确定产品的最优销售价格和最优销售量的一种方法。销售价格为最优价格时，边际收入等于边际成本，即边际利润等于零，此时，利润总额最大。

【例 5-13】某企业生产并销售甲产品，根据对价格和销售量之间的关系进行预测，确定甲产品的单位销售价格 P 与销售量 x 之间的函数关系式为：$P=500-20x$，总成本 TC 与销售量之间的函数关系为：$\mathrm{TC}=800+20x+20x^2$。

总收入方程为

$$\mathrm{TR}=Px=(500-20x)x=500x-20x^2$$

根据边际收入和边际成本的定义，边际收入 MR 是总收入对销售量 x 的导数，边际成本 MC 是总成本对销售量 x 的导数，即

$$\mathrm{MR}=\mathrm{dTR}/\mathrm{d}x=500-40x$$

$$\mathrm{MC}=\mathrm{dTC}/\mathrm{d}x=20+40x$$

当边际收入等于边际成本时，企业的总利润达到最大，即

$$500-40x=20+40x$$

$$x=6$$

即销售量为 6 个单位时企业获得的利润最大。

因此，最优销售价格 $P=500-20\times6=380$（元）。

最大利润 $=(500x-20x^2)-(800+20x+20x^2)=2\,280-1\,640=640$（元）

② 列表法是指当收入函数和成本函数都是离散型时，通过列表试算各种不同的销售价格和销售数量所对应的利润，确定利润最大时的销售数量和销售价格为最优销售数量和销售价格的一种方法。

【例 5-14】根据例 5-13 中的收入和成本方程，列表计算边际收入、边际成本和边际利润，如表 5-9 所示。

表 5-9　　　　边际贡献计算表

单位：元

销售单价 p	销售量 x	销售收入 TR	边际收入 MR	总成本 TC	边际成本 MC	边际贡献 MP	总利润 P
480	1	480	—	840	—	—	−360
460	2	920	440	920	80	360	0
440	3	1 320	400	1 040	120	280	280
420	4	1 680	360	1 200	160	200	480
400	5	2 000	320	1 400	200	120	600
380	6	2 280	280	1 640	240	40	640
360	7	2 520	240	1 920	280	−40	600
340	8	2 720	200	2 240	320	−120	480
320	9	2 880	160	2 600	360	−200	280
300	10	3 000	120	3 000	400	−280	0

离散状态下利用列表法确定产品销售价格，当边际利润等于 0 时，可找到最优售价；如果无法找到边际利润等于 0 的点，则最优销售价格应该是边际利润为不小于 0 的最小值。从表 5-9 中可得，销售量为 6 个单位时达到最大利润 640 元，对应的单价 380 元为最优销售价格，这与使用公式法计算的结果相同，也验证了列表法的正确性。当销售量大于 6 个单位时，边际效益随之下降，利润减少。以市场为导向的定价决策以微分极值原理作为理论依据，计算结果也比较精确，但在实际工作中销售价格与销售量的函数关系以及与总成本的函数关系很难准确估计，因此在实际工作中使用这种定价方法具有很大难度。

（3）以需求为导向的定价决策。需求导向定价是指以消费者对商品的需求程度和可能支付的价格水平为依据确定产品的价格。需求导向定价以消费需求为重点，通过分析市场需求、消费心理等多种因素，研究价格与需求的关系及其对利润的影响来进行定价决策，需求的价格弹性系数计算公式为

$$\text{需求的价格弹性系数}=\frac{\text{需求量变化百分比}}{\text{价格变化百分比}}$$

上述公式表明了价格每增加（或减少）一个百分比时，需求量所降低（或增加）的百分比。因此，需求的价格弹性恒为负值，可以使用其绝对值 $|E|$ 反映需求与价格变动水平之间的关系。

当 $|E|>1$ 时，需求量变化百分率大于价格变化百分率，此时称为弹性大或富有弹性，表明价格以较小幅度变动时，需求量产生较大幅度的变动；

当 $|E|<1$ 时，需求量变化百分率小于价格变化百分率，此时称为弹性小或缺乏弹性，表明虽然价格以较大幅度变动，需求量的变动幅度却很小；

当 $|E|=1$ 时，需求量变化百分率等于价格变化百分率，此时称为单一弹性，表明需求量受价格变动影响产生变动的幅度与价格本身变动幅度完全一致。

需求的价格弹性系数反映了产品价格与需求量之间反方向变动水平的大小。对于弹性大的产品，销售量对价格变动的反应非常灵敏，降低价格会大大提高需求量，通过适当降低价格，可以达到薄利多销、增加利润的目的；对于弹性小的产品，当价格变动时，需求量相应的增减变动幅度很小，在条件允许的范围内应适当调高价格，以便在有限的销售量内获得厚利；对于需求单一弹性的产品，不再适用以需求为导向的定价策略，只能选择其他的定价策略。

三、长期经营决策

长期经营决策也称为长期发展战略决策，是有关企业全局性、整体性的重大决策。《管理会计基本指引》第二十条中规定，“投融资管理领域应用的管理会计工具方法包括但不限于贴现现金流法、项目管理、资本成本分析等”；本教材所探讨的长期经营决策，仅仅指属于直接投资范畴的企业内部投资——项目投资决策。

（一）长期经营决策的依据

1. 项目投资的现金流量

估算现金流量是项目投资决策的基础，也是决策过程中最为关键且难度最大的环节。项目投资的现金流量是指在投资决策中一个项目引起的企业现金支出和现金收入增加的数量，包括现金流出量、现金流入量和现金净流量。项目投资决策中的现金流量，一般由以下三部分构成。

（1）初始现金流量。初始现金流量是指开始投资时发生的现金流量，一般包括固定资产的投资、无形资产的投资、垫支的流动资金、其他与长期投资有关的费用等。

（2）营业期间现金流量。营业现金流量是指项目在寿命期内生产经营所带来的现金流入和流出的数量。营业期间的现金流入量一般指营业现金收入，现金流出量指营业现金支付及缴纳的税金等，不包括折旧或摊销等计入营业成本的非付现成本。

（3）终结现金流量。终结现金流量是指投资项目完结时所发生的现金流量，主要包括固定资产的残值收入或变价收入（扣除需要缴纳的税金等支出后的净收入）、原来垫支在各种流动资产上的资金收回等。

2. 项目投资现金流量的估算

通常，在估计项目的现金流量时做如下假设：① 无论是自有资金还是借入资金暂不考虑利息；② 项目原始总投资无论是一次投入还是分期投入，均视为在建设期内投入；③ 项目主要固定资产的折旧年限或使用年限与项目的经营期相同；④ 现金流所涉及的价值指标均按照年初或年末的时点处理，建设投资在建设期内的年初发生，垫支的流动资金在经营期的第一年年初发生，经营期内各年的营业收入、付现成本、折旧（摊销等）等项目的确认均在年末发生，项目最终报废或清理（中途出售项目除外），回收流动资金均发生在经营期最后一年年末。

项目投资现金流入量包括的主要内容有：营业收入、补贴收入、回收固定资产余值和回收流动资金等产出量。

投资项目现金流出量包括的主要内容有：建设投资、流动资金投资、经营成本、维持运营投资、税金及附加、企业所得税等投入量。

投资项目的现金净流量（记作 NCF_t）是指在项目计算期内建设项目每年现金流入量与每年现金流出量之间的差额，其计算公式为

$$\begin{aligned}某项目年现金净流量&=该年现金流入量-该年现金流出量\\&=CI_t-CO_t(t=0,1,2,\cdots,n)\end{aligned}$$

在实务中，投资项目现金流量的估算包括无建设期的项目，也包括有建设期的项目，无建设期项目现金流量的估算相对较简单。如某公司进行一项投资，其中，固定资产投资 60 万元，在期初一次性投入，该固定资产的预计使用寿命为 6 年，采用直线法计提折旧，期末无残值。期初垫支营运资金 7 万元，在项目终结时回收。使用该设备每年给企业带来营业收入 40 万元，付现成本 20 万元，企业所得税税率为 25%，则该公司投资项目每年的现金流量如表 5-10 所示。

年折旧额=60÷6=10（万元）

每年营业现金流量=营业收入×(1−所得税税率)−付现成本×(1−所得税税率)+年折旧额×所得税税率
=40×(1−25%)−20×(1−25%)+10×25%
=17.5（万元）

或 每年营业现金流量=净利润+年折旧额
=(40−20−10)×(1−25%)+10
=17.5（万元）

表 5-10　　某公司投资项目的现金流量测算

单位：万元

年份	0	1	2	3	4	5	6
固定资产投资	−60						
垫支营运资金	−7						
营业现金流量		17.5	17.5	17.5	17.5	17.5	17.5
固定资产残值							0
营运资金回收							7
合计	−67	17.5	17.5	17.5	17.5	17.5	24.5

【例 5-15】企业拟进行一次项目投资，项目建设期为 2 年，建设期固定资产投资 1 100 万元，于建设起点分 2 次投入；无形资产投资 30 万元，于建设起点一次投入；流动资金投资 20 万元，于投产开始时垫付。该项目经营期为 10 年。固定资产的预计使用寿命为 10 年，期末有 100 万元净残值，按直线法折旧。无形资产于投产后分 5 年平均摊销。流动资金在项目终结时一次全部收回。预计投产后每年可使企业新增 100 万元息税前利润。该企业适用的企业所得税税率为 25%。根据上述资料，估算该项目各项指标如表 5-10 所示。

项目计算期=2+10=12（年）

固定资产原值为 1 100 万元。

投产后第 1～10 年每年的折旧额=(1 100−100)÷10=100（万元）

投产后第 1～5 年每年的无形资产摊销额=30÷5=6（万元）

建设期净现金流量估计：

NCF_0= −550−30=−580（万元）

NCF_1= −550（万元）

NCF_2=−20（万元）

经营期现金净流量估计：

$NCF_{3\sim7}$= 100×(1−25%)+100+6 =181（万元）

$NCF_{8\sim12}$= 100×(1−25%)+100 = 175（万元）

终结期现金净流量的估计：

NCF_{12}=175+20=195（万元）

（二）项目投资决策的评价方法

1．项目投资决策的非贴现法

项目投资决策的非贴现法是不考虑货币时间价值因素进行项目投资决策的方法，决策时常用的指标包括投资回收期、会计收益率等。

（1）投资回收期。投资回收期（简称回收期）是指以投资项目经营净现金流量抵偿原始总投资所需要的全部时间。

如果某一项目营业期内前若干年每年净现金流量相等，且其合计大于或等于建设期发生的原始投资合计，可按以下简化公式直接求出投资回收期

$$投资回收期=\frac{建设期发生的原始投资合计}{营业期内前若干年相等的现金净流量}$$

【例 5-16】某投资项目建设期为 1 年，初始投资 1 000 万元在建设期初一次投入，项目营业期为 10 年，每年的现金净流量为 200 万元。

根据上述资料，回收期的计算如下：

建设期=1 年，投产后 2～11 年净现金流量相等。

营业期内每年净现金流量 $NCF_{2\sim11}$=200（万元）

建设发生的原始投资合计=1 000（万元）

投资回收期（税前）=1 000÷200＝5（年）

在实践中，项目营业期内前若干年内每年的现金净流量常常是不相等的，可以采用列表法计算投资回收期。所谓列表法是指通过列表计算“累计现金净流量”的方式，来确定投资回收期的方法。

【例 5-17】某投资项目建设期为 1 年，初始投资 1 000 万元在建设期初一次投入，项目营业期为 10 年。营业期 1～10 年，每年的现金净流量分别为 100 万元、180 万元、250 万元、320 万元、360 万元、400 万元、320 万元、280 万元、250 万元、210 万元。根据上述资料，编制现金流量表如表 5-11 所示。

表 5-11　　某固定资产投资项目现金流量表（项目投资）

单位：万元

项目计算期	建设期		营业期								合计
（第 t 年）	0	1	2	3	4	5	6	…	10	11	
初始投资	−1 000	0									−1 000
营业期现金净流量			100	180	250	320	360	…	250	210	2 670
累计现金净流量	−1 000	−1 000	−900	−720	−470	−150	210	…	…	…	1 670

包括建设期的投资回收期=最后一项为负值的累计现金净流量对应的年数

+最后一项为负值的累计现金净流量绝对值

÷下一年度净现金流量

包括建设期的投资回收期=5+150÷360=5.42（年）

不包括建设期的投资回收期=5.42−1=4.42（年）

采用投资回收期方法进行项目投资决策，只有投资回收期指标小于或等于基准投资回收期的投资项目才具有财务可行性。该方法的优点是计算比较简单，便于理解，缺点是没有考虑资金时间价值因素和回收期满后继续发生的净现金流量。

（2）会计收益率。会计收益率是指项目投资的年平均净利润与原始投资额的比值。其计算公式为

$$\text{会计收益率}=\frac{\text{年平均净利润}}{\text{原始投资额}}$$

【例 5-18】某项目的初始投资额为 600 万元，使用寿命为 5 年，第 1 年到第 5 年每年的净利润分别为 130 万元、180 万元、230 万元、190 万元、170 万元，则该项投资的会计收益率计算如下

$$\text{会计收益率}=\frac{(130+180+230+190+170)\div 5}{600}\times 100\%=30\%$$

采用会计收益率这一指标时，应事先确定一个投资要求的必要报酬率，只有高于必要报酬率的会计收益率方案才能入选。当存在多个互斥方案时，应选择会计收益率最高的方案。会计收益率的优点是考虑了项目期的全部利润，计算公式简单，易于理解；缺点是没有考虑资金时间价值因素，也无法直接利用净现金流量的信息。

2．项目投资决策的贴现法

项目投资决策的贴现法，是考虑货币时间价值因素进行项目决策的方法。项目投资决策时常用的指标包括净现值、现值指数和内含报酬率。

（1）净现值。净现值（NPV）是指投资方案未来现金流入量现值总额与未来现金流出量现值总额之间的差额，计算公式为

$$\mathrm{NPV}=\sum_{t=1}^{n}\frac{\mathrm{NCF}_t}{(1+k)^t}-\sum_{t=0}^{n}\frac{C_t}{(1+k)^t}$$

式中：NPV 表示净现值；NCF_t 表示第 t 年的现金净流量；C_t 表示第 t 年的投资额；k 表示预定折现率；n 表示项目预计使用年限。

采用净现值进行项目投资决策时，净现值为正数，表明该项目投资的预期报酬率大于预定的折现率；净现值为负数，表明该项目投资的预期报酬率小于预定的折现率。在只有一个备选方案的项目决策中，净现值大于 0 时采纳，净现值小于等于 0 时不予采纳。在有多个备选互斥方案的项目决策中，选择净现值大于 0 中的最大者。

【例 5-19】某投资项目净现金流量如下：NCF_0 为−1 000 万元，NCF_1 为 0 万元，$\mathrm{NCF}_{2\sim5}$ 为 300 万元，NCF_6 为 500 万元。假定该投资项目的基准折现率为 10%。

根据上述资料，按公式法计算的该项目净现值如下

$$\begin{aligned}\mathrm{NPV}&=300\times(P/A,10\%,4)\times(P/F,10\%,1)+500\times(P/F,10\%,6)-1\,000\\&=300\times3.169\times0.909+500\times0.564-1\,000\\&=146.19\end{aligned}$$

净现值指标的优点是综合考虑了资金时间价值、项目计算期内全部净现金流量信息和投资风险；缺点是无法从动态的角度直接反映投资项目的实际收益率水平，与投资回收期指标相比，计算过程比较烦琐。

（2）现值指数。现值指数（PI），也称为现值比率，是指投资项目的净现值与原始投资现值总和的比率，现值指数的计算公式为

$$\mathrm{PI}=\frac{\displaystyle\sum_{t=1}^{n}\frac{\mathrm{NCF}_t}{(1+k)^t}}{\displaystyle\sum_{t=0}^{n}\frac{C_t}{(1+k)^t}}$$

式中：NCF_t 表示第 t 年的现金净流量；C_t 表示第 t 年的投资额；k 表示预定折现率；n 表示项目预计使用年限。

现值指数如果大于 1，表明项目投资未来现金流入的现值大于未来现金流出的现值。现值指数如果小于 1，表明项目投资未来现金流入的现值小于未来现金流出的现值。在只有一个备选方案的项目决策中，现值指数大于 1 时采纳，现值指数小于等于 1 时不予采纳。在有多个备选互斥方案的项目决策中，选择现值指数大于 1 中的最大者。

【例 5-20】某项目建设期为 1 年，初始投资额为 1 000 万元，建设期初和期末平均分两次投入，项目建成使用年限为 5 年，每年的现金净流量为 300 万元，资本成本率为 10%，该项目的现值指数计算如下

$$\mathrm{PI}=\frac{300\times(P/A,10\%,5)\times(P/F,10\%,1)}{500+500\times(P/F,10\%,1)}=\frac{300\times3.790\,8\times0.909\,1}{500+500\times0.909\,1}=1.083$$

现值指数指标的优点是考虑了货币时间价值，能够真实地反映投资的获利能力，因采用相对数指标，便于对初始投资额不同的项目进行比较；缺点是无法直接反映投资项目的实际收益率。

（3）内含报酬率。内含报酬率（IRR），是使投资项目的净现值等于零时的折现率。IRR 满足下列等式

$$\sum_{t=1}^{n}\frac{\mathrm{NCF}_t}{(1+k)^t}-\sum_{t=0}^{n}\frac{C_t}{(1+k)^t}=0$$

式中：NCF_t 表示第 t 年的现金净流量；C_t 表示第 t 年的投资额；k 表示内含报酬率；n 表示项目预计使用年限。在实务中，项目投产后各年净现金流量可能相等，也可能不相等。

① 当项目的全部投资均于建设起点一次投入，建设期为 0，项目投产后每年净现金流量相等，可以直接利用年金现值系数计算内含报酬率，即

营业期每年相等的现金净流量（NCF）×年金现值系数（$P/A,I,n$）−投资总额=0

$$年金现值系数=\frac{投资总额}{经营期每年相等的现金净流量}$$

【例 5-21】某项目初始投资额 40 万元，在项目初期一次性投入，项目使用年限为 5 年，每年现金净流量为 12 万元，则该项目的内含报酬率为

年金现值系数=40÷12=3.333 3

查附录 D 可知：

（P/A,15%,5）= 3.352 2

（P/A,16%,5）= 3.274 3

由此可知，内含报酬率在 15%和 16%之间，假设 r=15%+x%，则采用差值法计算内含报酬率的过程如下：

内含报酬率	年金现值系数
15%	3.352 2
15%+x%	3.333 3

16%　　　　　3.274 3

$$\frac{15\%+x\%-15\%}{16\%-15\%}=\frac{3.333\,3-3.352\,2}{3.274\,3-3.352\,2}$$

$x\%=0.242\,6\%$

$r=15\%+x\%=15\%+0.242\,6\%=15.242\,6\%$

② 如果经营期各年的现金净流量不等，需要通过多次测试，寻找出使该项目的净现值一正一负相邻的两个折现率，然后使用内插法求出内含报酬率。具体应用步骤如下：

a．先自行设定一个折现率 r_1，代入计算净现值的公式，求出按 r_1 为折现率的净现值 NPV_1，并进行下面的判断。

b．若净现值 $NPV_1=0$，则内含报酬率 $IRR=r_1$，计算结束；若净现值 $NPV_1>0$，则内含报酬率 $IRR>r_1$，应重新设定 r_2（$r_2>r_1$），再将 r_2 代入有关计算净现值的公式，求出 r_2 为折现率的净现值 NPV_2，继续进行下一轮的判断；若净现值 $NPV_1<0$，则内含报酬率 $IRR<r_1$，应重新设定 r_2（$r_2<r_1$），再将 r_2 代入有关计算净现值的公式，求出 r_2 为折现率的净现值 NPV_2，继续进行下一轮的判断。

c．经过逐次测试判断，有可能找到内含报酬率 IRR。每一轮判断的原则相同。若设 r_j 为第 j 次测试的折现率，NPV_j 为按 r_j 计算的净现值，则有：

当 $NPV_j>0$ 时，$IRR>r_j$，继续测试；

当 $NPV_j<0$ 时，$IRR<r_j$，继续测试；

当 $NPV_j=0$ 时，$IRR=r_j$，测试完成。

d．若经过有限次测试，已无法继续利用有关货币时间价值系数表，仍未求得内含报酬率 IRR，则可利用最为接近零的两个净现值正负临界值 NPV_m、NPV_{m+1} 及其相应的折现率 r_m、r_{m+1} 四个数据，应用内插法计算近似的内含报酬率。

即如果以下关系成立：

$$NPV_m>0$$

$$NPV_{m+1}<0$$

$$r_m<r_{m+1}$$

$$r_{m+1}-r_m\leqslant d\ (2\%\leqslant d<5\%)$$

可以按下列具体公式计算内含报酬率 IRR

$$IRR=r_m+\frac{NPV_m-0}{NPV_m-NPV_{m+1}}\times(r_{m+1}-r_m)$$

【例 5-22】某投资项目只能用一般方法计算内含报酬率。按照逐次测试逼近法的要求，自行设定折现率并计算净现值，据此判断调整折现率。经过 5 次测试，可得到表 5-12 中的数据（计算过程略）。

表 5-12　　逐次测试逼近法数据资料

价值单位：万元

测试次数（j）	设定折现率（r_j）	净现值（NPV_j）（按 r_j 计算）
1	10%	+918.383 9
2	30%	−192.799 1
3	20%	+217.312 8
4	24%	39.317 7
5	26%	−30.190 7

计算该项目的内含报酬率 IRR 的步骤如下：

$NPV_m=+39.3177>NPV_{m+1}=-30.190\,7$

$r_m=24\%<r_{m+1}=26\%$

$26\%-24\%=2\%<5\%$

因此 24%<IRR<26%。

应用内插法：

$$IRR=24\%+\frac{39.317\,7-0}{39.317\,7-(-30.190\,7)}\times(26\%-24\%)=25.13\%$$

采用内含报酬率方法，只有当该指标大于或等于基准折现率时，该投资项目才具有财务可行性。内含报酬率的优点是既可以从动态的角度直接反映投资项目的实际收益率水平，又不受基准收益率高低的影响，比较客观。缺点是计算过程复杂，尤其当营业期内大量追加投资时，有可能导致多个内含报酬率出现，或偏高，或偏低，缺乏实际意义。

第二节　全　面　预　算

一、全面预算概述

（一）全面预算的概念

全面预算是企业未来一定时期内全部经济活动正式计划的数量说明，它以货币等形式展示未来某一特定期间内企业全部经营活动的各项目标及其所需要的资源。全面预算需要在预测与决策的基础上，按照规定的目标和内容对企业未来的销售、生产、成本、现金流量等方面具体地、系统地反映出来，以便有效地组织与协调企业的全部生产经营活动，完成企业的既定目标。

（二）全面预算的分类

全面预算所涉及的内容和方法非常广泛，按照预算的经济内容可将预算分为业务预算、财务预算和资本支出预算（投资预算）三大类。业务预算也称营业预算，是指对企业日常的生产经营活动所编制的预算，主要包括销售预算、生产预算、直接材料预算、直接人工预算、制造费用预算、生产成本预算、销售及管理费用预算等。财务预算是指根据其他预算所涉及的有关现金收付、经营财务成果和企业财务状况等变动所编制的预算，包括现金预算、预计利润表、预计资产负债表。资本支出预算是指对企业购买资产，扩大生产规模或更新改造等资本性支出进行的预算，包括固定资产购置预算、固定资产更新及改造预算、新产品开发预算、扩大生产经营规模预算等。

（三）全面预算的作用

全面预算把整个企业各方面的工作严密地组织起来并纳入统一计划之中，控制企业日常经营活动。全面预算在企业经营管理中发挥着重大作用。科学合理的全面预算是企业检查各部门、各层次经济责任和计划任务完成情况，考核评价其他工作业绩与经营效果的重要标准。

二、全面预算的编制程序和方法

（一）全面预算的编制程序

全面预算的编制是一项涉及面广、工作量大、时间性强、操作复杂的工作，为了保证预算编制的科学性和高效运行，在编制全面预算时应遵循以下几项基本程序：① 下达目标。企业最高领导机构根据企业经营规划和有关预算决策资料提出企业一定时期内的总经营目标，并分解下达至各基层的预算执行单位和各职能部门。② 编制上报。基层经营管理人员根据单位的实际情况拟定尽可能详细的预算草案并交所属职能部门审查。③ 审查平衡。各职能部门汇总、协调本部门的预算，分别编制出销售、生产、财务等预算报送企业预算委员会。预算委员会审查、平衡各预算，从而汇总出企业的全面预算，并报送企业最高决策层或预算审议机构。④ 审议批准。企业最高决策层或预算审议机构通过或责令修改预算，并提交董事会或上级主管单位通过。⑤ 下达执行。全面预算经过董事会或上级主管单位批准后下达给各执行单位执行。

（二）全面预算的编制方法

全面预算的编制应以销售预算为起点，在考虑现有库存与期末库存的基础上进行生产预算的编制；然后按照生产预算确定直接材料预算、直接人工预算、制造费用预算；继而编制销售费用预算和管理费用预算。产品生产预算和现金预算是有关预算的汇总，资产负债表预算和利润表预算是全部预算的综合。

1．销售预算

销售预算是编制全面预算的关键。在市场经济条件下企业以销定产，只有明确了预算期内所要销售的产品数量才能确定产量。只有产量确定后，原材料的采购量、所需生产人员的数量，以及所需的制造费用才能随之确定，预计的销售费用和管理费用也在一定程度上取决于预计销售量。

销售预算应以利润的实现为根本目的，以市场预测资料为依据，其内容包括销售数量、单价和销售收入的预测。其中，销售量可以根据市场预测销售合同量以及企业的生产能力来确定，单价根据定价决策来确定。在编制销售预算的同时，应进行预计现金收入的计算，为编制现金预算提供必要的资料。

2．生产预算

生产预算是根据销售预算编制的，其主要内容是根据预计销售量、期初和期末存货量来预计生产量。预计生产量公式如下

预计生产量=(预计销售量+预计期末存货量)−预计期初存货量

3．直接材料预算

直接材料预算是以生产预算为基础编制的，显示预算期内直接材料数量和金额的计划。编制直接材料预算与编制生产预算一样，也要考虑预算期期初与期末的存货水平。预计材料采购可按下式进行计算：

预计材料采购量=预计生产需用量+预计期末存货量−预计期初存货量

式中：预计生产需用量根据生产量预算中各期预计生产量和单位产品材料消耗定额来确定。为了便于以后编制现金预算，通常要预计材料采购每期的现金支出，每期现金支出包括偿还上期应付账款和支付本期的采购货款。

4．直接人工预算

直接人工预算是指在生产预算的基础上，对各期生产预算中所需的直接人工工时、小时工资率进行的规划和测算。各期预计的直接人工成本计算公式如下

预算期直接人工成本=预算期生产量×预算期单位产品生产工时×小时工资率

直接人工预算编制较为简单，主要由生产部门负责，但财会部门和劳动人事部门应及时提供编制人工预算所需的资料。预计产量数据来自生产预算；单位产品所需的直接人工工时数，可根据规定的劳动定额或历史资料来确定；单位产品人工工时和小时工资率数据，可以从标准成本资料中获得。由于直接人工工资都需要使用现金支付，因此不需要另外预计现金支出，可直接参加现金预算的汇总。

5．制造费用预算

制造费用预算是指在生产预算的基础上，对各生产部门生产预算所需的各种间接生产费用分别编制的预算，包括生产成本中除了直接材料和直接人工以外的生产费用项目。其中，固定制造费用部分与产量无直接联系，可以在上年实际固定制造费用的基础上，考虑预算期内的变化趋势做出适当调整后进行预计；变动性制造费用是以生产预算为基础来编制的。如果有完善的标准成本资料，用单位产品的标准成本与产量相乘即可得到相应的预算金额。如果没有标准成本资料，就需要逐项预计完成计划产量需要的各种制造费用。

在实际工作中，为了提供现金预算资料，在编制制造费用预算的同时，还要预计制造费用现金支出，主要列示各预算期需要用现金支付的制造费用数额。由于折旧费不需用现金支付，故应将折旧费排除在外。

6. 产品成本预算

产品成本预算是生产预算、直接材料预算、直接人工预算、制造费用预算的汇总。编制产品成本预算就是为了综合反映计划期内生产产品预计的成本水平，同时也为正确计量预计损益表中的产品营业成本和预计资产负债表中的期末材料存货和期末产品存货项目提供数据。产品成本预算的主要内容是产品的单位成本和总成本，有关数据来自直接材料预算、直接人工预算和制造费用预算，生产数量数据来自生产预算，销售量来自销售预算。

7. 销售及管理费用预算

销售费用预算的编制应以销售预算为基础；管理费用多属于固定成本，一般以过去的实际开支为基础，按预算期内的可预见变化来调整，要分析企业的业务成绩和经济状况，务必做到费用合理化。

8. 财务预算的编制

在预算期内，如果发生重大的、长期性投资活动，如厂房设备的购置、改建、扩建以及技术更新改造等，企业还必须逐项分别编制资本支出预算。如果企业在预算期内没有发生重大的、长期性投资活动，则下一步需要进一步汇总编制各种财务预算，主要包括现金预算、预计损益表和预计资产负债表。财务预算可以综合反映各项预算对企业财务的影响，又可称为总预算。

（1）现金预算。现金预算综合了所有预算活动对现金预计的影响，它应该列示预算期内的所有现金流入和流出情况。现金预算由四个部分组成：现金收入、现金支出、现金多余或不足和资金的筹集和运用。现金预算的数据几乎来自前面所述的各个分预算。

现金收入部分包括期初现金余额与预算期的各项现金收入，其中，销货取得的现金收入是其主要来源。期初的现金余额是在编制预算时预计的，销货现金收入的数据来自销售预算，可供使用现金是现金期初余额和本期现金收入之和。

现金支出部分包括预算期的各项现金支出。直接材料、直接人工、制造费用、销售及管理给用的数据分别来自前述相关预算，而对于所得税、股利分配、购置设备等现金支出，需要另行编制预算。

现金多余或不足部分列示了现金收入合计与现金支出合计的差额。如果差额为正数，说明现金收入大于现金支出，多余的现金可用于偿还银行借款，也可用于短期投资；如果差额为负数，则说明现金支出大于现金收入，现金出现不足，需要向银行取得新的借款。

这四者关系可概括为下列等式

期初现金余额+本期现金收入=本期可供使用现金

本期可供使用现金-本期现金支出=本期现金多余或不足

本期现金多余或不足+借入款项-偿还借款-借款利息=预计期末现金余额

其中，资金筹集和运用取决于预计现金的不足或多余。

（2）预计损益表。预计损益表能够综合反映企业预算期间的预算经营成果，编制预计损益表的目的主要是用于综合反映企业整个预算期间的经营管理活动的财务成果、需要履行的纳税义务以及通过留存收益可帮助企业解决融资来源问题。预计损益表是在汇总销售、成本、销售及管理费用、营业外收入和支出、资本支出等预算的基础上加以编制的。通过编制预计损益表，可以了解企业预期的盈利水平。如果预计损益表中的预算利润与最初编制方案中的目标利润有较大差异，就需要调整部门预算设法达到目标，或者经管理层批准后修改目标利润。

（3）预计资产负债表。预计资产负债表列示的是企业预算期期末的预计资产、预计负债和预计所有者权益，是以货币单位反映企业预算期末财务状况的预算报表。预计资产负债表中的项目除上年期末数（或本年期初数）事先已知外，其余项目均是在上述各项预算的基础上分析填列，即根据销售、生产、资本等预算的有关数据，通过一定的分析调整而编制的。

（三）全面预算的编制示例

【例 5-23】ABC 公司计划在 20×7 年度生产并销售甲产品，计划销售价格为 90 元/件。根据销售合同，20×7 年度总的销售量为 6 200 件。各个季度的销售量分别为：一季度为 1 100 件，二季度为 1 600 件，三季度为 2 000 件，四季度为 1 500 件。每个季度销售收款为本季度销售额的 60%，其余货款将在下个月收回。年初应收账款余额为 45 000 元，将于 20×7 年第一季度全额收回。

根据上述资料编制销售预算及现金收入预算，如表 5-13 所示。

表 5-13　　ABC 公司 20×7 年度销售预算

项目	第一季度	第二季度	第三季度	第四季度	合计
预计销售量（件）	1 100	1 600	2 000	1 500	6 200
销售单价（元/件）	90	90	90	90	90
预计销售额（元）	99 000	144 000	180 000	135 000	558 000
预计现金收入/元					
期初应收账款	45 000				45 000
第一季度销售收入	59 400 ①	39 600 ②			99 000
第二季度销售收入		86 400 ③	57 600		144 000
第三季度销售收入			108 000	72 000	180 000
第四季度销售收入				81 000	81 000
现金收入合计	104 400	126 000	165 600	153 000	549 000

注：①=99 000×60%（当期收款 60%）=59 400（元）

②=99 000−59 400=99 000×(1−60%)=39 600（元）

③=144 000×60%=86 400（元）

【例 5-24】根据例 5-23 的资料，假定 ABC 公司各季末的产成品按下一季度销售量的 10%计算。根据会计历史资料推断，预计 20×6 年年末产品存货为 100 件，20×7 年年末产品存货为 120 件，则编制的 20×7 年生产预算如表 5-14 所示。

表 5-14　　ABC 公司 20×7 年度生产预算

单位：件

项目	第一季度	第二季度	第三季度	第四季度	合计
预计销售量	1 100	1 600	2 000	1 500	6 200
加：预计期末存货量	160	200	150	120	120
预计需求量合计	1 260	1 800	2 150	1 620	6 320
减：预计期初存货量	100	160	200	150	100
预计生产量	1 160	1 640	1 950	1 470	6 220

在生产预算的编制过程中，预计销售量来自销售预算，预计期初库存量中的年初数等于上年年末库存量，其他各期期初数来自上期的预计期末库存量，预计期末库存量一般是按下期预计销售量的一定百分比来确定的，本例中按下期预计销售量的10%来确定。

【例 5-25】根据例 5-24，假定 ABC 公司生产产品耗用 M 材料，单位产品材料消耗定额为 3 千克，材料单价分别为 10 元。每季末的材料库存按下季生产需用量的 30%计算，各季期初存料与上季期末存货量相等。根据有关资料，20×7 年年初 M 材料存货量为材料 1 030 千克，预计年末材料存货量为 1 980 千克，预计每季材料采购金额中有 50%在当季付款，其余在下季支付。20×7 年年初，M 材料应付采购账款为 9 400 元。

根据上述资料编制材料采购预算和现金支出预算，如表 5-15 所示

表 5-15　　ABC 公司 20×7 年度分季采购预算和现金支出预算

季度	第一季度	第二季度	第三季度	第四季度	合计
预计产量（件）	1 160	1 640	1 950	1 470	6 220
M 单耗（千克/件）	3	3	3	3	3
预计需用量（千克）	3 480	4 920	5 850	4 410	18 660
加：期末存料量（千克）	1 476	1 755	1 323	1 980	1 980
减：期初存料量　（千克）	1 030	1 476	1 755	1 323	1 030
预计采购量　（千克）	3 926	5 199	5 418	5 067	19 610
预计采购金额（元）	39 260	51 990	54 180	50 670	196 100
期初应付账款（元）	9 400				9 400
第一季度采购额（元）	19 630	19 630			39 260
第二季度采购额（元）		25 995	25 995		51 990
第三季度采购额（元）			27 090	27 090	54 180
第四季度采购额（元）				25 335	25 335
现金支出合计（元）	29 030	45 625	53 085	52 425	180 165

【例 5-26】承前例，ABC 公司生产甲产品所需人工工时为 5 小时/件，单位小时人工成本为 2 元/小时，有关生产量预算如表 5-14 所示。

根据上述资料编制直接人工预算，如表 5-16 所示。

表 5-16 ABC 公司 20×7 年度直接人工预算

项目	第一季度	第二季度	第三季度	第四季度	合计
预计产量（件）	1 160	1 640	1 950	1 470	6 220
单位产品工时（小时）	5	5	5	5	5
人工总工时（小时）	5 800	8 200	9 750	7 350	31 100
每小时人工成本（元）	2	2	2	2	2
人工总成本（元）	11 600	16 400	19 500	14 700	62 200

【例 5-27】承前例，ABC 公司的制造费用可以分为固定性制造费用和变动性制造费用两部分，预计 20×7 年度固定性制造费用为 7 464 元，其中，包含折旧费 6 000 元，变动性制造费用预算按预计产量和预计变动制造费用分配率计算。单位甲产品所耗工时为 5 小时，有关生产量预算见表 5-14，其他相关资料见表 5-17。

表 5-17 ABC 公司 20×7 年度费用明细表

项目	小时费用分配率/（元/小时）	单位产品耗费/小时	单位产品费用分配额/元
间接材料费	1	5	5
间接人工费	2	5	10
维修费	0.5	5	2.5
水电费	0.3	5	1.5
合计	3.8		19

根据上述资料编制制造费用预算及现金支出预算，如表 5-18 所示。

表 5-18 ABC 公司 20×7 年度制造费用预算

项目	第一季度	第二季度	第三季度	第四季度	合计
预计生产量（件）	1 160	1 640	1 950	1 470	6 220
变动制造费用：					
间接材料费(元)	5 800	8 200	9 750	7 350	31 100
间接人工费(元)	11 600	16 400	19 500	14 700	62 200
修理费（元）	2 900	4 100	4 875	3 675	15 550

续表

项目	第一季度	第二季度	第三季度	第四季度	合计
水电费（元）	1 740	2 460	2 925	2 205	9 330
小计（元）	22 040	31 160	37 050	27 930	118 180
固定制造费用（元）	1 866	1 866	1 866	1 866	7 464
合计（元）	23 096	33 026	38 916	29 796	125 644
减：折旧（元）	1 500	1 500	1 500	1 500	6 000
预计现金支出（元）	22 406	31 526	37 416	28 296	119 644

注：① 20×7 年度固定性制造费用为 7 464 元，平均每个季度为：7 464/4=1 866（元）。

② 20×7 年度固定资产折旧费 6 000 元，，平均每个季度为：6 000/4=1 500（元）。

【例 5-28】承前例，参照 ABC 公司对 A 产品的销售量、生产量、期末存货量以及直接材料、直接人工、制造费用的预算资料，编制该公司 20×7 年度产品成本预算如表 5-19 所示。

【例 5-29】承前例，ABC 公司的销售及管理费用具体项目如表 5-20 所示，其中，固定部分每个季度均衡发生，变动部分按产品销售量进行分配。

表 5-19　　ABC 公司 20×7 年度产品成本预算

单位：元

项目	单位成本			生产成本（6 220 件）	期末存货（120 件）	销货成本（6 200 件）
	每千克或每小时成本	投入量	成本			
直接材料	10	3 千克	30	186 600	3 600	186 000
直接人工	2	5 小时	10	62 200	1 200	62 000
变动制造费用	3.8	5 小时	19	118 180	2 280	117 800
固定制造费用	0.24	5 小时	1.2	7 464	144	7 440
合计			60.2	374 444	7 224	373 240

注：① 固定性制造费用的单位成本=7 464/6 220=1.2（元/件）

② 固定资产折旧费的每小时成本=1.2/5=0.24（元/小时）

表 5-20　　ABC 公司 20×7 年度费用明细表

固定性销售及管理费用		变动性销售及管理费用	
项目	全年费用/元	项目	单位分配率
差旅费	1 000	销售人员工资	1.0
房屋租金	500	运输费	0.3
办公费	300	销售佣金	0.5

续表

固定性销售及管理费用		变动性销售及管理费用	
项目	全年费用/元	项目	单位分配率
广告费	450	其他	0.2
业务招待费	750		
合计	3 000	合计	2.0

根据上述资料编制销售及管理费用预算，如表 5-21 所示。

表 5-21 ABC 公司 20×7 年度销售及管理费用预算

单位：元

项目	第一季度	第二季度	第三季度	第四季度	合计
预计销售量	1 100	1 600	2 000	1 500	6 200
单位变动性销售及管理费用	2	2	2	2	2
变动性销售及管理费用	2 200	3 200	4 000	3 000	12 400
固定性销售及管理费用	750	750	750	750	3 000
合计	2 950	3 950	4 750	3 750	15 400

注：固定性销售及管理费，全年 3 000 元，平均每个季度 750 元。

【例 5-30】承前例，假设 ABC 公司 20×7 年度的经营目标利润为 300 000 元，预算期应交所得税额以目标利润为依据测算，按季度年均支付，所得税税率为 25%。经董事会决定，每季度支付现金股利 20 000 元。该公司年初现金余额为 4 000 元，各期期末现金余额不得低于 3 000 元，现金不足时可以从银行借入借款额为 1 000 元的倍数，所有借款发生在季初，所有偿还发生在季末，借款年利率为 10%，利息在还款时支付。所需的其他资料见前述各个分预算。

根据上述资料编制 ABC 公司现金预算，如表 5-22 所示。

表 5-22 ABC 公司 20×7 年度现金预算

单位：元

项目	第一季度	第二季度	第三季度	第四季度	合计
期初现金余额	4 000	3 664	3 413	5 012	4 000
加：销售现金收入（见表 5-13）	104 400	126 000	165 600	153 000	549 000
可供使用现金	108 400	129 664	168 823	158 872	566 569
减：各项支出：					
直接材料（见表 5-15）	29 030	45 625	53 085	52 425	180 165
直接人工（见表 5-16）	11 600	16 400	19 500	14 700	62 200
制造费用（见表 5-18）	22406	31 526	37 416	28 296	119 644
销售及管理费用（见表 5-21）	2 950	3 950	4 750	3 750	15 400

续表

项目	第一季度	第二季度	第三季度	第四季度	合计
所得税	18 750	18 750	18 750	18 750	75 000
股利	20 000	20 000	20 000	20 000	80 000
支出合计	104 736	136 251	153 501	137 921	532 409
现金多余或不足	3 664	−6 587	15 512	20 091	32 680
加：向银行借款		10 000			
减：还银行借款			10 000		
减：借款利息			500		
期末现金余额	3 664	3 413	5 012	20 091	20 091

注：① 所得税：(300 000×25%)÷4=18 750（元）

② 假设所有借款发生在季初，所有偿还发生在季末。

本例中，该公司需要保持现金余额为3 000元，不足部分需要向银行借款，且借款的金额为1 000元的倍数。因此，第二季度借款额为

借款额=最低现金余额+现金不足=3 000+6 587=9 587≈10 000（元）

第三季度现金多余时，季末用于偿还第二季度季初的银行借款并支付6个月的利息。

利息=10 000×10%×(6÷12)=500（元）

另外，编制现金预算时应该注意，必须保持最低现金余额，否则，只能部分归还借款。因为已经编制了现金预算，所以就没有必要再编制预计现金流量表了。

【例 5-31】承前例，ABC 公司甲产品销售收入、销售成本及相关费用资料参见前述各表。根据相关资料编制该公司20×7年度预计损益表，如表5-23所示。

表 5-23　　ABC 公司 20×7 年度预计损益表

单位：元

项目	金额
营业收入（见表5-13）	558 000
营业成本（见表5-19）	373 240
毛利	184 760
销售及管理费用（见表5-21）	15 400
利息（见表5-22）	450
利润总额	168 910
所得税（估计）	75 000
税后净收益	93 910

表5-23中，营业收入项目的数据来自销售收入预算；营业成本项目的数据来自销售成本预算；毛利项目的数据为前两项的差额；销售及管理费用项目的数据来自销售及管理费用预算；

利息项目的数据来自现金预算；所得税项目是根据利润规划估计的，并已经列入现金预算。

【例 5-32】承前例，ABC 公司甲产品的销售、生产、资本等预算的有关数据资料参见前述各表。编制 ABC 公司 20×7 年的预计资产负债表，如表 5-24 所示。

表 5-24　　　　ABC 公司 20×7 年 12 月 31 日预计资产负债表

单位：元

资产	预算数	负债及所有者权益	预算数
流动资产：		流动负债：	
库存现金（见表 5-22）		短期借款	
应收账款（见表 5-13）		应付账款（见表 5-15）	
原材料（见表 5-15）		应交税费	
库存商品（见表 5-19）		负债合计	
流动资产合计			
固定资产：		所有者权益：	
固定资产原值		股本	
累计折旧（见表 5-18）		留存收益	
固定资产合计		所有者权益合计	
资产合计		负债及所有者权益合计	

在表 5-24 中，库存现金、原材料、库存商品、累计折旧等项目的期末数来自前面相关预算，其他项目计算如下：

期末应收账款=本期销售额×(1-本期收现率)

期末应付账款=本期采购额×(1-本期付现率)

期末留存收益=期初未分配利润+（本期利润-本期股息）

编制预计资产负债表的目的就是判断预算反映的财务状况的稳定性和流动性。如果通过对预计资产负债表的分析后发现某些财务比率不佳，在必要时可修改相关预算。

总之，全面预算是在预测与决策的基础上，按照规定的目标和内容对企业未来的销售、生产、成本、现金流量等方面以计划的形式具体地、系统地反映出来，以便有效地组织与协调企业的全部生产经营活动，完成企业的既定目标。

复习思考题

1．什么是本量利分析？本量利分析的基本假设是什么？

2．如何确定单一品种及多品种条件下的盈亏平衡点？

3. 影响盈亏平衡点的主要因素有哪些？各有关因素是如何影响盈亏平衡点的？

4. 利润的敏感性分析包含哪些内容？如何进行利润的敏感性分析？

5. 什么是短期经营决策？短期经营决策包括哪些主要内容？如何进行短期经营决策？

6. 企业项目投资决策中的现金流量一般由哪几部分构成？

7. 企业项目投资决策的评价指标有哪些？如何利用净现值和现值指数进行决策？

8. 全面预算的主要内容有哪些？编制全面预算时应遵循哪些基本原则？

9. 为什么说销售预算是编制全面预算的基础和关键？

10. 财务预算的编制内容包括哪些？如何编制？

案例分析题

1. 鸿运公司是一家劳动密集型企业，只生产一种产品，20×8年全年计划销售100 000件产品，目前该产品的预计单位售价20元/件，单位变动成本15元/件，固定成本总额200 000元。该企业的老板特别关心利润额，假设你是企业的财务经理，试根据企业目前生产产品的成本资料，对影响利润变动的因素进行分析，提出企业赚取更多利润的措施以及应该注意的问题。

2. 东方公司是生产微波炉的中型企业，该公司生产的微波炉质量优良、价格合理，近几年来一直供不应求。为了扩大生产能力，该公司准备新建一条生产线。李强是该公司投资部的工作人员，主要负责投资的具体工作，该公司生产线有关问题如下：

该生产线的初始投资为57.5万元，分两年投入。第一年年初投入40万元，第二年年初投入17.5万元。第二年可完成建设并正式投产。投产后每年可生产微波炉1 000台，每台销售价格为800元，每年可获得销售收入80万元。投资项目预计可使用5年，5年后的残值可忽略不计。在投资项目经营期初需垫支流动资金 15 万元，这笔资金在项目结束时可如数收回。该项目生产的产品年总成本的构成情况如下：原材料 40 万元、工资费用 8 万元、管理费用（不含折旧）7万元、折旧费10.5万元。

该公司财务总监要求李强收集建设新生产线的相关资料，写出投资项目的财务可行性分析报告，请你帮李强分析一下该项目是否可行？（假设每年应缴纳的所得税为58 000元）

业务计算题

1. 某企业生产和销售甲、乙两种产品，单价分别为8元和12元，贡献边际率分别为10%

和 20%，全年生产两种产品的固定成本总额为 9 000 元，假设甲、乙两种产品预计销售量均为 10 000 件。根据所给资料，分别计算：

（1）该企业盈亏平衡点的销售额。

（2）甲、乙两种产品的盈亏临界点销售量。

（3）该企业的安全边际额和预计利润。

2．假设某企业生产甲产品需耗用 A 零部件 4 000 个。若该企业的生产车间自制 A 零件，预计每个 A 零件的生产需要耗费直接材料 12 元，直接人工 3 元，变动性制造费用 7 元，固定性制造费用 10 元；如果外购，从市场上购买，每个 A 零件的购买成本为 30 元。

要求：根据以下各不相关的情况，做出 A 零件是自制还是外购的决策。

（1）该企业具备生产 A 零件的能力，且无法转移；

（2）该企业尚不具备生产 A 零件的能力，若自制 A 零件需要投入相关专用设备，专属成本为 40 000 元。

3．某企业组织多品种经营，其中有一种变动成本率为 80%的产品于 20×7 年亏损了 10 000 元，其完全销售成本为 110 000 元。假定 20×8 年市场销售、成本水平均不变。

要求：（1）假定与该亏损产品有关的生产能力无法转移，20×8 年是否继续生产该亏损产品？

（2）假定与该亏损产品有关的生产能力可临时对外出租，租金收入为 25 000 元，则 20×8 年是否应当继续生产该亏损产品？

4．某企业投资 100 万元购入一套无须安装即可投产的设备，同时垫支流动资金 10 万元来进行一种新产品生产，生产寿命期为 5 年，采用直线法计提折旧，期末设备残值 10 万元。该产品每年给企业增加销售收入 80 万元，增加付现成本 50 万元，垫支的流动资金于期末全部收回，企业资金成本率为 10%，所得税税率为 25%。

要求：（1）计算确定该项目的每年现金净流量；

（2）计算该项目的净现值；

（3）如果不考虑其他因素，你认为该项目是否应该被接受？［已知（P/F,10%,5）=0.6209；（F/A,10%,5）=1.6105；（P/A,10%,4）=3.169 9；（F/A,10%,5）=6.1051］

5．某固定资产项目需在建设起点一次投入资金 210 万元，建设期为 2 年，第二年年末完工，并于完工后投入流动资金 30 万元。预计该固定资产投产后，使企业各年的经营净利润净增加 60 万元。该固定资产的使用寿命期为 5 年，按直线法折旧，期满有固定资产残值收入 10 万元，垫支的流动资金于项目终结时一次收回，该项目的资本成本率为 10%。已知（P/F,10%,1）=0.909 1；（P/F,10%,2）=0.826；（P/F,10%,7）=0.513；（P/A,10%,2）=1.736；（P/A,10%,6）=4.355）。

要求：计算该项目各年的现金净流量，并利用净现值指标对项目的财务可行性进行评价（计算结果保留小数点后两位数）。

6. 已知：假定 ABC 公司在计划年度（20×8 年）只生产并销售一种产品，已知 20×8 年度销售预算如表 5-25 所示。

表 5-25　　ABC 公司 20×8 年度销售预算

季度	1	2	3	4	全年
预计销售量（件）	1 200	1 500	1 800	2 200	6 700
销售单价（元/件）	80	80	80	80	80

其他资料如下：

（1）据估计产品每季的销售收入中有 70%能于当季收到现金，其余 30%要到下季收回。基期（20×7 年）末的应收账款余额为 45 000 元。

（2）假定该公司各季末库存的产成品按下一季度销售量的 10%计算。根据会计历史资料推断，预计 20×7 年年末产品存货为 120 件，20×8 年年末产品存货为 200 件。

要求：编制 ABC 公司 20×8 年度销售预算和生产预算。

案例分析题参考答案

业务计算题参考答案

第六章　财 务 分 析

本章导读

本章介绍财务分析的思路和方法。首先，阐述财务分析的目的、方法、程序；其次，对企业营运能力、盈利能力、偿债能力和财务综合能力进行分析；最后，通过应用举例，演示了财务分析的具体方法和步骤。通过本章的学习，应重点理解各种财务指标的含义及其作用，掌握各种财务指标的计算方法，学会运用财务指标对企业财务能力做出初步的评价。

学习目标

1. 掌握营运能力分析的思路、运用的主要指标及其计算方法。
2. 掌握盈利能力分析的主要指标及其计算方法，了解不同目的的指标选择。
3. 了解偿债能力分析内容，掌握偿债能力分析的主要指标及其计算方法。
4. 掌握杜邦分析体系的内容以及分析思路。
5. 掌握沃尔评分法的基本步骤和方法。

问题导引

哈空调（600202）公司公布的 2008 年半年报显示，营业收入、税后利润等指标均快速增长。公司上半年实现营业收入 7.52 亿元，较上年同期增长 48.93%；上半年实现净利润 1.64 亿元，较上年同期增长 87.72%。基本每股收益 0.513 元，扣除非经常性损益后的每股收益为 0.359 元，净资产收益率 20.86%。但半年报披露当天哈空调的股价下挫 8.69%，远大于当天上证综指 3.43%的跌幅。在报表业绩大增的情况下，该企业的市场表现为何如此不堪？

这就需要在报表数据的基础上，采用科学的方法对企业财务状况和经营成果做进一步的分析，通过分析发现企业财务运行中存在的问题，以便针对问题提出改进措施。

第一节　财务分析概述

财务分析是以财务报表等资料为依据，运用一定的分析方法和技术，对企业相关情况进行分析，以帮助决策者做出经济决策的过程。进行财务分析，首先需要明确分析主体和分析目的，其次需要明确分析内容，再次需要明确分析方法，最后需要明确分析程序。

一、财务分析主体和目的

财务分析主体就是与企业存在现实或潜在的利益关系，为了特定目的，对企业的财务状况、经营成果、现金流量等进行分析和评价的组织或个人。财务分析可以帮助分析主体加深对企业的了解，减少判断的不确定性，从而增加决策的科学性。不同的财务分析主体需要通过财务分析做出不同的决策，因而它们在进行财务分析时有着各自不同的目的。

（一）经营管理者财务分析的目的

经营管理者对企业的日常经营活动进行管理，需要通过财务分析及时发现企业经营中存在的问题并找出对策，以适应瞬息万变的经营环境；经营管理者需要通过财务分析，全面掌握企业的财务状况、经营成果和现金流量状况等，从而做出科学的筹资、投资等重大决策；经营管理者为了提高企业内部的活力和企业的整体效益，需要借助财务分析对企业内部的各个部门和员工等进行业绩考评，并为今后的生产经营编制科学的预算。

（二）债权人财务分析的目的

债权人既包括现实的债权人，也包括潜在的债权人。债权人在财务分析中既关心企业的短期财务状况，如企业资产的流动性和企业的短期现金流量状况等；也关心企业的长期财务状况，如企业的资本结构和财务风险。同时，因为企业的利润是现金流量最稳定的来源，债权人还需要通过财务分析来了解企业的盈利能力。

（三）股权投资者财务分析的目的

股权投资者既包括现实的股权投资者，也包括潜在的股权投资者。获得投资报酬是股权投资的重要目的，因此股权投资者在财务分析中非常关注企业投资回报的高低，股东的投资回报需要关注企业的收益水平、成本费用控制能力。股权投资者是企业收益的最终获得者和风险的最终承担者。对长期投资者而言，企业的长远发展可能比眼前利益更加重要，因而，投资者在财务分析中还会密切关注企业的发展前景和风险程度。

（四）社会中介机构财务分析的目的

会计师事务所、律师事务所、资产评估事务所、证券公司、资信评估公司以及各类咨询公司等社会中介机构，在为企业提供服务时，需要站在客观的立场为企业相关事项提出建议、意见、评定等。在服务过程中，社会中介机构不同程度地需要借助财务分析，了解企业相关的经营成果和财务状况等问题。

（五）政府职能部门财务分析的目的

工商、税务、财政等政府部门在履行监管职能的过程中往往需要借助财务分析监督企业是否遵循了相关政策法规，检查企业是否偷逃税款等，以维护正常的市场经济秩序，保障国家和社会利益。

除上述财务分析主体之外，企业的供应商、客户、员工甚至竞争对手等，都可能需要通过财务分析了解企业相关情况，从而成为企业财务分析的主体。供应商希望通过财务分析了解企业的支付能力，以判断其货款的安全性；客户希望借助财务分析，了解企业的商品或劳务的质量以及企业所提供的商业信用条件等；竞争对手通过对双方企业的财务进行分析找到自己的优势和劣势，为提高竞争能力打下基础。

二、财务分析内容

财务分析的内容与财务分析目的有着密切的关系，分析目的不同，分析内容的侧重点也会有差别。通常，财务分析包括以下几方面内容。

（一）营运能力分析

营运能力是指企业的资产利用效率。资产是能为企业带来未来经济利益的经济资源，同时又是对负债和所有者权益的保障。因此，企业的资产管理水平直接影响着企业获取经济利益的能力以及企业资本的安全。营运能力从深层次影响着企业的安全性和营利性，因而是企业债权人、股权投资者和管理者等分析主体都应当关注的内容。

（二）盈利能力分析

盈利能力直接影响企业的投资报酬率。在投资规模一定的情况下，企业获取利润的能力越强，投资报酬率就应当越高。丰厚而稳定的利润不仅是投资报酬和盈利能力的体现，也是企业偿还债务的保障。一个不能盈利的企业是没有真正的安全可言的，因此，股权投资者、企业管理者和债权人等众多分析主体对企业的投资报酬与盈利能力都十分关注。

（三）偿债能力分析

偿债能力包括短期偿债能力和长期偿债能力。短期偿债能力直接关系着企业的短期经营安全和短期债务安全，短期债权人、企业管理者、股权投资者等会关注对企业资产流动性和短期偿债能力的分析。长期偿债能力直接关系着企业的长期投资安排和经营活动。企业如何通过资本结构和财务杠杆的安排使风险与报酬达到最佳的平衡状态，是长期债权人、企业管理者以及股权投资者等分析主体关注的内容。

（四）综合分析

综合分析是对企业的各个方面进行系统、全面的分析，从而对企业的财务状况和经营成果做出整体的评价与判断。由于企业是一个不可分割的主体，各分析主体在对上述相关内容进行侧重分析后，还应将这些内容融合起来，对企业的总体状况进行分析。

三、财务分析方法

在财务分析中，分析主体可以根据不同目的选用不同的方法。

（一）比率分析法

比率分析法是指将相关的财务项目进行对比计算出具有特定经济意义的相对财务比率，据以评价企业财务状况和经营成果的一种分析方法。常用的财务比率有趋势比率、构成比率、效率比率和相关比率。

1．趋势比率

趋势比率是反映某个经济项目不同期间的数据之间关系的比率。

2．构成比率

构成比率是反映某个经济项目的各组成部分与总体之间关系的财务比率，如流动资产除以总资产得到的比率、流动负债除以总负债得到的比率等。

3．效率比率

效率比率是反映投入与产出关系的财务比率，如净利润除以平均股东权益得到的比率。效率比率的分子是代表产出的项目通常是各种利润数据，分母则是代表某种投入的数据，如资产、股东权益、成本费用等。

4．相关比率

广义上说，所有的财务比率都是相关比率，是两个相关项目相除得到的相对数。狭义的相关比率是指除趋势比率、构成比率和效率比率之外的反映两个相关项目之间关系的财务比率，如流动资产与流动负债相除得到的比率、主营业务收入与平均资产总额相除得到的比率等。

（二）比较分析法

比较分析法是将相关数据进行比较，揭示差异并寻找差异原因的分析方法。用于比较的数据既可以是绝对数额，也可以是相对数。因此，严格地说，比较分析法并不是一种独立的分析方法，而是与其他分析方法相结合的一种辅助技术。要评判优劣就必须经过比较，要比较就必须有比较的标准，常见的比较标准有历史标准、行业标准、预算标准、经验标准等。

（三）因素分析法

企业的财务指标往往由多个相互联系的因素共同决定。当这些因素发生不同方向、不同程度的变动时，对相应的财务指标会产生不同的影响。对这些财务指标的差异分析，可以不只局限在财务指标本身与比较标准的差异上，还可以进一步从数量上测定各个因素对差异的影响方向和程度，以便于抓住主要矛盾，找到解决问题的线索。因素分析法中应用得最广泛的一种技术是连环替代法。

四、财务分析程序

财务分析是一项比较复杂的工作，必须按科学的程序进行，才能保证分析的效率和效果。财务分析的基本程序包括以下几个步骤。

（一）明确分析目的

不同的财务分析主体有着不同的财务分析目的，而同一财务分析主体在不同情况下的分析目的也不完全相同。财务分析的目的是财务分析的出发点，只有明确了分析目的，才能确定分析的范围、搜集信息的内容、选用分析方法等。

（二）确定分析范围

财务分析的内容很多，但并不是每次财务分析都必须完成所有的内容。只有根据不同的分析目的确定不同的分析范围，才能提高财务分析的效率。针对企业的哪个方面或哪些方面展开分析，分析的重点放在哪里，这些问题必须在开始搜集信息之前确定下来。

（三）搜集相关信息

明确分析目的、确定分析范围后，接下来就应有针对性地搜集相关信息。企业对外报出的会计报表及附注是财务分析所依据的主要资料，此外，企业内部供产销各方面的有关资料以及企业外部的审计、市场、行业等方面的信息都可能与财务分析息息相关。财务分析中应搜集充分的信息，但并不是越多越好。搜集多少信息，搜集什么信息，应完全取决于分析的目的和范围。

（四）选择分析方法

不同的财务分析方法各有特点，没有绝对的优劣之分，最适合分析目的、分析内容和搜集信息的方法就是最好的方法。在财务分析中，既可以选择某一种分析方法，也可以将多种方法结合应用。

（五）得出分析结论

搜集到相关信息并选定分析方法之后，应利用所选定的方法对相关信息进行细致的分析，从而对企业相关的经营成果和财务状况做出评判，为相应的经济决策提供依据。

第二节　财务比率分析

一、营运能力分析

（一）营运能力分析概述

1．营运能力分析的目的

营运能力是指企业的经营运行能力，即企业运用各项资产赚取利润的能力。营运能力分析的目的在于通过营运能力分析反映企业资产的质量、结构和运行状态以及企业对资产的管理水平，而这些状况和管理水平将直接影响企业的偿债能力和盈利能力。

营运能力强，说明企业资产的使用效率高，企业能够以相对较少的资产占用取得相对较多的收入和收益，资产的变现能力和收益能力比较强；同时，企业营运能力越强，说明资产的质量越好，良好的资产质量是资产在经营中得以保值并增值的前提，从而有利于保证债务本金及利息按期偿还和支付。

2．营运能力分析的内容

企业营运能力分析主要包括流动资产营运能力分析、非流动资产营运能力分析以及全部资产营运能力分析。流动资产营运能力分析主要是通过计算有关指标反映主要流动资产项目和全部流动资产的利用效率，衡量企业在经营活动中运用流动资产的能力。衡量流动资产营运能力的指标主要有应收账款周转率、存货周转率、流动资产周转率等。非流动资产营运能力分析是通过分析非流动资产的利用效率，判断企业投资效果的好坏。非流动资产营运能力分析着重分析固定资产的使用情况和固定资产周转速度，主要指标有固定资产周转率和非流动资产周转率。全部资产营运能力分析主要是计算总资产周转率指标，以衡量企业对全部资产的利用效率。

（二）流动资产营运能力分析

企业流动资产包括货币资金、以公允价值计量且其变动计入当期损益的金融资产、应收及预付账款、存货等，流动资产一般具有变现能力强的特点，流动资产变现能力具体表现为周转速度。流动资产的营运能力既反映了流动资产利用效率，又影响着企业的短期偿债能力，在财务分析中占有重要地位。

流动资产营运能力分析通常从两个方面进行：一是流动资产主要项目营运能力的分析。应收账款和存货通常在企业的流动资产项目中占的比重较大，而且这两个项目与企业的营业收入和变现能力直接相关，因此需要对其营运情况进行单独分析。二是全部流动资产营运能力的分析。

1．应收账款营运能力分析

应收账款营运能力通常用应收账款周转次数和应收账周转天数来衡量。

应收账款周转次数是指企业在一定时期内的赊销收入净额与应收账款平均余额的比值，反映应收账款的收款速度，从而反映应收账款的管理效率。其计算公式为

$$\text{应收账款周转次数}=\frac{\text{赊销收入净额}}{\text{应收账款平均余额}}$$

式中：应收账款平均余额是指在报告期内企业平均每天在应收账款上占用的资金数额，可以用年初应收账款余额加上年末应收账款余额的平均数计算，也可以以每月月初应收账款余额和月末应收账款余额为基础，先计算出各月的应收账款平均余额，再将各月平均余额之和除以 12，求出全年平均余额。季节性生产和销售企业最好用后一种方法计算应收账款平均余额。

应收账款周转天数又称为平均收账期，指企业从商品销售出去取得应收账款的权利到应收账款收回转换为现金所需要的平均天数，用 360 天除以应收账款周转次数计算求得。其计算公式为

$$\text{应收账款周转天数}=\frac{360}{\text{应收账款周转次数}}$$

在一定时期内，应收账款周转次数越多或周转一次所需要的时间越短，说明应收账款变现速度越快，资产利用的效率越高，应收账款管理得越好，资产利用的效率越高；反之，应收账款周转率越低，说明应收账款变现速度越慢，资产利用的效率越差，应收账款管理水平低，资金使用存在超支或浪费的问题，企业需要加强对应收账款的管理和催收工作。

2．存货营运能力分析

存货包括企业的原材料、在产品、产成品和低值易耗品等，是企业流动资产中所占比重较大的资产。企业存货营运能力对流动资产的使用效率有重要影响，也间接影响企业的偿债能力和盈利能力。存货营运能力通常用存货周转率衡量，存货周转率是指企业在一定时期内的营业成本与存货平均余额的比值，表示企业存货在一定时期内的周转次数，反映存货的管理效率，同时也反映存货的变现速度。其计算公式为

$$\text{存货周转率}=\frac{\text{营业成本}}{\text{存货平均余额}}$$

式中：存货平均余额是指在报告期内企业平均每天在存货上占用的资金数额，可以用年初余额与年末余额的平均数计算，也可以先计算出各月存货平均余额，再将各月平均余额之和除以 12，求出全年平均余额。季节性生产和销售企业最好使用后一种方法计算存货周转率。

存货周转率也可以用周转天数表示。存货周转天数表示本年存货从原材料入库到进入

生产过程直至销售出去所需要的平均天数，用360天除以存货周转次数计算求得。其计算公式为

$$存货周转天数=\frac{360}{存货周转次数}$$

在一定时期内，存货周转次数越多或周转一次所需要的时间越短，存货的变现能力就越强，由此可以降低存货占用的资金成本和仓储成本；反之，存货周转次数越少或存货周转一次所需要的天数越多，表明存货周转速度慢，存货变现能力差，可能存在存货过多或滞销问题，此时企业必须加强存货的管理。

3．全部流动资产营运能力分析

全部流动资产营运能力一般用流动资产周转率衡量。流动资产周转率是指企业在一定时期内的营业收入与全部流动资产平均余额的比值，反映当年营业收入与流动资产占用额之间的关系，表示企业的流动资产在一定时期内周转了几次，是综合反映企业流动资产使用效率或营运能力的指标。其计算公式为

$$流动资产周转率=\frac{营业收入}{流动资产平均余额}$$

流动资产平均余额是指在报告期内企业平均每天占用在流动资产上的资金数额，可以用年初余额加年末余额除以12的平均数计算，也可以先计算出各月流动资产平均余额，再将各月平均余额之和除以12，求出全年平均余额。在季节性生产和销售的企业最好使用后一种方法计算。

流动资产周转率一般用周转次数表示，也可以用流动资产周转天数表示。流动资产周转天数表示流动资产周转一次所需要的平均天数。其计算公式为

$$流动资产周转天数=\frac{360}{流动资产周转次数}=\frac{流动资产平均余额\times 360}{营业收入}$$

企业流动资产的周转次数越多，表明企业以相同的流动资产实现了更多的营业收入，说明流动资产的使用效率高；如果流动资产年周转次数低，则表明企业利用流动资产进行经营活动的能力差，流动资产的使用效率低。从周转天数上看，在一定时期内流动资产使用效率高，等于相对节约了流动资产的占用，提高了企业的盈利能力；反之，如果流动资产周转速度慢，就会增加流动资产占用，企业还需要补充流动资产参加生产经营周转，从而造成资金浪费，降低企业的盈利能力。

（三）非流动资产营运能力分析

非流动资产也称为长期资产，是指流动资产以外的资产，包括可供出售金融资产、持有至到期投资、长期股权投资、固定资产、无形资产等，企业非流动资产的营运能力直接影响企业的盈利能力。

1．固定资产营运能力的分析

企业固定资产的使用效率主要通过固定资产周转率指标反映。其计算公式为

$$固定资产周转率=\frac{营业收入}{固定资产平均余额}$$

固定资产平均余额是指固定资产平均净额，等于资产负债表上的年初固定资产余额加年末固定资产余额的平均数。固定资产净额是指固定资产原始价值减去累计折旧和减值准备后的余额，表示企业实际占用在固定资产上的资金数额。用固定资产平均净额作分母，可以更准确地反映企业对固定资产的使用效率。固定资产周转率反映企业利用现有厂房、建筑物、设备等固定资产创造营业收入的能力。

2．非流动资产营运能力的分析

通常将营业收入同非流动资产平均余额相比来衡量企业非流动资产的营运能力，表示单位非流动资产占用可以为企业创造多少营业收入和利润。将营业收入同非流动资产平均余额的比值称为非流动资产周转率并不确切，它的实际意义表示每一元非流动资产占用带来的营业收入，而不是表示一定时期非流动资产周转了多少次。因为非流动资产并不强调它的周转性，但是为了保持与流动资产营运能力分析的一致性，本书中采用了约定俗成的做法，也将其称为周转率。其计算公式为

$$非流动资产周转率=\frac{营业收入}{非流动资产平均余额}$$

非流动资产周转率反映企业在一定时期内每一元非流动资产投资带来的营业收入，体现非流动资产的使用效率。企业非流动资产的周转次数越多，表明企业以相同的非流动资产实现了更多的营业收入，说明非流动资产的使用效率高；反之，非流动资产周转次数降低，表明企业对非流动资产的管理和使用效率下降。

（四）总资产营运能力分析

衡量企业总资产营运能力的指标主要是总资产周转率。总资产周转率是指企业在一定时期的营业收入与总资产平均余额之间的比值。其计算公式为

$$总资产周转率=\frac{营业收入}{总资产平均余额}$$

总资产周转率也可以用周转天数表示，其计算公式为

$$总资产周转天数=\frac{360}{总资产周转次数}=\frac{总资产平均余额\times 360}{营业收入}$$

总资产周转率表示企业的全部资产在一年内周转了几次，反映企业全部资产的管理质量和利用效率。总资产周转率也可以理解为企业每占用一元资产在一年内带来的营业收入，可以衡量企业在现有资产投入水平下创造营业收入的能力。总资产周转率越高，说明企业利用全部资产进行经营的效率高；反之，说明企业利用全部资产进行经营的效率低，并最终影响企业的盈利能力。

二、盈利能力分析

（一）盈利能力分析概述

1．盈利能力分析的目的

盈利能力是指企业在一定期间内赚取利润的能力。盈利能力的大小通常用获得的利润与投入的资源或一定的收入相比较来衡量。

企业管理层从事经营管理本着对企业董事会及全体股东负责的态度，出发点和落脚点都是围绕着利润展开。在企业持续不断地扩大资产规模的同时，必须保持利润同步增长，最大限度地获取利润是企业持续稳定发展的保障，两者之间是互相制约、相辅相成的关系。对企业进行盈利能力分析可以从数据上反映和衡量企业管理层的经营业绩，不仅可以从纵向（企业历年数据的比较）进行分析，还可以从横向（同行业不同企业之间数据的比较）进行分析，从比较中发现问题、解决问题、找出差距。对企业盈利能力的分析还可以使管理层找出经营环节中存在的问题，企业的供、产、销等经营环节的具体表现最终都会反映到利润这个指标上，企业经营管理层只有找出利润“缩水”的症结所在，对症下药，才能为股东创造更大的利润。

2．盈利能力分析的内容

企业盈利能力分析主要通过利润率指标进行。利润率指标既便于让不同规模的企业之间进行盈利能力比较，也可以进行同一企业不同时期的盈利能力的比较。一般来说，企业经营层次可以分为商品经营、资产经营和资本经营三种类型。基于不同的经营层次，可以分别用不同的利润率指标考察企业的盈利能力。另外，鉴于上市公司在经济中的重要地位和特殊性，需要针对上市公司的盈利能力进行专门分析。因此，盈利能力分析的主要内容包括以下几个部分。

（1）商品经营及其盈利能力分析。商品经营指企业以市场为导向组织供、产、销活动，以一定的人力、物力消耗生产与销售尽可能多的社会需要的商品。商品经营的基本目标是追求供、产、销的衔接和商品的营利性。商品经营盈利能力分析主要利用利润表资料进行利润率分析，包括收入利润率分析和成本费用利润率分析两方面。

（2）资产经营及其盈利能力分析。资产经营是将资产作为企业资源投入，并围绕资产的配置、重组、使用等进行管理。资产经营的管理目标是合理配置与使用资产，以一定的资产投入取得尽可能多的收益。资产经营盈利能力分析主要是对总资产报酬率指标进行分析与评价，并进一步分析影响总资产报酬指标的相关因素。

（3）资本经营及其盈利能力分析。资本经营是以资本为基础通过优化配置来提高资本营运效益的经营活动，包括资本流动、收购、重组、参股和控股等各种方式，从而使企业以一定的资本投入取得尽可能多的资本收益。资本经营是企业经营最综合的方式。资本经营的管理目标是实现资本保值与增值或实现资本盈利能力最大化。资本经营盈利能力分析主要是对净资产收益率指标进行分析与评价，并进一步分析影响净资产收益率指标的相关因素。

（4）上市公司盈利能力分析。上市公司因为股权流通、股票价格公开等因素的影响而具有一些特殊的盈利能力指标，主要包括每股收益、每股股利、市盈率等指标。

（二）商品经营盈利能力分析

商品经营盈利能力一般用每百元销售额所取得的利润大小衡量，它关系到企业总资产报酬率和所有者权益回报率等指标的变动，同时也能考察企业经营业绩的好坏并可将企业与同行业内的其他企业进行比较。商品经营盈利能力只研究利润与收入或成本费用之间的比率关系，而不考虑企业筹资或投资问题。表示商品经营盈利能力的指标有两类：一类是各种利润额与收入之间的比率，统称收入利润率；另一类是各种利润额与成本之间的比率，统称成本利润率。

1．收入利润率

反映收入利润率的指标主要有营业毛利率、营业利润率和营业净利率。

（1）营业毛利率。营业毛利率是企业营业毛利额占营业收入净额的比率。其计算公式为

$$营业毛利率=\frac{营业毛利额}{营业收入}\times 100\%$$

营业毛利额为营业收入净额减去营业成本后的余额，营业收入为营业收入总额减去销售退回、销售折扣与折让的余额。企业营业收入的毛利越高，用以抵消各项成本费用的能力越强，盈利能力就越强；相反，企业盈利能力就越弱。营业毛利率具有明显的行业特点，销售周期短，固定费用较低的行业，其毛利率相对较低，如商品流通企业。对于生产周期长的企业，其毛利率除了与目标值比较外，还须与行业平均值和行业先进水平相比较，以确定本企业的盈利能力在同行业的位置，并进一步分析差距形成的原因，以找出提高企业盈利能力的途径。

（2）营业利润率。营业利润率是指企业营业利润与其营业收入净额之间的比率。其计算公式为

$$营业利润率=\frac{营业利润}{营业收入}\times 100\%$$

营业利润率比营业毛利率更能全面、概括地反映企业的盈利能力。因为，营业利润率不仅全面反映企业全部业务收入与相关的成本、费用之间的关系，还将期间费用、资产减值损失归入支出项从收入中扣减，并且将公允价值变动净收益、投资净收益、汇兑损益等项目考虑进来，全面反映了企业真实、可靠的盈利能力。

（3）营业净利率。营业净利率指企业实现的净利润与营业收入净额的比率。营业净利率用来衡量企业在一定时期的营业收入获取净利润的能力。其计算公式为

$$营业净利率=\frac{净利润}{营业收入}\times 100\%$$

营业净利率可以概括企业的基本经营状况，它表明每一元营业收入与成本费用之间可以“挤”出来的净利润。营业净利率越高，说明企业盈利能力越强；营业净利率低，表明企业营业收入低或成本费用高，或者两者兼而有之。

2．成本利润率

成本利润率即利润与不同的成本费用之间的比率，体现的是一定的成本费用发生所带来的利润大小。常用指标主要是营业成本利润率。

营业成本利润率指营业利润与营业成本之间的比率。其计算公式为

$$营业成本利润率=\frac{营业利润}{营业成本}\times100\%$$

营业成本利润率指标反映企业投入产出水平，表明每一元成本费用的投入产生了多少利润，即所得与所费的关系。一般来说，以营业收入为基础对企业盈利能力进行评价，并不是一种投入与产出间的直接对比分析，而仅是属于产出与产出间的比较，因为营业收入毕竟也是企业的一种产出，只不过它是企业利润产出的一种中间过渡，所以仅仅以销售为基础的盈利能力分析并不全面、综合地反映企业真正的盈利水平，因为较高的营业成本利润率也可能是依靠较大的资产或投资作为依托的，所以还须结合资本投资回报和资产运营效益加以分析，才能全面、真实地评价企业的盈利能力。

（三）资产盈利能力分析

在市场竞争中，企业保持较强的总资产盈利能力是至关重要的。若本企业的资产盈利能力长期低于社会平均资产报酬率，则无法吸引社会投资，金融机构也不会给企业借出款项，甚至导致原先的投资者因看不到企业的前景而撤资。企业的资产盈利能力分析指标主要有以下几个。

1．总资产报酬率

总资产报酬率是企业利润总额与利息支出总额之和与总资产平均余额的比率，用于衡量企业运用全部资产盈利的能力。其计算公式为

$$总资产报酬率=\frac{利润总额+利息支出}{总资产平均余额}\times100\%$$

总资产平均余额是期初资产总额与期末资产总额的平均数，利息支出包括计入财务费用的利息支出和资本化的利息支出。因为利息支出是企业创造出的利润的组成部分，从企业财务会计角度看，为使企业加强成本费用管理，保证利息费用如期支付，将利息费用的部分计入财务费用，从营业收入得以补偿；将利息资本化的部分计入资产原价，以折旧或摊销的方式收回。

该指标反映了企业经营管理水平。总资产报酬率高反映企业经营管理水平高，表现为资产运用得当，杜绝浪费，费用控制严格，利润水平高。通过对总资产报酬率的分析，可以考核企业各部门、各生产环节的工作效率和质量，有利于调动各方面生产经营和提高企业经济

效益的积极性。

2．资产净利率

资产净利率是指净利润与总资产平均余额的比率，反映公司的每一元资产中获取的净利润。该指标注重增加收入和节约资金两个方面，指标值越高，表明企业的资产利用效率越高。其计算公式为

$$资产净利率=\frac{净利润}{资产平均余额}\times100\%$$

（四）资本盈利能力分析

反映资本经营能力的指标主要有资本金利润率和净资产收益率。

1．资本金利润率

资本金利润率是企业的净利润与资本金平均余额之比，反映了投资者每百元投资所取得的利润，取得的利润越多，盈利能力就越强。其计算公式为

$$资本金利润率=\frac{净利润}{资本金平均余额}\times100\%$$

资本金平均余额是期初资本金余额与期末资本金余额的平均数。资本金一般使用实收资本（股本），如果用所有者权益作为计算基数，将影响企业投资回报分析的准确性，而且参与企业利润分配的只是实收资本（股本）。

在利用资本金利润率指标时，应同企业制定的基准资本金利润率相比较。基准资本金利润率是指企业在特定条件和一定的资本规模下，至少要达到的资本金利润率。若实际资本金利润率低于基准利润率，表明企业资本盈利能力弱，对于现实和潜在的投资者不存在吸引力。关于基准资本金利润率的测定应当包括两部分：一是同期市场贷款利率，这是最底线；二是风险报酬率，一般来说，风险越大，所要求的风险报酬率越高。

2．净资产收益率

净资产收益率又称股东权益收益率，是净利润与平均股东权益（平均净资产）的比率。该指标反映股东权益的收益水平，用以衡量公司运用自有资本赚取利润的能力。其计算公式为

$$净资产收益率=\frac{净利润}{平均净资产}\times100\%$$

平均净资产是期初净资产余额与期末净资产余额的平均数。净资产收益率充分体现了投资者投入企业的自有资本获取净收益的能力，突出反映了投资与报酬的关系。该指标通用性强，适用范围广，不受企业所处行业的局限。通过对该指标的综合对比分析，可以看出企业获利能力在同行业中所处的地位，以及与同类企业的差异水平。通常，企业的净资产收益率越高，表明企业自由资本获取收益的能力越强，运营效益越好，对企业投资人、债权人的保证程度越高。

（五）上市公司盈利能力分析

每股收益是指每股发行在外的普通股所能分摊到的净收益额，又称每股盈余。每股收益用以衡量上市公司普通股股票的价值，也是反映其盈利能力最重要的指标，每股收益越高，盈利能力就越强，普通股股价就越有上升的余地。在实际进行盈利能力分析时，还要对上市公司的每股收益指标值进行横向（同行业不同公司间）和纵向（本公司不同年度）比较，从而进一步评价该公司盈利能力的趋势，掌握该公司经营管理的能力水平。

每股收益又分为基本每股收益和稀释每股收益两种计算口径。

1．基本每股收益

基本每股收益是指归属于普通股股东的当期净利润扣除优先股股利后与发行在外普通股加权平均数的比率。其计算公式为

$$每股收益=\frac{净利润-优先股股利}{发行在外普通股加权平均数}$$

$$发行在外普通股加权平均数=期初发行在外普通股数+当期已发行普通股数\times\frac{已发行时间}{报告期时间}-当期回购普通股股数\times\frac{已回购时间}{报告期时间}$$

已发行时间、报告期时间和已回购时间一般按照天数计算。

2．稀释每股收益

稀释每股收益是指当企业存在稀释性潜在普通股时，应分别调整归属于普通股股东的当期净利润和发行在外的普通股加权平均数，并据此计算稀释每股收益。计算稀释每股收益的目的是反映所有稀释性潜在普通股对每股收益的影响。

$$稀释每股收益=\frac{净利润-优先股股利}{发行在外普通股加权平均数+稀释性潜在普通股}\times100\%$$

稀释性潜在普通股是指假设当期转换为普通股会增加流通在外的普通股股数，从而减少每股收益的普通股，比如企业发行的可转换债券、认股权证和股份期权。根据证监会《公开发行证券的公司信息披露编报规则第9号——净资产收益率和每股收益的计算及披露》(2010年修订）的规定，上市公司应在利润表中列示“基本每股收益”和“稀释每股收益”金额，并在年度报告正文“主要财务数据”栏列示。

三、偿债能力分析

（一）偿债能力分析概述

1．偿债能力分析的目的

在市场经济环境下，企业能否按期偿还债务直接关系着企业能否持续经营和健康发展，并直接和间接地影响着企业投资人、债权人、政府部门、企业管理经营者乃至企业员工的切

身利益。从企业资金管理的角度进行偿债能力分析，便于调度和筹措资金，及时偿还债务，降低企业的财务风险。

2．偿债能力分析的内容

根据负债的偿还期限，企业偿债能力分析主要包括两方面内容：一是短期偿债能力分析，主要了解企业偿还一年内或一个营业周期内到期债务的能力，判断企业的财务风险；二是长期偿债能力分析，主要了解企业偿还全部债务的能力，判断企业整体的财务状况。

（二）短期偿债能力分析

短期偿债能力是指企业以流动资产偿还流动负债的能力，它也表明了企业的支付能力和承担财务风险的能力。

1．流动比率

流动比率又称营运资金比率或清偿比率，是指企业流动资产与流动负债的比值，显示企业流动资产对单位流动负债的保障程度。流动比率是相对数指标，不受企业规模的影响，是实际工作中普遍采用的短期偿债能力衡量指标。其计算公式为

$$\text{流动比率}=\frac{\text{流动资产}}{\text{流动负债}}$$

流动比率越高，表明企业可用于抵债的流动资产越多，一般表明企业的短期偿债能力越强；反之，则说明企业的短期偿债能力较弱。

2．速动比率

速动比率是指速动资产与流动负债的比值，通常用来衡量企业流动资产可以立即用于偿还短期债务的能力。其计算公式为

$$\text{速动比率}=\frac{\text{流动资产}-\text{存货}}{\text{流动负债}}$$

速动比率是企业现实的短期偿债能力，比流动比率反映的短期偿债能力更准确，可信度更高。速动比率越高，表明企业在短时间内将资产变现以偿还短期债务的能力越强；反之，则说明企业的短期偿债能力较差。需要注意的是，如果速动比率过低，表明企业将可能依赖出售存货或举借新债偿还到期债务，企业的短期偿债能力存在问题。但是如果速动比率过高，则说明在短期偿债能力较强的同时，企业也拥有较多的不能盈利的货币资金和应收账款，可能会降低企业的盈利能力，也可能会失去一些有利的投资机会。

3．现金比率

现金比率指企业的现金及现金等价物与流动负债的比值，可以显示企业即时付款或随时还债能力，这里的现金是指货币资金，现金等价物是指随时可以变现的有价证券。其计算公式为

$$\text{现金比率}=\frac{\text{资金}+\text{现金等价物}}{\text{流动负债}}$$

为了保证基本的支付能力，企业保持一定的现金比率是很必要的。现金比率越高，表明企业的短期偿债能力越强；反之，则较弱。

（三）长期偿债能力分析

影响企业长期偿债能力的因素有资本结构、资产结构和盈利能力三个方面，相应地产生了利用资产负债表和利润表分析长期偿债能力的两大类方法和指标。利用资产负债表分析长期偿债能力，主要是分析资本结构和资产结构，使用资产负债率、产权比率、长期资本负债率等指标；利用利润表分析长期偿债能力，主要是将收益与负债进行对比分析，使用利息保障倍数指标。

1．利用资产负债表分析长期偿债能力

（1）资产负债率。资产负债率也称举债经营比率或债务比率，是指企业负债总额与资产总额之间的比例关系。资产负债率反映企业资产总额中有多大比例是依靠借贷筹集的，可用于衡量企业利用债权人资金的能力，同时反映企业在清算时对债权人利益的保护程度。其计算公式为

$$资产负债率=\frac{负债总额}{资产总额}\times 100\%$$

资产负债率是衡量企业负债水平和风险程度的重要指标。资产负债率越高，企业的债务负担越重，不能偿还的可能性也就越大，债权人的风险越高。但较高的资产负债率也可能为所有者带来较多的利益。资产负债率过低，则说明企业畏缩不前，经营者缺乏魄力。

判断一个企业的资产负债是否适宜，一般以企业盈利能力和经营活动现金流量是否稳定为标准，企业盈利能力越强，现金流量越稳定，为债权人所接受或公认安全的资产负债率越高；反之，则低。

（2）产权比率。产权比率也称权益负债率，是指企业的负债总额与所有者权益总额之间的比值，反映债务资本与权益资本的对比关系。其计算公式为

$$产权比率=\frac{负债总额}{所有者权益总额}\times 100\%$$

产权比率与资产负债率的经济意义基本相同，因此对权益负债率的分析可以参照资产负债率。但是由于两者分析的角度有所不同，在分析权益负债率时应注意以下问题：权益负债率反映负债与所有者权益的比例关系，可以揭示企业的财务结构是否稳健。权益负债率高，财务结构是高风险的；权益负债率低，财务结构是低风险的。一般而言，权益资本大于借入资本比较好，企业的财务风险较小，但也说明企业可能未充分发挥负债的财务杠杆效益。

（3）长期资本负债率。长期资本负债率是指长期负债与所有者权益和长期负债之和的比值。其计算公式为

$$长期资本负债率=\frac{长期负债}{所有者权益+长期负债}\times 100\%$$

长期负债和所有者权益是可供企业使用的长期资金，长期资本负债率反映可供企业长期使用的资金中负债所占的比例，比例越大，债权人的风险也越大；反之，则比较小。该指标是债权人在签订长期贷款合同时必须要考虑的因素。

2．利用利润表分析长期偿债能力

从长期看，企业的偿债能力最终取决于企业的盈利能力。企业利润越多，可用于偿债的资金就越多，企业的偿债能力就越强。从盈利能力角度评价长期偿债能力的指标主要是利息保障倍数。

利息保障倍数也称为已获利息倍数，是指企业经营收益与利息费用之间的比值，反映企业的经营收益相当于利息费用的多少倍，主要用于衡量企业用其经营收益偿付借款利息的能力。这里的经营收益是不考虑利息费用的税前利润，通常称为息税前利润，由利润总额和利息费用两部分组成。其计算公式为

$$利息保障倍数=\frac{息税前利润}{利息费用}=\frac{利润总额+利息费用}{利息费用}$$

公式中的利息费用是指企业实际发生的全部利息，不仅包括计入本期财务费用的利息，还包括计入存货、固定资产等资产成本的资本化利息。

利息保障倍数反映了企业用经营收益支付利息的能力，该比率越高，说明企业偿付利息的能力越强，债权人借贷本金的收回就越有保障。运用利息保障倍数来评价企业的长期偿债能力，该指标应该大于 1。根据西方国家的经验，企业的利息保障倍数应当保持在 3 以上，大多数企业为 3～6。

为了考察企业偿付利息的能力是否稳定，通常需要连续计算几个年度的利息保障倍数，从中选取最低年度作为代表企业偿债能力的指标，并与同行业平均水平进行对比，以判断企业的偿债能力。

四、综合分析

（一）综合分析概述

单独分析任何一项财务指标，都不足以全面地评价企业的财务状况和经营效果，只有对各种财务指标进行系统的综合分析，才能对企业的财务状况做出全面、合理的评价。因此，必须对企业进行综合的财务分析。

1．综合分析的目的

所谓财务综合分析，就是将营运能力、偿债能力和盈利能力等诸多方面的分析纳入一个有机的整体之中，全面地对企业的经营状况、财务状况进行解剖和分析，从而对企业经济效益的优劣做出准确的评价与判断。一个健全有效的综合财务指标体系必须具备以下三个基本要素。

（1）指标要素齐全适当。评价指标体系所设置的评价指标必须能够涵盖企业营运能力、偿债能力和盈利能力等诸方面总体考核的要求。

（2）主辅指标功能匹配。

① 在确立营运能力、偿债能力和盈利能力等诸方面评价的主要指标与辅助指标的同时，

进一步明晰总体结构中各项指标的主辅地位。

② 不同范畴的主要考核指标所反映的企业经营状况、财务状况的不同侧面与不同层次的信息有机统一，应当能够全面而翔实地揭示出企业经营管理的实际业绩。

（3）满足多方信息使用者的需要。评价指标体系必须能够提供多层次、多角度的信息资料，既能满足企业内部管理层实施决策的需要，又能满足外部信息使用者决策的要求。

综合分析可以全面地了解企业的整体情况，如资产结构、运营状况、经营风险、财务风险、支付能力、偿债能力等，它们涉及企业日常运转的各个方面。

2．综合分析的内容

综合分析法中主要包括两种方法：沃尔评分法和杜邦分析法。

（1）沃尔评分法又称综合评分法，是综合利用企业进行偿债能力分析、财务营运能力分析和盈利能力分析的所有财务比率，对企业进行总体评价的一种方法。

（2）杜邦分析法是利用相关财务比率的内在联系构建一个综合的指标体系，来考察企业整体财务状况和经营成果的一种分析方法。

（二）沃尔评分法

沃尔评分法，是在20世纪初由财务状况综合评价的先驱者之一亚历山大·沃尔提出的。沃尔在其出版的《信用晴雨表研究》和《财务报表比率分析》中提出了信用能力指数的概念，把若干个财务比率用线性关系结合起来以此评价企业的信用水平。沃尔选择了7种财务比率，分别给定了它们各自在总评价中占的比重，总和为100分；然后确定标准比率，并与实际比率相比较，评出每项指标的得分，最后求出总评分。

从理论上讲，沃尔评分法存在的问题是未能证明为什么要选择这7个指标，而不是选择更多或更少些指标，或者选择别的财务比率，以及未能证明每个指标所占比重的合理性。目前这个问题仍然没有从理论上得到解决。

从技术上讲，沃尔评分法的缺陷在于当某一个指标严重异常时，会对总评分产生不合逻辑的重大影响。这个缺陷是由相对比率与比重相“乘”引起的。财务比率提高一倍，其评分增加100%；而缩小1/2，其评分只减少50%。

（三）杜邦分析法

在进行财务分析时，应该将企业的财务状况看作一个系统，内部各种因素都是相互依存、相互作用的，财务分析者必须对整个系统进行综合分析，才能比较全面地了解企业的财务状况。杜邦分析法就是利用几种主要的财务比率之间的关系来综合地分析企业的财务状况，因这种方法是由美国杜邦公司首先创造的，故称杜邦分析法。通常用杜邦分析体系图表示，如图6-1所示。

净资产收益率是杜邦分析体系中的核心比率，该指标不仅具有很好的可比性，可用于不同企业之间的比较；同时又有很强的综合性，通过指标分解，可以了解企业净资产收益率指标变动的原因和趋势。

图 6-1 中，“资产净利率”是营业净利率与总资产周转率的乘积；“营业净利率”是利润表的概括，“净利润”和“营业收入”两者相除可以概括全部经营成果；“总资产周转率”把利润表和资产负债表联系起来，使净资产收益率可以综合整个企业经营成果和财务状况；“权益乘数”是资产负债表的概括，表明资产、负债和股东权益的比例关系，可以反映最基本的财务状况，表示企业的负债程度，权益乘数越大，企业负债程度越高。通常的财务比率都是除数，除数的倒数叫乘数。权益除以资产是资产权益率，权益乘数是其倒数，即资产除以权益。其计算公式为

$$权益乘数=1\div(1-资产负债率)$$

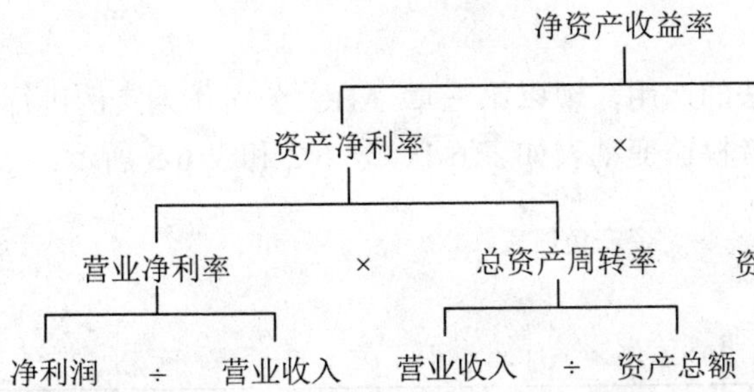

图 6-1　杜邦分析体系

杜邦分析法是对企业的财务状况进行的综合分析。它通过几种主要财务指标之间的关系，直观、明了地反映出企业的财务状况和经营成果。从杜邦分析体系图中可以看出，净资产收益率主要取决于资产净利率和权益乘数。

资产净利率是反映企业获利能力的一个重要财务比率，它揭示了企业生产经营活动的效率，综合性极强。企业的销售收入、成本费用、资产结构、资产周转速度以及资金占用量等各种因素都直接影响到资产报酬率的高低，因此可以从企业的销售活动与资产管理两个方面进行分析。

从企业的销售方面看，营业利润率实际上反映了企业的净利润与营业收入的关系。营业收入增加，企业的净利润也增加，但是，如果提高营业利润率，必须一方面提高营业收入，另一方面降低各种成本费用，这样才能使净利润的增长高于营业收入的增长，从而使营业净利率得到提高。同时，还可以看到，提高营业收入具有特殊重要的意义，因为它不仅可以使企业净利润增长，也能够提高总资产周转率，这样自然会使资产净利率升高。

在企业资产管理方面主要分析以下两个问题。

（1）分析企业的资产结构是否合理，即流动资产与非流动资产的比例是否合理。资产结构实际上反映了企业资产的流动性，它不仅关系到企业的偿债能力，也影响企业的获利能力。一般来说，流动资产直接体现企业的偿债能力和变现能力，而非流动资产则体现了企业的经营规模、发展潜力等，两者之间应该有一个合理的比率关系。

（2）结合营业收入分析企业的资产周转情况。资产周转情况的分析，不仅要分析企业

总资产周转率，更要分析企业的存货周转率与应收账款周转率，并将其周转情况与资金占用情况结合起来分析。

综上所述，杜邦分析法以净资产收益率为主线，将企业在某一时期的营业成果以及营运状况全面联系在一起，层层分解，逐步深入，构成了一个完整的分析体系。同时，企业的获利能力关系到企业经营活动的方方面面，只有抓住系统内部每个因素之间的内在联系，协调好并促进各个因素的不断优化，才能使权益报酬率达到最大，从而实现企业的价值最大化。

第三节　财务分析应用举例

为了具体说明财务比率分析方法的运用，现以第三章 ABC 公司作为实例进行分析，该公司的资产负债表、利润表和所有者权益变动表如表 6-1、表 6-2 和表 6-3 所示。

表 6-1　　资产负债表

会企 01 表

编制单位：ABC 公司　　20×5 年××月××日　　单位：元

资产	期末余额	年初余额	负债和所有者权益（或股东权益）	期末余额	年初余额
流动资产：			流动负债：		
货币资金	2 404 000	4 018 000	短期借款	300 000	1 800 000
以公允价值计量且其变动计入当期损益的金融资产	120 000	120 000	以公允价值计量且其变动计入当期损益的金融负债		
衍生金融资产			衍生金融负债		
应收票据及应收账款	3 040 000	1 800 000	应付票据及应付账款	2 900 000	2 900 000
预付款项	600 000	600 000	预收款项		
其他应收款	30 000	30 000	应付职工薪酬	600 000	600 000
存货	12 400 000	11 000 000	应交税费	1 430 000	218 000
持有待售资产			其他应付款	1 200 000	1 200 000
一年内到期的非流动资产			持有待售负债		
其他流动资产			一年内到期的非流动负债		
流动资产合计	18 594 000	17 568 000	其他流动负债		
非流动资产：			流动负债合计	6 430 000	6 718 000
可供出售金融资产			非流动负债：		
持有至到期投资			长期借款	8 000 000	8 000 000

续表

资产	期末余额	年初余额	负债和所有者权益（或股东权益）	期末余额	年初余额
长期应收款			应付债券		
长期股权投资	1 200 000	1 200 000	其中：优先股		
投资性房地产			永续债		
固定资产	6 506 000	5 600 000	长期应付款		
在建工程	8 000 000	8 000 000	预计负债		
生产性生物资产			递延收益		
油气资产			递延所得税负债		
无形资产	4 000 000	4 000 000	其他非流动负债		
开发支出			非流动负债合计	8 000 000	8 000 000
商誉			负债合计	14 430 000	14 718 000
长期待摊费用			所有者权益（或股东权益）		
递延所得税资产			实收资本（或股本）	20 750 000	20 750 000
其他非流动资产			其他权益工具		
非流动资产合计	19 706 000	18 800 000	其中：优先股		
			永续债		
			资本公积		
			减：库存股		
			其他综合收益		
			盈余公积	522 000	300 000
			未分配利润	2 598 000	600 000
			所有者权益（或股东权益）合计	23 870 000	21 650 000
资产总计	38 300 000	36 368 000	负债和所有者权益（或股东权益）总计	38 300 000	36 368 000

表 6-2　　利润表

会企 02 表

编制单位：ABC 公司　　20×5 年度　　单位：元

项目	本期金额	上期金额
一、营业收入	7 700 000	（略）
减：营业成本	3 650 000	
税金及附加	10 000	
销售费用	400 000	
管理费用	550 000	
研发费用		
财务费用	70 000	

续表

项目	本期金额	上期金额
其中：利息费用	70 000	
利息收入		
资产减值损失		
加：其他收益		
投资收益（损失以“-”号填列）		
其中：对联营企业和合营企业的投资收益		
公允价值变动收益（损失以“-”号填列）		
资产处置收益（损失以“-”号填列）		
二、营业利润（亏损以“-”号填列）	3 020 000	
加：营业外收入		
减：营业外支出	60 000	
三、利润总额（亏损总额以“-”号填列）	2 960 000	
减：所得税费用	740 000	
四、净利润（净亏损以“-”号填列）	2 220 000	
（一）持续经营净利润（净亏损以“-”号填列）		
（二）终止经营净利润（净亏损以“-”号填列）		
五、其他综合收益的税后净额		
（一）不能重分类进损益的其他综合收益		
1．重新计量设定受益计划变动额		
2．权益法下不能转损益的其他综合收益		
……		
（二）将重分类进损益的其他综合收益		
1．权益法下可转损益的其他综合收益		
2．可供出售金融资产公允价值变动损益		
3．持有至到期投资重分类为可供出售金融资产损益		
4．现金流量套期损益的有效部分		
5．外币财务报表折算差额		
……		
六、综合收益总额		
七、每股收益		
（一）基本每股收益		
（二）稀释每股收益		

其他有关资料如下：

（1）假设分析的目的是评价企业的营运能力、盈利能力、偿债能力并进行综合评价。

（2）假设当年销售收入中有60%为赊销。

（3）假设利润表中的财务费用均为利息支出。

（4）假设资产负债表中的“应收票据及应收账款”项目中，应收账款的期末余额为2 040 000元，年初余额为800 000元。

（5）假设综合评价分析采用沃尔评分法。

根据财务分析的目的，结合ABC公司的实际资料，具体分析如下：

1．对ABC公司营运能力分析

$$\text{应收账款周转次数}=\frac{\text{赊销收入净额}}{\text{应收账款平均余额}}=\frac{7\,700\,000\times 60\%}{(2\,040\,000+800\,000)/2}\approx 3.25$$

$$\text{存货周转率}=\frac{\text{营业成本}}{\text{存货平均余额}}=\frac{3\,650\,000}{(12\,400\,000+11\,000\,000)/2}\approx 0.31$$

$$\text{流动资产周转率}=\frac{\text{营业收入}}{\text{流动资产平均余额}}=\frac{7\,700\,000}{(18\,594\,000+17\,568\,000)/2}\approx 0.43$$

$$\text{非流动资产周转率}=\frac{\text{营业收入}}{\text{非流动资产平均余额}}=\frac{7\,700\,000}{(19\,706\,000+18\,800\,000)/2}\approx 0.4$$

$$\text{固定资产周转率}=\frac{\text{营业收入}}{\text{固定资产平均余额}}=\frac{7\,700\,000}{(6\,506\,000+5\,600\,000)/2}\approx 1.27$$

$$\text{总资产周转率}=\frac{\text{营业收入}}{\text{总资产平均余额}}=\frac{7\,700\,000}{(38\,300\,000+36\,368\,000)/2}\approx 0.21$$

2．对ABC公司盈利能力分析

$$\text{营业毛利率}=\frac{\text{营业毛利额}}{\text{营业收入}}\times 100\%=\frac{7\,700\,000-3\,650\,000}{7\,700\,000}\times 100\%\approx 52.6\%$$

$$\text{营业利润率}=\frac{\text{营业利润}}{\text{营业收入}}\times 100\%=\frac{3\,020\,000}{7\,700\,000}\times 100\%\approx 39.22\%$$

$$\text{营业净利率}=\frac{\text{净利润}}{\text{营业收入}}\times 100\%=\frac{2\,220\,000}{7\,700\,000}\times 100\%\approx 28.83\%$$

$$\text{营业成本利润率}=\frac{\text{营业利润}}{\text{营业成本}}\times 100\%=\frac{3\,020\,000}{3\,650\,000}\times 100\%\approx 82.74\%$$

$$\text{总资产报酬率}=\frac{\text{利润总额+利息支出}}{\text{总资产平均余额}}\times 100\%=\frac{2\,960\,000+70\,000}{(38\,300\,000+36\,368\,000)/2}\times 100\%\approx 8.12\%$$

$$\text{资本金利润率}=\frac{\text{净利润}}{\text{资本金平均余额}}\times 100\%=\frac{2\,220\,000}{(20\,750\,000+20\,750\,000)/2}\times 100\%\approx 10.7\%$$

$$净资产收益率=\frac{净利润}{净资产平均余额}\times100\%=\frac{2\,220\,000}{(23\,870\,000+21\,650\,000)/2}\times100\%\approx9.75\%$$

3．对 ABC 公司偿债能力分析

$$流动比率=\frac{流动资产}{流动负债}=\frac{18\,594\,000}{6\,430\,000}\approx2.89$$

$$速动比率=\frac{流动资产-存货}{流动负债}=\frac{18\,594\,000-12\,400\,000}{6\,430\,000}\approx0.96$$

$$资产负债率=\frac{负债总额}{资产总额}\times100\%=\frac{14\,430\,000}{38\,300\,000}\times100\%\approx37.68\%$$

$$产权比率=\frac{负债总额}{股东权益总额}\times100\%=\frac{14\,430\,000}{23\,870\,000}\times100\%\approx60.45\%$$

$$长期资本负债率=\frac{长期负债}{所有者权益+长期负债}\times100\%=\frac{8\,000\,000}{23\,870\,000+8\,000\,000}\times100\%\approx25.1\%$$

以上每个财务指标的计算结果需要与历史数据、行业数据、预算数据、经验数据等比较分析后，才能够对企业的各种能力进行评价，得出结论，做出判断。

4．对 ABC 公司综合能力分析

使用沃尔评分法，对 ABC 公司的财务状况评分的计算结果如表 6-4 所示。

表 6-4　沃尔评分法

财务比率	比重 ①	标准比率 ②	实际比率 ③	相对比率 ④=③÷②	评分 ①×④
流动比率	25	2.00	2.89	1.45	36.25
净资产/负债	25	1.50	1.65	1.10	27.50
资产/固定资产	15	2.50	5.89	2.36	35.40
营业成本/存货	10	8	0.29	0.04	0.40
营业收入/应收账款	10	6	3.77	0.63	6.30
营业收入/固定资产	10	4	1.18	0.30	3.00
营业收入/净资产	5	3	0.32	0.11	0.55
合计	100				109.4

ABC 公司的综合得分为 109.4 分，说明该公司的综合财务状况优于行业的平均水平，但是公司的营业成本/存货、营业收入/应收账款、营业收入/固定资产、营业收入/净资产等指标数值明显低于标准比率，反映出该公司资产利用率不高，资产管理存在一定的问题。

复习思考题

1．什么是营运能力？怎样衡量资产营运能力？

2．什么是应收账款周转率？计算应收账款周转率时应注意哪些问题？

3．什么是存货周转率？影响存货周转率的主要因素是什么？

4．什么是流动资产周转率？影响流动资产周转率的因素是什么？

5．什么是总资产周转率？其作用是什么？

6．什么是偿债能力？怎样衡量企业的偿债能力？

7．影响短期偿债能力的指标有哪些？

8．影响长期偿债能力的指标有哪些？

9．企业经营能力分析的主要指标有哪些？

10．如何对企业资产盈利能力进行分析？

11．什么是沃尔评分法，它有哪些缺陷？

12．什么是杜邦分析法，它主要反映了哪几种财务比率关系？

13．从杜邦分析体系中可以得到哪些信息？

案例分析题

海利股份是一家以资本运作为主要业务的财务公司，它所投资的实体公司非常少。美国金融危机后，海利股份公司高层意识到纯粹资本运作链条的另一端似乎是一个无底的深渊。因而，20×9 年年初，海利股份的高层决定调整公司的战略投资方向，希望一方面发挥资本运作的优势，另一方面也要找到长期投资的实体经济运作的“靠山”。华光股份是海利股份少数的实体投资企业之一。最近三年来，海利股份一直拥有华光股份 20%有表决权资本的控制权，华光股份带来的回报也一直都比较令人满意。海利股份现在慎重地考虑是否要对华光追加投资，毕竟，在资本市场翻云覆雨的境况下，稳定回报的企业并不多见。因此，海利公司董事会委托公司财务部门张经理认真研究一下华光股份公司的盈利能力，决定下一年到底要不要对它追加投资。张经理搜集了如表 6-5、表 6-6 和表 6-7 资料。

如果你是张经理，你会如何向董事会汇报？

表 6-5 利润简表

单位：万元

项目	20×7 年度	20×8 年度
一、营业收入	120 000	150 000
减：营业成本	105 000	110 000
税金及附加	800	1 500
销售费用	200	300
管理费用	1 200	1 500
财务费用	400	100
资产减值损失	100	200
加：投资收益	200	500
二、营业利润	12 500	36 900
加：营业外收入	820	3 010
减：营业外支出	1 800	600
三、利润总额	11 520	39 310
减：所得税费用	3 801.6	13 038.3
四、净利润	7 718.4	26 271.7

表 6-6 财务费用表

单位：万元

项目	20×7 年	20×8 年
利息支出	800	500
减：利息收入	1 003.9	289.3
汇兑损失	380.9	310.8
减：汇兑收益	95.6	132
其他	18.6	10.5
财务费用合计	100	400

表 6-7 有关资产及所有者权益的资料

单位：万元

项目	20×7 年	20×8 年
总资产平均余额	281 500	320 500
净资产平均余额	106 300	188 500

业务计算题

1．流动资产周转率指标的计算，相关资料如表 6-8 所示。

表 6-8 相关资料

单位：元

项目	上年	本年
营业收入		31 420
营业成本		21 994
流动资产合计	13 250	13 846
其中：存货	6 312	6 148
应收账款	3 548	3 216

要求：（1）计算流动资产周转率。

（2）计算存货周转率。

（3）计算应收账款周转次数。

2．H 公司部分财务数据如表 6-9 所示，请计算盈利能力相关指标，对计算结果做简要说明。

表 6-9 H 公司资产盈利能力指标

单位：元

项目	20×4 年	20×3 年
总资产平均余额	44 736 029 717.90	35 776 126 403.70
利润总额	5 428 268 523.39	4 413 541 842.37
利息支出	115 765 879.25	52 387 213.31
息税前利润（EBIT）	5 544 034 402.64	4 465 929 055.68
净利润	4 360 610 580.93	3 647 662 677.50
总资产报酬率（%）		
利息保障倍数		

3．固定资产周转率指标的计算，相关资料如表 6-10 和表 6-11 所示。

表 6-10 相关资料 1

单位：元

项目	上年	本年
固定资产原值	86 450	94 370
资产总额	605 150	707 775

表 6-11　　　　相关资料 2

单位：元

项目	20×4 年	20×3 年
一、营业收入	7 985 659.78	7 385 255.18
减：营业成本	5 970 387.08	5 642 918.10
税金及附加	42 987.22	33 230.94
销售费用	962 879.82	910 974.22
管理费用	518 899.60	405 971.00
财务费用（收益以“-”号填列）	-2 214.71	11 664.70
资产减值损失	19 988.07	15 929.85
加：公允价值变动净收益（净损失以“-”号填列		
投资收益（净损失以“-”号填列）	54 258.65	42 076.49
二、营业利润（亏损以“-”号填列）	526 991.35	406 642.86
加：营业外收入	19 736.62	36 972.36
减：营业外支出	3 901.01	1 899.27
其中：非流动资产处置净损失（净收益以“-”号填列）		
三、利润总额（亏损总额以“-”号填列）	542 826.96	441 715.95
减：所得税费用	106 765.9	76 651.18
四、净利润（净亏损以“-”号填列）	436 061.06	365 064.77

要求：（1）计算固定资产周转率。

（2）计算总资产周转率。

4．ABC 公司 20×2 年期末流动资产为 39 699 687 411.83 元，期末流动负债为 31 341 237 107.01 元。

要求：（1）计算 ABC 公司 20×2 年流动比率。

（2）对计算结果进行简单分析评价。

5．ABC 公司 20×2 年期末流动资产为 39 699 687 411.83 元，期末流动负债为 31 341 237 107.01 元，期末存货为 7 098 645 195.69 元。

要求：（1）计算 ABC 公司该年速动比率。

（2）对计算结果进行简单分析评价。

6．ABC 公司 20×2 年期末货币资金为 16 283 769 901.77 元，期末流动负债为 31 341 237 107.01 元。

要求：（1）计算 ABC 公司该年度的现金比率。

（2）对计算结果进行简单分析评价。

7．ABC 公司 20×2 年期末资产总额为 49 688 316 696.42 元，期末负债总额为 34 262 177 684.93 元。

要求：（1）计算 ABC 公司该年度的资产负债率。

（2）对计算结果进行简单分析评价。

8．ABC 公司 20×2 年期末负债总额为 34 262 177 684.93 元，期末所有者权益总额为 15 426 139 011.40 元。

要求：（1）计算 ABC 公司该年度的产权比率。

（2）对计算结果进行简单分析评价。

9．ABC 公司 20×2 年期末长期负债总额为 2 920 940 577.92 元，期末所有者权益总额为 15 426 139 011.40 元。

要求：（1）计算 20×2 年 ABC 公司的长期资本负债率。

（2）对计算结果进行简单分析评价。

10．某企业部分资料如表 6-12 所示。

表 6-12　某企业财务指标数据表

经济指数	标准值	实际值	权数
销售利润率（%）	15	16	15
总资产报酬率（%）	12	10	15
资本收益率（%）	18	16	15
资本保值增值率（%）	105	103	10
资产负债率（%）	50	45	5
流动比率（%）	200	160	5
应收账款周转率（次）	6	5	5
存货周转率（次）	5	5.5	5
社会贡献率（%）	25	25	10
社会积累率（%）	20	20	15

要求：根据以上资料按沃尔评分法做出综合分析。

案例分析题参考答案

业务计算题参考答案

参 考 文 献

[1] 胡玉明．会计学（非专业用）[M]．北京：中国人民大学出版社，2010.

[2] 周晓苏．会计学[M]．2版．北京：清华大学出版社，2013.

[3] 徐经长，孙曼莉，周华．会计学（非专业用）[M]．7版．北京：中国人民大学出版社，2014.

[4] 陈红，姚荣辉．基础会计[M]．北京：清华大学出版社，2014.

[5] 葛家澍．会计的基本概念[M]．北京：经济科学出版社，1986.

[6] 刘永泽．会计学[M]．大连：东北财经大学出版社，2007.

[7] 陈信元．会计学[M]．上海：上海财经大学出版社，2013.

[8] 林钢，朱小平，于富生．会计学[M]．北京：中国人民大学出版社，2014.

[9] 夏冬林．会计学[M]．4版．北京：清华大学出版社，2014.

[10] 中国注册会计师协会．会计[M]．北京：中国财政经济出版社，2014.

[11] 杨丹．中级财务管理[M]．2版．大连：东北财经大学出版社，2010.

[12] 荆新，王化成，刘俊彦．财务管理学[M]．北京：中国人民大学出版社，2015.

[13] 骆永菊，郑蔚文．财务管理学实用教程[M]．2版．北京：北京大学出版社，2012.

[14] 常叶青，吴丽梅．财务管理[M]．北京：清华大学出版社，2014.

[15] 财政部会计评价中心．财务管理[M]．北京：中国财政经济出版社，2014.

[16] 李玉周．成本管理会计[M]．成都：西南财经大学出版社，2006.

[17] 王雄元．管理会计[M]．大连：东北财经大学出版社，2008.

[18] 谢达理，汤炎非．管理会计[M]．北京：高等教育出版社，2014.

[19] 张先治，陈友邦．财务分析[M]．5版．大连：东北财经大学出版社，2010.

[20] 武晓玲，田高良．企业财务分析[M]．北京：北京大学出版社，2013.

[21] 中国注册会计师协会．会计[M]．北京：中国财政经济出版社，2017.

[22] 中华人民共和国增值税暂行条例．中华人民共和国国务院令第691号，2017-11-19.

[23] 关于调整增值税税率的通知．财税〔2018〕32号，2018-04-04.

[24] 关于统一增值税小规模纳税人标准的通知．财税〔2018〕33号，2018-04-04.

附录 A 复利终值系数表

期数	1%	2%	3%	4%	5%	6%	7%	8%	9%	10%
1	1.010 0	1.020 0	1.030 0	1.040 0	1.050 0	1.060 0	1.070 0	1.080 0	1.090 0	1.100 0
2	1.020 1	1.040 4	1.060 9	1.081 6	1.102 5	1.123 6	1.144 9	1.166 4	1.188 1	1.210 0
3	1.030 3	1.061 2	1.092 7	1.124 9	1.157 6	1.191 0	1.225 0	1.259 7	1.295 0	1.331 0
4	1.040 6	1.082 4	1.125 5	1.169 9	1.215 5	1.262 5	1.310 8	1.360 5	1.411 6	1.464 1
5	1.051 0	1.104 1	1.159 3	1.216 7	1.276 3	1.338 2	1.402 6	1.469 3	1.538 6	1.610 5
6	1.061 5	1.126 2	1.194 1	1.265 3	1.340 1	1.418 5	1.500 7	1.586 9	1.677 1	1.771 6
7	1.072 1	1.148 7	1.229 9	1.315 9	1.407 1	1.503 6	1.605 8	1.713 8	1.828 0	1.948 7
8	1.082 9	1.171 7	1.266 8	1.368 6	1.477 5	1.593 8	1.718 2	1.850 9	1.992 6	2.143 6
9	1.093 7	1.195 1	1.304 8	1.423 3	1.551 3	1.689 5	1.838 5	1.999 0	2.171 9	2.357 9
10	1.104 6	1.219 0	1.343 9	1.480 2	1.628 9	1.790 8	1.967 2	2.158 9	2.367 4	2.593 7
11	1.115 7	1.243 4	1.384 2	1.539 5	1.710 3	1.898 3	2.104 9	2.331 6	2.580 4	2.853 1
12	1.126 8	1.268 2	1.425 8	1.601 0	1.795 9	2.012 2	2.252 2	2.518 2	2.812 7	3.138 4
13	1.138 1	1.293 6	1.468 5	1.665 1	1.885 6	2.132 9	2.409 8	2.719 6	3.065 8	3.452 3
14	1.149 5	1.319 5	1.512 6	1.731 7	1.979 9	2.260 9	2.578 5	2.937 2	3.341 7	3.797 5
15	1.161 0	1.345 9	1.558 0	1.800 9	2.078 9	2.396 6	2.759 0	3.172 2	3.642 5	4.177 2
16	1.172 6	1.372 8	1.604 7	1.873 0	2.182 9	2.540 4	2.952 2	3.425 9	3.970 3	4.595 0
17	1.184 3	1.400 2	1.652 8	1.947 9	2.292 0	2.692 8	3.158 8	3.700 0	4.327 6	5.054 5
18	1.196 1	1.428 2	1.702 4	2.025 8	2.406 6	2.854 3	3.379 9	3.996 0	4.717 1	5.559 9
19	1.208 1	1.456 8	1.753 5	2.106 8	2.527 0	3.025 6	3.616 5	4.315 7	5.141 7	6.115 9
20	1.220 2	1.485 9	1.806 1	2.191 1	2.653 3	3.207 1	3.869 7	4.661 0	5.604 4	6.727 5
21	1.232 4	1.515 7	1.860 3	2.278 8	2.786 0	3.399 6	4.140 6	5.033 8	6.108 8	7.400 2
22	1.244 7	1.546 0	1.916 1	2.369 9	2.925 3	3.603 5	4.430 4	5.436 5	6.658 6	8.140 3
23	1.257 2	1.576 9	1.973 6	2.464 7	3.071 5	3.819 7	4.740 5	5.871 5	7.257 9	8.954 3
24	1.269 7	1.608 4	2.032 8	2.563 3	3.225 1	4.048 9	5.072 4	6.341 2	7.911 1	9.849 7
25	1.282 4	1.640 6	2.093 8	2.665 8	3.386 4	4.291 9	5.427 4	6.848 5	8.623 1	10.835
26	1.295 3	1.673 4	2.156 6	2.772 5	3.555 7	4.549 4	5.807 4	7.396 4	9.399 2	11.918
27	1.308 2	1.706 9	2.221 3	2.883 4	3.733 5	4.822 3	6.213 9	7.988 1	10.245	13.110

续表

期数	1%	2%	3%	4%	5%	6%	7%	8%	9%	10%
28	1.321 3	1.741 0	2.287 9	2.998 7	3.920 1	5.111 7	6.648 8	8.627 1	11.167	14.421
29	1.334 5	1.775 8	2.356 6	3.118 7	4.116 1	5.418 4	7.114 3	9.317 3	12.172	15.863
30	1.347 8	1.811 4	2.427 3	3.243 4	4.321 9	5.743 5	7.612 3	10.063	13.268	17.449
40	1.488 9	2.208 0	3.262 0	4.801 0	7.040 0	10.286	14.975	21.725	31.409	45.259
50	1.644 6	2.691 6	4.383 9	7.106 7	11.467	18.420	29.457	46.902	74.358	117.39
60	1.816 7	3.281 0	5.891 6	10.520	18.679	32.988	57.946	101.26	176.03	304.48

期数	12%	14%	15%	16%	18%	20%	24%	28%	32%	36%
1	1.120 0	1.140 0	1.150 0	1.160 0	1.180 0	1.200 0	1.240 0	1.280 0	1.320 0	1.360 0
2	1.254 4	1.299 6	1.322 5	1.345 6	1.392 4	1.440 0	1.537 6	1.638 4	1.742 4	1.849 6
3	1.404 9	1.481 5	1.520 9	1.560 9	1.643 0	1.728 0	1.906 6	2.097 2	2.300 0	2.515 5
4	1.573 5	1.689 0	1.749 0	1.810 6	1.938 8	2.073 6	2.364 2	2.684 4	3.036 0	3.421 0
5	1.762 3	1.925 4	2.011 4	2.100 3	2.287 8	2.488 3	2.931 6	3.436 0	4.007 5	4.652 6
6	1.973 8	2.195 0	2.313 1	2.436 4	2.699 6	2.986 0	3.635 2	4.398 0	5.289 9	6.327 5
7	2.210 7	2.502 3	2.660 0	2.826 2	3.185 5	3.583 2	4.507 7	5.629 5	6.982 6	8.605 4
8	2.476 0	2.852 6	3.059 0	3.278 4	3.758 9	4.299 8	5.589 5	7.205 8	9.217 0	11.703
9	2.773 1	3.251 9	3.517 9	3.803 0	4.435 5	5.159 8	6.931 0	9.223 4	12.167	15.917
10	3.105 8	3.707 2	4.045 6	4.411 4	5.233 8	6.191 7	8.594 4	11.806	16.060	21.647
11	3.478 5	4.226 2	4.652 4	5.117 3	6.175 9	7.430 1	10.657	15.112	21.199	29.439
12	3.896 0	4.817 9	5.350 3	5.936 0	7.287 6	8.916 1	13.215	19.343	27.983	40.038
13	4.363 5	5.492 4	6.152 8	6.885 8	8.599 4	10.699	16.386	24.759	36.937	54.451
14	4.887 1	6.261 3	7.075 7	7.987 5	10.147	12.839	20.319	31.691	48.757	74.053
15	5.473 6	7.137 9	8.137 1	9.265 5	11.974	15.407	25.196	40.565	64.359	100.71
16	6.130 4	8.137 2	9.357 6	10.748	14.129	18.488	31.243	51.923	84.954	136.97
17	6.866 0	9.276 5	10.761	12.468	16.672	22.186	38.741	66.461	112.14	186.28
18	7.690 0	10.575	12.376	14.463	19.673	26.623	48.039	85.071	148.02	253.34
19	8.612 8	12.056	14.232	16.777	23.214	31.948	59.568	108.89	195.39	344.54
20	9.646 3	13.744	16.367	19.461	27.393	38.338	73.864	139.38	257.92	468.57
21	10.804	15.668	18.822	22.575	32.324	46.005	91.592	178.41	340.45	637.26
22	12.100	17.861	21.645	26.186	38.142	55.206	113.57	228.36	449.39	866.67
23	13.552	20.362	24.892	30.376	45.008	66.247	140.83	292.30	593.20	1 178.7
24	15.179	23.212	28.625	35.236	53.109	79.497	174.63	374.14	783.02	1 603.0

续表

期数	12%	14%	15%	16%	18%	20%	24%	28%	32%	36%
25	17.000	26.462	32.919	40.874	62.669	95.396	216.54	478.90	1 033.6	2 180.1
26	19.040	30.167	37.857	47.414	73.949	114.48	268.51	613.00	1 364.3	2 964.9
27	21.325	34.390	43.535	55.000	87.260	137.37	332.96	784.64	1 800.9	4 032.3
28	23.884	39.205	50.066	63.800	102.97	164.84	412.86	1 004.3	2 377.2	5 483.9
29	26.750	44.693	57.576	74.009	121.50	197.81	511.95	1 285.6	3 137.9	7 458.1
30	29.960	50.950	66.212	85.850	143.37	237.38	634.82	1 645.5	4 142.1	10 143
40	93.051	188.88	267.86	378.72	750.38	1 469.8	5 455.9	19 427	66 521	*
50	289.00	700.23	1 083.7	1 670.7	3 927.4	9 100.4	46 890	*	*	*
60	897.60	2 595.9	4 384.0	7 370.2	20 555	56 348	*	*	*	*

注：*>99 999

计算公式：复利终值系数= $(1+i)^n$，$S=P(1+i)^n$

P——现值或初始值；i——报酬率或利率；n——计息期数；S——终值或本利和

附录 B 复利现值系数表

期数	1%	2%	3%	4%	5%	6%	7%	8%	9%	10%
1	0.990 1	0.980 4	0.970 9	0.961 5	0.952 4	0.943 4	0.934 6	0.925 9	0.917 4	0.909 1
2	0.980 3	0.961 2	0.942 6	0.924 6	0.907 0	0.890 0	0.873 4	0.857 3	0.841 7	0.826 4
3	0.970 6	0.942 3	0.915 1	0.889 0	0.863 8	0.839 6	0.816 3	0.793 8	0.772 2	0.751 3
4	0.961 0	0.923 8	0.888 5	0.854 8	0.822 7	0.792 1	0.762 9	0.735 0	0.708 4	0.683 0
5	0.951 5	0.905 7	0.862 6	0.821 9	0.783 5	0.747 3	0.713 0	0.680 6	0.649 9	0.620 9
6	0.942 0	0.888 0	0.837 5	0.790 3	0.746 2	0.705 0	0.666 3	0.630 2	0.596 3	0.564 5
7	0.932 7	0.870 6	0.813 1	0.759 9	0.710 7	0.665 1	0.622 7	0.583 5	0.547 0	0.513 2
8	0.923 5	0.853 5	0.789 4	0.730 7	0.676 8	0.627 4	0.582 0	0.540 3	0.501 9	0.466 5
9	0.914 3	0.836 8	0.766 4	0.702 6	0.644 6	0.591 9	0.543 9	0.500 2	0.460 4	0.424 1
10	0.905 3	0.820 3	0.744 1	0.675 6	0.613 9	0.558 4	0.508 3	0.463 2	0.422 4	0.385 5
11	0.896 3	0.804 3	0.722 4	0.649 6	0.584 7	0.526 8	0.475 1	0.428 9	0.387 5	0.350 5
12	0.887 4	0.788 5	0.701 4	0.624 6	0.556 8	0.497 0	0.444 0	0.397 1	0.355 5	0.318 6
13	0.878 7	0.773 0	0.681 0	0.600 6	0.530 3	0.468 8	0.415 0	0.367 7	0.326 2	0.289 7
14	0.870 0	0.757 9	0.661 1	0.577 5	0.505 1	0.442 3	0.387 8	0.340 5	0.299 2	0.263 3
15	0.861 3	0.743 0	0.641 9	0.555 3	0.481 0	0.417 3	0.362 4	0.315 2	0.274 5	0.239 4
16	0.852 8	0.728 4	0.623 2	0.533 9	0.458 1	0.393 6	0.338 7	0.291 9	0.251 9	0.217 6
17	0.844 4	0.714 2	0.605 0	0.513 4	0.436 3	0.371 4	0.316 6	0.270 3	0.231 1	0.197 8
18	0.836 0	0.700 2	0.587 4	0.493 6	0.415 5	0.350 3	0.295 9	0.250 2	0.212 0	0.179 9
19	0.827 7	0.686 4	0.570 3	0.474 6	0.395 7	0.330 5	0.276 5	0.231 7	0.194 5	0.163 5
20	0.819 5	0.673 0	0.553 7	0.456 4	0.376 9	0.311 8	0.258 4	0.214 5	0.178 4	0.148 6
21	0.811 4	0.659 8	0.537 5	0.438 8	0.358 9	0.294 2	0.241 5	0.198 7	0.163 7	0.135 1
22	0.803 4	0.646 8	0.521 9	0.422 0	0.341 8	0.277 5	0.225 7	0.183 9	0.150 2	0.122 8
23	0.795 4	0.634 2	0.506 7	0.405 7	0.325 6	0.261 8	0.210 9	0.170 3	0.137 8	0.111 7
24	0.787 6	0.621 7	0.491 9	0.390 1	0.310 1	0.247 0	0.197 1	0.157 7	0.126 4	0.101 5
25	0.779 8	0.609 5	0.477 6	0.375 1	0.295 3	0.233 0	0.184 2	0.146 0	0.116 0	0.092 3
26	0.772 0	0.597 6	0.463 7	0.360 7	0.281 2	0.219 8	0.172 2	0.135 2	0.106 4	0.083 9
27	0.764 4	0.585 9	0.450 2	0.346 8	0.267 8	0.207 4	0.160 9	0.125 2	0.097 6	0.076 3

续表

期数	1%	2%	3%	4%	5%	6%	7%	8%	9%	10%
28	0.756 8	0.574 4	0.437 1	0.333 5	0.255 1	0.195 6	0.150 4	0.115 9	0.089 5	0.069 3
29	0.749 3	0.563 1	0.424 3	0.320 7	0.242 9	0.184 6	0.140 6	0.107 3	0.082 2	0.063 0
30	0.741 9	0.552 1	0.412 0	0.308 3	0.231 4	0.174 1	0.131 4	0.099 4	0.075 4	0.057 3
35	0.705 9	0.500 0	0.355 4	0.253 4	0.181 3	0.130 1	0.093 7	0.067 6	0.049 0	0.035 6
40	0.671 7	0.452 9	0.306 6	0.208 3	0.142 0	0.097 2	0.066 8	0.046 0	0.031 8	0.022 1
45	0.639 1	0.410 2	0.264 4	0.171 2	0.111 3	0.072 7	0.047 6	0.031 3	0.020 7	0.013 7
50	0.608 0	0.371 5	0.228 1	0.140 7	0.087 2	0.054 3	0.033 9	0.021 3	0.013 4	0.008 5
55	0.578 5	0.336 5	0.196 8	0.115 7	0.068 3	0.040 6	0.024 2	0.014 5	0.008 7	0.005 3

期数	12%	14%	15%	16%	18%	20%	24%	28%	32%	36%
1	0.892 9	0.877 2	0.869 6	0.862 1	0.847 5	0.833 3	0.806 5	0.781 3	0.757 6	0.735 3
2	0.797 2	0.769 5	0.756 1	0.743 2	0.718 2	0.694 4	0.650 4	0.610 4	0.573 9	0.540 7
3	0.711 8	0.675 0	0.657 5	0.640 7	0.608 6	0.578 7	0.524 5	0.476 8	0.434 8	0.397 5
4	0.635 5	0.592 1	0.571 8	0.552 3	0.515 8	0.482 3	0.423 0	0.372 5	0.329 4	0.292 3
5	0.567 4	0.519 4	0.497 2	0.476 1	0.437 1	0.401 9	0.341 1	0.291 0	0.249 5	0.214 9
6	0.506 6	0.455 6	0.432 3	0.410 4	0.370 4	0.334 9	0.275 1	0.227 4	0.189 0	0.158 0
7	0.452 3	0.399 6	0.375 9	0.353 8	0.313 9	0.279 1	0.221 8	0.177 6	0.143 2	0.116 2
8	0.403 9	0.350 6	0.326 9	0.305 0	0.266 0	0.232 6	0.178 9	0.138 8	0.108 5	0.085 4
9	0.360 6	0.307 5	0.284 3	0.263 0	0.225 5	0.193 8	0.144 3	0.108 4	0.082 2	0.062 8
10	0.322 0	0.269 7	0.247 2	0.226 7	0.191 1	0.161 5	0.116 4	0.084 7	0.062 3	0.046 2
11	0.287 5	0.236 6	0.214 9	0.195 4	0.161 9	0.134 6	0.093 8	0.066 2	0.047 2	0.034 0
12	0.256 7	0.207 6	0.186 9	0.168 5	0.137 2	0.112 2	0.075 7	0.051 7	0.035 7	0.025 0
13	0.229 2	0.182 1	0.162 5	0.145 2	0.116 3	0.093 5	0.061 0	0.040 4	0.027 1	0.018 4
14	0.204 6	0.159 7	0.141 3	0.125 2	0.098 5	0.077 9	0.049 2	0.031 6	0.020 5	0.013 5
15	0.182 7	0.140 1	0.122 9	0.107 9	0.083 5	0.064 9	0.039 7	0.024 7	0.015 5	0.009 9
16	0.163 1	0.122 9	0.106 9	0.093 0	0.070 8	0.054 1	0.032 0	0.019 3	0.011 8	0.007 3
17	0.145 6	0.107 8	0.092 9	0.080 2	0.060 0	0.045 1	0.025 8	0.015 0	0.008 9	0.005 4
18	0.130 0	0.094 6	0.080 8	0.069 1	0.050 8	0.037 6	0.020 8	0.011 8	0.006 8	0.003 9
19	0.116 1	0.082 9	0.070 3	0.059 6	0.043 1	0.031 3	0.016 8	0.009 2	0.005 1	0.002 9
20	0.103 7	0.072 8	0.061 1	0.051 4	0.036 5	0.026 1	0.013 5	0.007 2	0.003 9	0.002 1
21	0.092 6	0.063 8	0.053 1	0.044 3	0.030 9	0.021 7	0.010 9	0.005 6	0.002 9	0.001 6
22	0.082 6	0.056 0	0.046 2	0.038 2	0.026 2	0.018 1	0.008 8	0.004 4	0.002 2	0.001 2

续表

期数	12%	14%	15%	16%	18%	20%	24%	28%	32%	36%
23	0.073 8	0.049 1	0.040 2	0.032 9	0.022 2	0.015 1	0.007 1	0.003 4	0.001 7	0.000 8
24	0.065 9	0.043 1	0.034 9	0.028 4	0.018 8	0.012 6	0.005 7	0.002 7	0.001 3	0.000 6
25	0.058 8	0.037 8	0.030 4	0.024 5	0.016 0	0.010 5	0.004 6	0.002 1	0.001 0	0.000 5
26	0.052 5	0.033 1	0.026 4	0.021 1	0.013 5	0.008 7	0.003 7	0.001 6	0.000 7	0.000 3
27	0.046 9	0.029 1	0.023 0	0.018 2	0.011 5	0.007 3	0.003 0	0.001 3	0.000 6	0.000 2
28	0.041 9	0.025 5	0.020 0	0.015 7	0.009 7	0.006 1	0.002 4	0.001 0	0.000 4	0.000 2
29	0.037 4	0.022 4	0.017 4	0.013 5	0.008 2	0.005 1	0.002 0	0.000 8	0.000 3	0.000 1
30	0.033 4	0.019 6	0.015 1	0.011 6	0.007 0	0.004 2	0.001 6	0.000 6	0.000 2	0.000 1
35	0.018 9	0.010 2	0.007 5	0.005 5	0.003 0	0.001 7	0.000 5	0.000 2	0.000 1	*
40	0.010 7	0.005 3	0.003 7	0.002 6	0.001 3	0.000 7	0.000 2	0.000 1	*	*
45	0.006 1	0.002 7	0.001 9	0.001 3	0.000 6	0.000 3	0.000 1	*	*	*
50	0.003 5	0.001 4	0.000 9	0.000 6	0.000 3	0.000 1	*	*	*	*
55	0.002 0	0.000 7	0.000 5	0.000 3	0.000 1	*	*	*	*	*

注：*<0.000 1

计算公式：复利现值系数= $(1+i)^{-n}$ ， $P=\dfrac{S}{(1+i)^n}=S(1+i)^{-n}$

P——现值或初始值；i——报酬率或利率；n——计息期数；S——终值或本利和

附录 C　年金终值系数表

期数	1%	2%	3%	4%	5%	6%	7%	8%	9%	10%
1	1.000 0	1.000 0	1.000 0	1.000 0	1.000 0	1.000 0	1.000 0	1.000 0	1.000 0	1.000 0
2	2.010 0	2.020 0	2.030 0	2.040 0	2.050 0	2.060 0	2.070 0	2.080 0	2.090 0	2.100 0
3	3.030 1	3.060 4	3.090 9	3.121 6	3.152 5	3.183 6	3.214 9	3.246 4	3.278 1	3.310 0
4	4.060 4	4.121 6	4.183 6	4.246 5	4.310 1	4.374 6	4.439 9	4.506 1	4.573 1	4.641 0
5	5.101 0	5.204 0	5.309 1	5.416 3	5.525 6	5.637 1	5.750 7	5.866 6	5.984 7	6.105 1
6	6.152 0	6.308 1	6.468 4	6.633 0	6.801 9	6.975 3	7.153 3	7.335 9	7.523 3	7.715 6
7	7.213 5	7.434 3	7.6625	7.898 3	8.142 0	8.393 8	8.654 0	8.922 8	9.200 4	9.487 2
8	8.285 7	8.583 0	8.892 3	9.214 2	9.549 1	9.897 5	10.260	10.637	11.029	11.436
9	9.368 5	9.754 6	10.159	10.583	11.027	11.491	11.978	12.488	13.021	13.580
10	10.4 2	10.950	11.464	12.006	12.578	13.181	13.816	14.487	15.193	15.937
11	11.567	12.169	12.808	13.486	14.207	14.972	15.784	16.646	17.560	18.531
12	12.683	13.412	14.192	15.026	15.917	16.870	17.889	18.977	20.141	21.384
13	13.809	14.680	15.618	16.627	17.713	18.882	20.141	21.495	22.953	24.523
14	14.947	15.974	17.086	18.292	19.599	21.015	22.551	24.215	26.019	27.975
15	16.097	17.293	18.599	20.024	21.579	23.276	25.129	27.152	29.361	31.773
16	17.258	18.639	20.157	21.825	23.658	25.673	27.888	30.324	33.003	35.950
17	18.430	20.012	21.762	23.698	25.840	28.213	30.840	33.750	36.974	40.545
18	19.615	21.412	23.414	25.645	28.132	30.906	33.999	37.450	41.301	45.599
19	20.811	22.841	25.117	27.671	30.539	33.760	37.379	41.446	46.019	51.159
20	22.019	24.297	26.870	29.778	33.066	36.786	40.996	45.762	51.160	57.275
21	23.239	25.783	28.677	31.969	35.719	39.993	44.865	50.423	56.765	64.003
22	24.472	27.299	30.537	34.248	38.505	43.392	49.006	55.457	62.873	71.403
23	25.716	28.845	32.453	36.618	41.431	46.996	53.436	60.893	69.532	79.543
24	26.974	30.422	34.427	39.083	44.502	50.816	58.177	66.765	76.790	88.497
25	28.243	32.030	36.459	41.646	47.727	54.865	63.249	73.106	84.701	98.347
26	29.526	33.671	38.553	44.312	51.114	59.156	68.677	79.954	93.324	109.18
27	30.821	35.344	40.710	47.084	54.669	63.706	74.484	87.351	102.72	121.10

续表

期数	1%	2%	3%	4%	5%	6%	7%	8%	9%	10%
28	32.129	37.051	42.931	49.968	58.403	68.528	80.698	95.339	112.97	134.21
29	33.450	38.792	45.219	52.966	62.323	73.640	87.347	103.97	124.14	148.63
30	34.785	40.568	47.575	56.085	66.439	79.058	94.461	113.28	136.31	164.49
40	48.886	60.402	75.401	95.026	120.80	154.76	199.64	259.06	337.88	442.59
50	64.463	84.579	112.80	152.67	209.35	290.34	406.53	573.77	815.08	1163.9
60	81.670	114.05	163.05	237.99	353.58	533.13	813.52	1253.2	1944.8	3034.8

期数	12%	14%	15%	16%	18%	20%	24%	28%	32%	36%
1	1.000 0	1.000 0	1.000 0	1.000 0	1.000 0	1.000 0	1.000 0	1.000 0	1.000 0	1.000 0
2	2.120 0	2.140 0	2.150 0	2.160 0	2.180 0	2.200 0	2.240 0	2.280 0	2.320 0	2.360 0
3	3.374 4	3.439 6	3.472 5	3.505 6	3.572 4	3.640 0	3.777 6	3.918 4	4.062 4	4.2096
4	4.779 3	4.921 1	4.993 4	5.066 5	5.215 4	5.368 0	5.684 2	6.015 6	6.362 4	6.725 1
5	6.352 8	6.610 1	6.742 4	6.877 1	7.154 2	7.441 6	8.048 4	8.699 9	9.398 3	10.146
6	8.115 2	8.535 5	8.753 7	8.977 5	9.442 0	9.929 9	10.980	12.136	13.406	14.799
7	10.089	10.731	11.067	11.414	12.142	12.916	14.615	16.534	18.696	21.126
8	12.300	13.233	13.727	14.240	15.327	16.499	19.123	22.163	25.678	29.732
9	14.776	16.085	16.786	17.519	19.086	20.799	24.713	29.369	34.895	41.435
10	17.549	19.337	20.304	21.322	23.521	25.959	31.643	38.593	47.062	57.352
11	20.655	23.045	24.349	25.733	28.755	32.150	40.238	50.399	63.122	78.998
12	24.133	27.271	29.002	30.850	34.931	39.581	50.895	65.510	84.320	108.44
13	28.029	32.089	34.352	36.786	42.219	48.497	64.110	84.853	112.30	148.48
14	32.393	37.581	40.505	43.672	50.818	59.196	80.496	109.61	149.24	202.93
15	37.280	43.842	47.580	51.660	60.965	72.035	100.82	141.30	198.00	276.98
16	42.753	50.980	55.718	60.925	72.939	87.442	126.01	181.87	262.36	377.69
17	48.884	59.118	65.075	71.673	87.068	105.93	157.25	233.79	347.31	514.66
18	55.750	68.394	75.836	84.141	103.74	128.12	195.99	300.25	459.45	700.94
19	63.440	78.969	88.212	98.603	123.41	154.74	244.03	385.32	607.47	954.28
20	72.052	91.025	102.44	115.38	146.63	186.69	303.60	494.21	802.86	1 298.8
21	81.699	104.77	118.81	134.84	174.02	225.03	377.46	633.59	1 060.8	1 767.4
22	92.503	120.44	137.63	157.42	206.34	271.03	469.06	812.00	1 401.2	2 404.7
23	104.60	138.30	159.28	183.60	244.49	326.24	582.63	1 040.4	1 850.6	3 271.3
24	118.16	158.66	184.17	213.98	289.49	392.48	723.46	1 332.7	2 443.8	4 450.0

续表

期数	12%	14%	15%	16%	18%	20%	24%	28%	32%	36%
25	133.33	181.87	212.79	249.21	342.60	471.98	898.09	1 706.8	3 226.8	6 053.0
26	150.33	208.33	245.71	290.09	405.27	567.38	1 114.6	2 185.7	4 260.4	8 233.1
27	169.37	238.50	283.57	337.50	479.22	681.85	1 383.1	2 798.7	5 624.8	11 198
28	190.70	272.89	327.10	392.50	566.48	819.22	1 716.1	3 583.3	7 425.7	15 230
29	214.58	312.09	377.17	456.30	669.45	984.07	2 129.0	4 587.7	9 802.9	20 714
30	241.33	356.79	434.75	530.31	790.95	1 181.9	2 640.9	5 873.2	12 941	28 172
40	767.09	1 342.0	1 779.1	2 360.8	4 163.2	7 343.9	22 729	69 377	207 874	609 890
50	2 400.0	4 994.5	7 217.7	10 436	21 813	45 497	195 373	819 103	*	*
60	7 471.6	18 535	29 220	46 058	114 190	281 733	*	*	*	*

注：*>999 999.99

计算公式：年金终值系数$=\dfrac{(1+i)^n-1}{i}$，$S=A\dfrac{(1+i)^n-1}{i}$

A——每期等额支付（或收入）的金额；i——报酬率或利率；n——计息期数；S——年金终值或本利和

附录D 年金现值系数表

期数	1%	2%	3%	4%	5%	6%	7%	8%	9%	10%
1	0.990 1	0.980 4	0.970 9	0.961 5	0.952 4	0.943 4	0.934 6	0.925 9	0.917 4	0.909 1
2	1.970 4	1.941 6	1.913 5	1.886 1	1.859 4	1.833 4	1.808 0	1.783 3	1.759 1	1.735 5
3	2.941 0	2.883 9	2.828 6	2.775 1	2.723 2	2.673 0	2.624 3	2.577 1	2.531 3	2.486 9
4	3.902 0	3.807 7	3.717 1	3.629 9	3.546 0	3.465 1	3.387 2	3.312 1	3.239 7	3.169 9
5	4.853 4	4.713 5	4.579 7	4.451 8	4.329 5	4.212 4	4.100 2	3.992 7	3.889 7	3.790 8
6	5.795 5	5.601 4	5.417 2	5.242 1	5.075 7	4.917 3	4.766 5	4.622 9	4.485 9	4.355 3
7	6.728 2	6.472 0	6.230 3	6.002 1	5.786 4	5.582 4	5.389 3	5.206 4	5.033 0	4.868 4
8	7.651 7	7.325 5	7.019 7	6.732 7	6.463 2	6.209 8	5.971 3	5.746 6	5.534 8	5.334 9
9	8.5660	8.162 2	7.786 1	7.435 3	7.107 8	6.801 7	6.515 2	6.246 9	5.995 2	5.759 0
10	9.471 3	8.982 6	8.530 2	8.110 9	7.721 7	7.360 1	7.023 6	6.710 1	6.417 7	6.144 6
11	10.367 6	9.786 8	9.252 6	8.760 5	8.306 4	7.886 9	7.498 7	7.139 0	6.805 2	6.495 1
12	11.255 1	10.575 3	9.954 0	9.385 1	8.863 3	8.383 8	7.942 7	7.536 1	7.160 7	6.813 7
13	12.133 7	11.348 4	10.635 0	9.985 6	9.393 6	8.852 7	8.357 7.	7.903 8	7.486 9	7.103 4
14	13.003 7	12.106 2	11.296 1	10.563 1	9.898 6	9.295 0	8.745 5	8.244 2	7.786 2	7.366 7
15	13.865 1	12.849 3	11.937 9	11.118 4	10.379 7	9.712 2	9.107 9	8.559 5	8.060 7	7.606 1
16	14.717 9	13.577 7	12.561 1	11.652 3	10.837 8	10.105 9	9.446 6	8.851 4	8.312 6	7.823 7
17	15.562 3	14.291 9	13.166 1	12.165 7	11.274 1	10.477 3	9.763 2	9.121 6	8.543 6	8.021 6
18	16.398 3	14.992 0	13.753 5	12.659 3	11.689 6	10.827 6	10.059 1	9.371 9	8.755 6	8.201 4
19	17.226 0	15.678 5	14.323 8	13.133 9	12.085 3	11.158 1	10.335 6	9.603 6	8.950 1	8.364 9
20	18.045 6	16.351 4	14.877 5	13.590 3	12.462 2	11.469 9	10.594 0	9.818 1	9.128 5	8.513 6
21	18.857 0	17.011 2	15.415 0	14.029 2	12.821 2	11.764 1	10.835 5	10.016 8	9.292 2	8.648 7
22	19.660 4	17.658 0	15.936 9	14.451 1	13.163 0	12.041 6	11.061 2	10.200 7	9.442 4	8.771 5
23	20.455 8	18.292 2	16.443 6	14.856 8	13.488 6	12.303 4	11.272 2	10.3711	9.580 2	8.883 2
24	21.243 4	18.913 9	16.935 5	15.247 0	13.798 6	12.550 4	11.469 3	10.528 8	9.706 6	8.984 7
25	22.023 2	19.523 5	17.413 1	15.622 1	14.093 9	12.783 4	11.653 6	10.674 8	9.822 6	9.077 0
26	22.795 2	20.121 0	17.876 8	15.982 8	14.375 2	13.003 2	11.825 8	10.810 0	9.929 0	9.160 9
27	23.559 6	20.706 9	18.327 0	16.329 6	14.643 0	13.210 5	11.986 7	10.935 2	10.026 6	9.237 2

续表

期数	1%	2%	3%	4%	5%	6%	7%	8%	9%	10%
28	24.316 4	21.281 3	18.764 1	16.663 1	14.898 1	13.406 2	12.137 1	11.051 1	10.116 1	9.306 6
29	25.065 8	21.844 4	19.188 5	16.983 7	15.141 1	13.590 7	12.277 7	11.158 4	10.198 3	9.369 6
30	25.807 7	22.396 5	19.600 4	17.292 0	15.372 5	13.764 8	12.409 0	11.257 8	10.273 7	9.426 9
35	29.408 6	24.998 6	21.487 2	18.664 6	16.374 2	14.498 2	12.947 7	11.654 6	10.566 8	9.644 2
40	32.834 7	27.355 5	23.114 8	19.792 8	17.159 1	15.046 3	13.331 7	11.924 6	10.757 4	9.779 1
45	36.094 5	29.490 2	24.518 7	20.720 0	17.774 1	15.455 8	13.605 5	12.108 4	10.881 2	9.862 8
50	39.196 1	31.423 6	25.729 8	21.482 2	18.255 9	15.761 9	13.800 7	12.233 5	10.961 7	9.914 8
55	42.147 2	33.174 8	26.774 4	22.108 6	18.633 5	15.990 5	13.939 9	12.318 6	11.014 0	9.947 1

期数	12%	14%	15%	16%	18%	20%	24%	28%	32%	36%
1	0.892 9	0.877 2	0.869 6	0.862 1	0.847 5	0.833 3	0.806 5	0.781 3	0.757 6	0.735 3
2	1.690 1	1.646 7	1.625 7	1.605 2	1.565 6	1.527 8	1.456 8	1.391 6	1.331 5	1.276 0
3	2.401 8	2.321 6	2.283 2	2.245 9	2.174 3	2.106 5	1.981 3	1.868 4	1.766 3	1.673 5
4	3.037 3	2.913 7	2.855 0	2.798 2	2.690 1	2.588 7	2.404 3	2.241 0	2.095 7	1.965 8
5	3.604 8	3.433 1	3.352 2	3.274 3	3.127 2	2.990 6	2.745 4	2.532 0	2.345 2	2.180 7
6	4.111 4	3.888 7	3.784 5	3.684 7	3.497 6	3.325 5	3.020 5	2.759 4	2.534 2	2.338 8
7	4.5638	4.288 3	4.160 4	4.038 6	3.811 5	3.604 6	3.242 3	2.937 0	2.677 5	2.455 0
8	4.967 6	4.638 9	4.487 3	4.343 6	4.077 6	3.837 2	3.421 2	3.075 8	2.786 0	2.540 4
9	5.328 2	4.946 4	4.771 6	4.606 5	4.303 0	4.031 0	3.565 5	3.184 2	2.868 1	2.603 3
10	5.650 2	5.216 1	5.018 8	4.833 2	4.494 1	4.192 5	3.681 9	3.268 9	2.930 4	2.649 5
11	5.937 7	5.452 7	5.233 7	5.028 6	4.656 0	4.327 1	3.775 7	3.335 1	2.977 6	2.683 4
12	6.194 4	5.660 3	5.420 6	5.197 1	4.793 2	4.439 2	3.851 4	3.386 8	3.013 3	2.708 4
13	6.423 5	5.842 4	5.583 1	5.342 3	4.909 5	4.532 7	3.912 4	3.427 2	3.040 4	2.726 8
14	6.628 2	6.002 1	5.724 5	5.467 5	5.008 1	4.610 6	3.961 6	3.458 7	3.060 9	2.740 3
15	6.810 9	6.142 2	5.847 4	5.575 5	5.091 6	4.675 5	4.001 3	3.483 4	3.076 4	2.750 2
16	6.974 0	6.265 1	5.954 2	5.668 5	5.162 4	4.729 6	4.033 3	3.502 6	3.088 2	2.757 5
17	7.119 6	6.372 9	6.047 2	5.748 7	5.222 3	4.774 6	4.059 1	3.517 7	3.097 1	2.762 9
18	7.249 7	6.467 4	6.128 0	5.817 8	5.273 2	4.812 2	4.079 9	3.529 4	3.103 9	2.766 8
19	7.365 8	6.550 4	6.198 2	5.877 5	5.316 2	4.843 5	4.096 7	3.538 6	3.109 0	2.769 7
20	7.469 4	6.623 1	6.259 3	5.928 8	5.352 7	4.869 6	4.110 3	3.545 8	3.112 9	2.771 8
21	7.562 0	6.687 0	6.312 5	5.973 1	5.383 7	4.891 3	4.121 2	3.551 4	3.115 8	2.773 4
22	7.644 6	6.742 9	6.358 7	6.011 3	5.409 9	4.909 4	4.130 0	3.555 8	3.118 0	2.774 6

续表

期数	12%	14%	15%	16%	18%	20%	24%	28%	32%	36%
23	7.718 4	6.792 1	6.398 8	6.044 2	5.432 1	4.924 5	4.137 1	3.559 2	3.119 7	2.775 4
24	7.784 3	6.835 1	6.433 8	6.072 6	5.450 9	4.937 1	4.142 8	3.561 9	3.121 0	2.776 0
25	7.843 1	6.872 9	6.464 1	6.097 1	5.466 9	4.947 6	4.147 4	3.564 0	3.122 0	2.776 5
26	7.895 7	6.906 1	6.490 6	6.118 2	5.480 4	4.956 3	4.151 1	3.565 6	3.122 7	2.776 8
27	7.942 6	6.935 2	6.513 5	6.136 4	5.491 9	4.963 6	4.154 2	3.566 9	3.123 3	2.777 1
28	7.984 4	6.960 7	6.533 5	6.152 0	5.501 6	4.969 7	4.156 6	3.567 9	3.123 7	2.777 3
29	8.021 8	6.983 0	6.550 9	6.165 6	5.509 8	4.974 7	4.158 5	3.568 7	3.124 0	2.777 4
30	8.055 2	7.002 7	6.566 0	6.177 2	5.516 8	4.978 9	4.160 1	3.569 3	3.124 2	2.777 5
35	8.175 5	7.070 0	6.616 6	6.215 3	5.538 6	4.991 5	4.164 4	3.570 8	3.124 8	2.777 7
40	8.243 8	7.105 0	6.641 8	6.233 5	5.548 2	4.996 6	4.165 9	3.571 2	3.125 0	2.777 8
45	8.282 5	7.123 2	6.654 3	6.242 1	5.552 3	4.998 6	4.166 4	3.571 4	3.125 0	2.777 8
50	8.304 5	7.132 7	6.660 5	6.246 3	5.554 1	4.999 5	4.166 6	3.571 4	3.125 0	2.777 8
55	8.317 0	7.137 6	6.663 6	6.248 2	5.554 9	4.999 8	4.166 6	3.571 4	3.125 0	2.777 8

注：

计算公式：年金现值系数 $=\frac{1-(1+i)^{-n}}{i}$，$P=A\frac{1-(1+i)^{-n}}{i}$

A——每期等额支付（或收入）的金额；i——报酬率或利率；n——计息期数；P——年金现值或本利和

附录E　一般企业财务报表格式（适用于已执行新金融准则或新收入准则的企业）

资产负债表

会企01表

编制单位：　　　　　　　　　　　　____年____月____日　　　　　　　　　　　　单位：元

资产	期末余额	年初余额	负债和所有者权益（或股东权益）	期末余额	年初余额
流动资产：			流动负债：		
货币资金			短期借款		
交易性金融资产			交易性金融负债		
衍生金融资产			衍生金融负债		
应收票据及应收账款			应付票据及应付账款		
预付款项			预收款项		
其他应收款			合同负债		
存货			应付职工薪酬		
合同资产			应交税费		
持有待售资产			其他应付款		
一年内到期的非流动资产			持有待售负债		
其他流动资产			一年内到期的非流动负债		
流动资产合计			其他流动负债		
非流动资产：			流动负债合计		
债权投资			非流动负债：		
其他债权投资			长期借款		
长期应收款			应付债券		
长期股权投资			其中：优先股		
其他权益工具投资			永续债		
其他非流动金融资产			长期应付款		

续表

资产	期末余额	年初余额	负债和所有者权益（或股东权益）	期末余额	年初余额
投资性房地产			预计负债		
固定资产			递延收益		
在建工程			递延所得税负债		
生产性生物资产			其他非流动负债		
油气资产			非流动负债合计		
无形资产			负债合计		
开发支出			所有者权益（或股东权益）：		
商誉			实收资本（或股本）		
长期待摊费用			其他权益工具		
递延所得税资产			其中：优先股		
其他非流动资产			永续债		
非流动资产合计			资本公积		
			减：库存股		
			其他综合收益		
			盈余公积		
			未分配利润		
			所有者权益（或股东权益）合计		
资产总计			负债和所有者权益（或股东权益）总计		

修订新增项目说明：

1. “交易性金融资产”行项目，反映资产负债表日企业分类为以公允价值计量且其变动计入当期损益的金融资产，以及企业持有的直接指定为以公允价值计量且其变动计入当期 损益的金融资产的期末账面价值。该项目应根据“交易性金融资产”科目的相关明细科目期末余额分析填列。自资产负债表日起超过一年到期且预期持有超过一年的以公允价值计量且其变动计入当期损益的非流动金融资产的期末账面价值，在“其他非流动金融资产”行项目反映。

2. “债权投资”行项目，反映资产负债表日企业以摊余成本计量的长期债权投资的期末账面价值。该项目应根据“债权投资”科目的相关明细科目期末余额，减去“债权投资减值准备”科目中相关减值准备的期末余额后的金额分析填列。自资产负债表日起一年内到期的长期债权投资的期末账面价值，在“一年内到期的非流动资产”行项目反映。企业购入的以摊余成本计量的一年内到期的债权投资的期末账面价值，在“其他流动资产”行项目反映。

3．“其他债权投资”行项目，反映资产负债表日企业分类为以公允价值计量且其变动计入其他综合收益的长期债权投资的期末账面价值。该项目应根据“其他债权投资”科目的相关明细科目期末余额分析填列。自资产负债表日起一年内到期的长期债权投资的期末账面价值，在“一年内到期的非流动资产”行项目反映。企业购入的以公允价值计量且其变动计入其他综合收益的一年内到期的债权投资的期末账面价值，在“其他流动资产”行项目反映。

4．“其他权益工具投资”行项目，反映资产负债表日企业指定为以公允价值计量且其变动计入其他综合收益的非交易性权益工具投资的期末账面价值。该项目应根据“其他权益工具投资”科目的期末余额填列。

5．“交易性金融负债”行项目，反映资产负债表日企业承担的交易性金融负债，以及企业持有的直接指定为以公允价值计量且其变动计入当期损益的金融负债的期末账面价值。该项目应根据“交易性金融负债”科目的相关明细科目期末余额填列。

6．“合同资产”和“合同负债”行项目。企业应按照《企业会计准则第 14 号——收入》（2017 年修订）的相关规定根据本企业履行履约义务与客户付款之间的关系在资产负债表中列示合同资产或合同负债。“合同资产”项目、“合同负债”项目，应分别根据“合同资产”科目、“合同负债”科目的相关明细科目期末余额分析填列，同一合同下的合同资产和合同负债应当以净额列示，其中净额为借方余额的，应当根据其流动性在“合同资产”或“其他非流动资产”项目中填列，已计提减值准备的，还应减去“合同资产减值准备”科目中相关的期末余额后的金额填列；其中净额为贷方余额的，应当根据其流动性在“合同负债”或“其他非流动负债”项目中填列。

7．按照《企业会计准则第 14 号——收入》（2017 年修订）的相关规定确认为资产的合同取得成本，应当根据“合同取得成本”科目的明细科目初始确认时摊销期限是否超过一年或一个正常营业周期，在“其他流动资产”或“其他非流动资产”项目中填列，已计提减值准备的，还应减去“合同取得成本减值准备”科目中相关的期末余额后的金额填列。

8．按照《企业会计准则第 14 号——收入》（2017 年修订）的相关规定确认为资产的合同履约成本，应当根据“合同履约成本”科目的明细科目初始确认时摊销期限是否超过一年或一个正常营业周期，在“存货”或“其他非流动资产”项目中填列，已计提减值准备的，还应减去“合同履约成本减值准备”科目中相关的期末余额后的金额填列。

9．按照《企业会计准则第 14 号——收入》（2017 年修订）的相关规定确认为资产的应收退货成本，应当根据“应收退货成本”科目是否在一年或一个正常营业周期内出售，在“其他流动资产”或“其他非流动资产”项目中填列。

10．按照《企业会计准则第14号——收入》（2017年修订）的相关规定确认为预计负债的应付退货款，应当根据“预计负债”科目下的“应付退货款”明细科目是否在一年或一个正常营业周期内清偿，在“其他流动负债”或“预计负债”项目中填列。

利润表

企业02表

编制单位：　　　　　　　　　　　　____年____月　　　　　　　　　　　　单位：元

项目	本期金额	上期金额
一、营业收入		
减：营业成本		
税金及附加		
销售费用		
管理费用		
研发费用		
财务费用		
其中：利息费用		
利息收入		
资产减值损失		
信用减值损失		
加：其他收益		
投资收益（损失以“-”号填列）		
其中：对联营企业和合营企业的投资收益		
净敞口套期收益（损失以“-”号填列）		
公允价值变动收益（损失以“-”号填列）		
资产处置收益（损失以“-”号填列）		
二、营业利润（亏损以“-”号填列）		
加：营业外收入		
减：营业外支出		
三、利润总额（亏损总额以“-”号填列）		
减：所得税费用		
四、净利润（净亏损以“-”号填列）		
（一）持续经营净利润（净亏损以“-”号填列）		
（二）终止经营净利润（净亏损以“-”号填列）		

续表

项目	本期金额	上期金额
五、其他综合收益的税后净额		
（一）不能重分类进损益的其他综合收益		
1. 重新计量设定受益计划变动额		
2. 权益法下不能转损益的其他综合收益		
3. 其他权益工具投资公允价值变动		
4. 企业自身信用风险公允价值变动		
……		
（二）将重分类进损益的其他综合收益		
1. 权益法下可转损益的其他综合收益		
2. 其他债权投资公允价值变动		
3. 金融资产重分类计入其他综合收益的金额		
4. 其他债权投资信用减值准备		
5. 现金流量套期储备		
6. 外币财务报表折算差额		
……		
六、综合收益总额		
七、每股收益		
（一）基本每股收益		
（二）稀释每股收益		

修订新增项目说明：

1. “信用减值损失”行项目，反映企业按照《企业会计准则第 22 号——金融工具确认和计量》（2017 年修订）的要求计提的各项金融工具减值准备所形成的预期信用损失。该项目应根据“信用减值损失”科目的发生额分析填列。

2. “净敞口套期收益”行项目，反映净敞口套期下被套期项目累计公允价值变动转入当期损益的金额或现金流量套期储备转入当期损益的金额。该项目应根据“净敞口套期损益”科目的发生额分析填列；如为套期损失，以“-”号填列。

3. “其他权益工具投资公允价值变动”行项目，反映企业指定为以公允价值计量且其变动计入其他综合收益的非交易性权益工具投资发生的公允价值变动。该项目应根据“其他综合收益”科目的相关明细科目的发生额分析填列。

4．“企业自身信用风险公允价值变动”行项目，反映企业指定为以公允价值计量且其变动计入当期损益的金融负债，由企业自身信用风险变动引起的公允价值变动而计入其他综合收益的金额。该项目应根据“其他综合收益”科目的相关明细科目的发生额分析填列。

5．“其他债权投资公允价值变动”行项目，反映企业分类为以公允价值计量且其变动计入其他综合收益的债权投资发生的公允价值变动。企业将一项以公允价值计量且其变动计入其他综合收益的金融资产重分类为以摊余成本计量的金融资产，或重分类为以公允价值计量且其变动计入当期损益的金融资产时，之前计入其他综合收益的累计利得或损失从其他综合收益中转出的金额作为该项目的减项。该项目应根据“其他综合收益”科目下的相关明细科目的发生额分析填列。

6．“金融资产重分类计入其他综合收益的金额”行项目，反映企业将一项以摊余成本计量的金融资产重分类为以公允价值计量且其变动计入其他综合收益的金融资产时，计入其他综合收益的原账面价值与公允价值之间的差额。该项目应根据“其他综合收益”科目下的相关明细科目的发生额分析填列。

7．“其他债权投资信用减值准备”行项目，反映企业按照《企业会计准则第22号——金融工具确认和计量》（2017年修订）第十八条分类为以公允价值计量且其变动计入其他综合收益的金融资产的损失准备。该项目应根据“其他综合收益”科目下的“信用减值准备”明细科目的发生额分析填列。

8．“现金流量套期储备”行项目，反映企业套期工具产生的利得或损失中属于套期有效的部分。该项目应根据“其他综合收益”科目下的“套期储备”明细科目的发生额分析填列。

现金流量表

企业03表

编制单位：　　　　　　　　　　____年____月　　　　　　　　　　单位：元

项目	本期金额	上期金额
一、经营活动产生的现金流量：		
销售商品、提供劳务收到的现金		
收到的税费返还		
收到其他与经营活动有关的现金		
经营活动现金流入小计		
购买商品、接受劳务支付的现金		
支付给职工以及为职工支付的现金		
支付的各项税费		
支付其他与经营活动有关的现金		

续表

项目	本期金额	上期金额
经营活动现金流出小计		
经营活动产生的现金流量净额		
二、投资活动产生的现金流量：		
收回投资收到的现金		
取得投资收益收到的现金		
处置固定资产、无形资产和其他长期资产收回的现金净额		
处置子公司及其他营业单位收到的现金净额		
收到其他与投资活动有关的现金		
投资活动现金流入小计		
购建固定资产、无形资产和其他长期资产支付的现金		
投资支付的现金		
取得子公司及其他营业单位支付的现金净额		
支付其他与投资活动有关的现金		
投资活动现金流出小计		
投资活动产生的现金流量净额		
三、筹资活动产生的现金流量：		
吸收投资收到的现金		
取得借款收到的现金		
收到其他与筹资活动有关的现金		
筹资活动现金流入小计		
偿还债务支付的现金		
分配股利、利润或偿付利息支付的现金		
支付其他与筹资活动有关的现金		
筹资活动现金流出小计		
筹资活动产生的现金流量净额		
四、汇率变动对现金及现金等价物的影响		
五、现金及现金等价物净增加额		
加：期初现金及现金等价物余额		
六、期末现金及现金等价物余额		

修订新增项目说明：

“其他综合收益结转留存收益”行项目，主要反映：（1）企业指定为以公允价值计量且其变动计入其他综合收益的非交易性权益工具投资终止确认时，之前计入其他综合收益的累计利得或损失从其他综合收益中转入留存收益的金额；（2）企业指定为以公允价值计量且其变动计入当期损益的金融负债终止确认时，之前由企业自身信用风险变动引起而计入其他综合收益的累计利得或损失从其他综合收益中转入留存收益的金额等。该项目应根据“其他综合收益”科目的相关明细科目的发生额分析填列。